Gender Mainstreaming in der betrieblichen Gesundheitsförderung

Schriftenreihe zur
interdisziplinären Arbeitswissenschaft

Band 1

Herausgegeben von
Axel Haunschild, Günther Vedder

Nadine Pieck

Gender Mainstreaming in der betrieblichen Gesundheitsförderung

Zur Bedeutung eines beteiligungsorientierten Vorgehensmodells

Rainer Hampp Verlag　　　　München und Mering 2013

Bibliografische Information der Deutschen Nationalbibliothek

Die Deutsche Nationalbibliothek verzeichnet diese Publikation in der Deutschen Nationalbibliografie; detaillierte bibliografische Daten sind im Internet über http://dnb.d-nb.de abrufbar.

ISBN 978-3-86618-847-1 (print)
ISBN 978-3-86618-947-8 (e-book)
Schriftenreihe zur interdisziplinären Arbeitswissenschaft: ISSN 2196-8089
DOI 10.1688/9783866189478
1. Auflage, 2013

© 2013   Rainer Hampp Verlag   München und Mering
          Marktplatz 5   D-86415 Mering

www.Hampp-Verlag.de

Alle Rechte vorbehalten. Dieses Werk einschließlich aller seiner Teile ist urheberrechtlich geschützt. Jede Verwertung außerhalb der engen Grenzen des Urheberrechtsgesetzes ist ohne schriftliche Zustimmung des Verlags unzulässig und strafbar. Das gilt insbesondere für Vervielfältigungen, Mikroverfilmungen, Übersetzungen und die Einspeicherung in elektronische Systeme.

∞   *Dieses Buch ist auf säurefreiem und chlorfrei gebleichtem Papier gedruckt.*

Liebe Leserinnen und Leser!

Wir wollen Ihnen ein gutes Buch liefern. Wenn Sie aus irgendwelchen Gründen nicht zufrieden sind, wenden Sie sich bitte an uns.

Für Paula

INHALTSVERZEICHNIS

1. Einleitung 11
2. Stand der Forschung zur Anwendung von Gender Mainstreaming
   in der betrieblichen Gesundheitsförderung 19
   - 2.1. Defizite einer geschlechtsblinden Sicherheits- und Gesundheitsstrategie . . 24
     - 2.1.1. Geschlechtsblinde Strategien - Geschlechtsbezogene Verzerrungen . . 26
     - 2.1.2. Geschlechtertrennung und Segregation in der Erwerbsarbeit 26
     - 2.1.3. Geschlechtliche Arbeitsteilung im Privatleben 30
     - 2.1.4. Unterschiedliches Verhalten von Frauen und Männern 31
     - 2.1.5. Geschlechterbezogene Zielsetzungen für die betriebliche
       Gesundheitsförderung 35
   - 2.2. Empfehlungen für eine Geschlecht reflektierende Gestaltung betrieblicher
     Gesundheitsförderung 37
     - 2.2.1. Berücksichtigung vernachlässigter Risiken 37
     - 2.2.2. Überprüfung der Auswirkungen des Arbeitsschutzes und der
       Gesundheitsförderung 39
     - 2.2.3. Diskriminierung als fehlende Semantik der
       geschlechterdifferenzierenden Gesundheitsförderung 41
3. Reproduktion sozialer Ungleichheit zwischen den Geschlechtern 43
   - 3.1. Geschlecht als Strukturkategorie 44
   - 3.2. Soziale Konstruktion von Geschlecht 51
   - 3.3. Geschlechterstereotype und Sexismus 55
   - 3.4. Gendering-Prozesse in Organisationen 58
   - 3.5. Geschlechterwissen als Voraussetzung und Grenze von
     Gender Mainstreaming 63
   - 3.6. Anforderungen an die Gleichstellungsarbeit im Betrieb 69
     - 3.6.1. Dilemmata der Gleichstellungsarbeit 69
     - 3.6.2. Anforderungen an die Gestaltung organisationalen Wandels 72
     - 3.6.3. Anmerkungen zur Planbarkeit von Veränderungsprozessen 74
4. Gender Mainstreaming in der betrieblichen Gesundheitsförderung und
   Organisationsentwicklung 81
   - 4.1. Partizipation und Beteiligung 82
   - 4.2. Entwicklung eines Vorgehensmodells 84
   - 4.3. Steuerung Betrieblicher Gesundheitsförderung 88
   - 4.4. Der Kernprozess betrieblicher Gesundheitsförderung 90
   - 4.5. Integration der Geschlechterperspektive 93
5. Anlage der empirischen Untersuchung 100
   - 5.1. Kontext der Untersuchung 100
   - 5.2. Fragestellung und Methodik 102

	5.3.	Fallstudie als Forschungsmethode.	104
	5.4.	Fallkonstruktion.	105
	5.5.	Forschungsdesign	106
		5.5.1. Auswahl des Materials - Erhebungsmethode	108
		5.5.2. Zugang zum Feld - Auswahl der InterviewpartnerInnen	108
		5.5.3. Aufbau der Interviews.	110
		5.5.4. Auswertung der Interviews.	111
		5.5.5. Anmerkung zur Darstellung der Fallstudien.	112
6.		Gesundheitsmanagement in der Gerichtsbarkeit	114
	6.1.	Projektbeschreibung	114
	6.2.	Ziele als handlungsleitender Fokus	116
	6.3.	Belastungen und Interventionen	122
		6.3.1. Belastungen der Wachtmeister/des Hausmeisters:	122
		6.3.2. Belastungen und Interventionen im Bereich Serviceeinheiten	129
		6.3.3. Funktionszeit - Vereinbarkeit Beruf und Familie.	142
	6.4.	Verständnis von Gender Mainstreaming.	143
		6.4.1. Männer und Frauen sind unterschiedlich	144
		6.4.2. Männer und Frauen unter sich	146
		6.4.3. Geschlechtsrollenkonflikte von Männern.	146
		6.4.4. Vereinbarkeit von Beruf und Familie als legitime Forderung	148
		6.4.5. Maßnahmen nur für Frauen sind nicht legitim.	148
	6.5.	Fazit.	148
		6.5.1. Fehlende Systematik zur Umsetzung von Gender Mainstreaming.	148
		6.5.2. Projektsteuerung und Partizipation	150
7.		Gesundheitsmanagement im Krankenhaus.	155
	7.1.	Projektbeschreibung	155
	7.2.	Verständnis von Gender Mainstreaming.	156
		7.2.1. Unklarer Anwendungsbereich von Gender Mainstreaming.	156
		7.2.2. Offenheit gegenüber Gender Mainstreaming	159
		7.2.3. Fragmente von Gender Mainstreaming in der Umsetzung	160
	7.3.	Belastungen und Interventionen - Geschlechtersensibel	168
		7.3.1. Vereinbarkeit von Beruf und Familie/Arbeitszeit.	168
		7.3.2. Abwertung von Frauen/hierarchische Stellung.	169
		7.3.3. Geschlechtsrollenkonflikte und Statusinkonsistenzen	170
		7.3.4. (Sexuelle) Belästigung.	172
		7.3.5. Qualifikation und fehlende Möglichkeit zum Aufstieg	172
		7.3.6. Arbeitsmarktsegmentierung und Wertschätzung.	174
	7.4.	Fazit.	175

8.	Gesundheitsmanagement in einer Aufsichtsbehörde	178
	8.1. Projektbeschreibung Aufsichtsbehörde	178
	8.2. Verständnis von Gender Mainstreaming	179
	8.3. Belastungen und Interventionen	180
	8.3.1. Themen und Belastungen in der Verwaltung	181
	8.3.2. Zusammenarbeit Verwaltung und Außendienst	186
	8.3.3. Gleichstellungsrelevante Handlungsfelder	189
	8.3.4. Belastungen und Themen im Außendienst	190
	8.3.5. Gleichstellungsrelevantes Handlungsfeld Entgeltgleichheit	192
	8.4. Steuerung und Partizipation	193
	8.5. Fazit	197
9.	Schlussbetrachtung	199
10.	Abkürzungsverzeichnis	207
11.	Literaturverzeichnis	208
12.	Anlagen	226
13.	Danksagung	231

1. Einleitung[1]

Gender Mainstreaming ist in den 1990er Jahren als Gleichstellungsstrategie in den öffentlichen Verwaltungen eingeführt worden. Das Ziel der Gleichstellung sollte fortan in allen Bereichen und durch alle Akteure bei allen Prozessen und Entscheidungen verfolgt werden. Alle Prozesse und Entscheidungen sollten auf ihre möglichen Auswirkungen auf die Gleichstellung der Geschlechter hin untersucht werden. Die Strategie bietet die Chance, das Ziel der Gleichstellung *von vornherein* mitzuführen, indem die Gleichstellungsperspektive konzeptionell eingebunden wird. Gender Mainstreaming formuliert den Anspruch an die Akteure, die Auswirkungen ihres eigenen Handelns auf die Gleichstellung von Frauen und Männern hin zu reflektieren. Darin liegt auch einer der Kritikpunkte der Strategie, denn dieser Ansatz, *alle Akteure* in die Verantwortung zu nehmen, birgt die Gefahr, dass die Verantwortung letztlich diffus bleibt und Gender Mainstreaming dazu missbraucht wird, bestehende frauenpolitische Institutionen zu unterlaufen und die für gleichstellungspolitische Arbeit erforderlichen Ressourcen zu beschneiden. Zudem erscheint es eher unwahrscheinlich, dass diejenigen, die bisher wenig Interesse und Motivation hatten, Gleichstellung systematisch voranzubringen, dies nun bereitwillig, zielstrebig und fachlich kompetent tun werden. Dennoch verzeichnet die Strategie einen relativen Erfolg, der vor allem auf der normativen Ebene zu verbuchen ist. In Förderprogrammen, Richtlinien für die Auftragsvergabe im Öffentlichen Dienst wird dazu aufgefordert, die „Genderrelevanz" zu erläutern. Es gibt zahlreiche Arbeitskreise, die sich mit „Gender" in den unterschiedlichsten Themenbereichen befassen. So auch im Feld der betrieblichen Gesundheitsförderung, um die es in dieser Arbeit im Speziellen geht.

In diesem Feld begegnen sich VertreterInnen der Unfallversicherung, der gesetzlichen Krankenkassen, des Arbeits- und Gesundheitsschutzes, die gesetzliche Aufgaben wahrnehmen und als ExpertInnen ihr Fachwissen einbringen, betriebliche Akteure, die mit der Umsetzung der Vorgaben im Betrieb betraut sind, Führungskräfte, Fachkräfte im Gesundheitsmanagement, Personal- und Betriebsräte, Frauen- und Gleichstellungsbeauftragte, VertreterInnen der Menschen mit Behinderungen, Sozial- und SuchtberaterInnen etc. sowie BeraterInnen und ForscherInnen. In Netzwerken

---

[1] In der Einleitung wird die Fragestellung der vorliegenden Arbeit sowie der Kontext ihrer Entwicklung erläutert. Auf Literaturverweise wird hier verzichtet. Sie werden in Verbindung mit der vertiefenden Darstellung in den nachfolgenden Kapiteln sichtbar gemacht.

wie INQA, Netzwerk für Betriebliche Gesundheitsförderung, dem Netzwerk für Gender in Arbeit und Gesundheit oder auf Fachkonferenzen zum Arbeitsschutz werden „Genderthemen" diskutiert. Auffällig ist dabei, dass die Akteure meist nicht mehr von Gender Mainstreaming sprechen, sondern nur noch von „Gender". Es wird davon gesprochen, dieses oder jenes Konzept „zu gendern". Mit *gendern* sind unterschiedliche Dinge gemeint. Die einen verweisen darauf, dass „auch etwas für Männer gemacht" werden müsse, die anderen fragen nach „geschlechtsspezifischen Unterschieden" oder nach einer „geschlechtersensiblen Ansprache und Gestaltung von Produkten/Angeboten".

Die Verlagerung der Zuständigkeit für Gleichstellung *auf alle* bei gleichzeitig fehlender Vorgabe konkreter Ziele führt dazu, dass *alle* nun in ihrem jeweiligen Aufgabenbereich selbst definieren können – und sollen – worin das gleichstellungspolitische Ziel besteht und *wie* sie dies durch die von ihnen zu gestaltenden Prozesse, Entscheidungen oder Konzepte erreichen können. Das Thema Benachteiligung von Frauen ist weitgehend aus dem Sprachgebrauch verschwunden. Stattdessen werden Maßnahmen/Programme *für Frauen und Männer* angeboten, oder es geht noch allgemeiner um *zielgruppenspezifische* Konzepte und Angebote. Kaum jemand spricht von Gleichstellung von Frauen oder gar von Diskriminierung. Das ursprüngliche Ziel von Gender Mainstreaming scheint aus dem Blick geraten zu sein und mit ihm auch die Notwendigkeit, sich mit Mechanismen und Rahmenbedingungen, die Frauen benachteiligen, auseinanderzusetzen.

Wenn von der Annahme ausgegangen wird, dass betriebliche Gesundheitsförderung zur Gleichstellung der Geschlechter beitragen kann, so bezieht sich dies auf zwei Aspekte. Die Vorgehensweisen und Maßnahmen betrieblicher Gesundheitsförderung müssten erstens so gestaltet sein, dass die Gesundheit von Frauen und Männer in gleicher Weise geschützt und gefördert wird. Dies setzt voraus, die geschlechtstypischen – und -spezifischen – gesundheitsrelevanten Faktoren zu berücksichtigen. Zweitens wäre zugleich darauf zu achten, welches – gegebenenfalls unberücksichtigtes – Diskriminierungspotenzial bzw. Gleichstellungspotenzial die betriebliche Gesundheitsförderung in der konkreten Umsetzung mit sich führt – wie z. B. diskriminierende Effekte von Teilzeitarbeit, die häufig als (Teil-)Lösung für die Reduktion von Mehrfachbelastungen durch unentgeltliche Familienarbeit und Erwerbsarbeit herangezogen wird. Auf beide genannten Implikationen wird in dieser Arbeit der Fokus gerichtet.

Die Umsetzung von Gender Mainstreaming in der betrieblichen Gesundheitsförderung erfordert die Integration der Erkenntnisse aus mindestens drei Wissensgebieten: Arbeit, Gesundheit und Geschlecht. Im Rahmen dieser Arbeit kann dies nur in spezifischen Ausschnitten geleistet werden. Die vorliegende Untersuchung verfolgt den Pfad, den gegenwärtigen Stellenwert der Geschlechterperspektive in der Praxis der betrieblichen Gesundheitsförderung anhand einer qualitativen empirischen Erhebung herauszuarbeiten und dabei die expliziten und impliziten Effekte transparent zu machen. Sie hat für den zu erforschenden Zusammenhang explorativen Charakter zur Präzisierung vertiefender Forschungsfragen, trägt zur Sichtbarmachung geeigneter Ansatzpunkte für das betriebliche Handeln bei und stellt eine erste Skizze zur Weiterentwicklung eines systematischen Konzepts zur Verbindung von betrieblicher Gesundheitsförderung und Gender Mainstreaming bzw. Gleichstellung von Frauen dar. Angesicht der Intensivierung der Bemühungen zum Erhalt der Gesundheit der Beschäftigten in Verbindung mit der Zunahme psychischer Belastungen und Erkrankungen am Arbeitsplatz und der schnellen Verbreitung betrieblicher Konzepte zur Gesundheitsförderung handelt es sich nicht um marginale Fragestellungen und Erkenntnisse. Vielmehr geht es um zentrale Aspekte des Abbaus von Diskriminierung und um neue Impulse für menschengerechte Arbeitsgestaltung.

In der Frauen- und Geschlechterforschung sind die Bereiche *Arbeit und Geschlecht*, sowie *Gesundheit und Geschlecht*, entwickelte Forschungsgebiete. Aus den Forschungen zu Arbeit und Geschlecht, die in Kapitel drei in ihren für diesen Zusammenhang wesentlichen Aspekten dargestellt werden, sind zentrale gesellschaftliche Diskriminierungsmechanismen bekannt. Für den in dieser Arbeit beleuchteten Zusammenhang sind vor allem die geschlechtstypisierende Arbeitsteilung in Beruf und Familie, die mit einem nach Geschlecht segregierten Arbeitsmarkt verbunden ist, die Abwertung und Unterbewertung weiblich konnotierter Arbeit sowie eine Orientierung an männlichen Lebenszusammenhängen in der gesellschaftlichen Organisation von Arbeit bedeutsam. Die Ergebnisse zu den Zusammenhängen von Gesundheit und Geschlecht sind vor allem durch die Frauengesundheitsbewegung und Frauengesundheitsforschung geprägt, die sich insbesondere mit dem *gender bias* in der medizinischen Forschung, dem Gesundheitswesen und der Versorgung befassen. Das Feld *Arbeit und Gesundheit*, ist bisher noch wenig mit der Frauen- und Geschlechterforschung verbunden. Erste Ansätze zu einer Verknüpfung ergeben sich in der Belastungsforschung, die an ausgeübten Tätigkeiten anknüpft. Nachdem lange vor allem männlich dominierte Arbeitsbereiche wie die Schwerindustrie im Zentrum der Industriesoziologie, der Ergonomie etc. gestanden haben, gibt es mittlerweile eine breite Forschung z. B. zu personenbezogener Dienstleistungsarbeit, Emotions- oder Interaktionsarbeit, die auch typische Arbeitsbereiche von Frauen in den Blick nimmt. Darüber hinaus fehlt es jedoch an einer systematischen Verknüpfung von Arbeit, Gesundheit und Geschlecht mit einer gleichstellungs- und vor allem handlungsorientierten Perspektive.

Der Frage nach dem Zusammenhang von betrieblicher Gesundheitsförderung und Gleichstellungsprozessen wird in der vorliegenden Arbeit nachgegangen. Es wird herausgearbeitet, worin die Berührungspunkte von betrieblicher Gesundheitsförderung und der Gleichstellung von Frauen und Männern liegen. Die *betriebliche* Gesundheitsförderung befasst sich mit der Gestaltung von Arbeit und ihren Bedingungen auf der Ebene der Organisationen bzw. der betrieblichen Ebene. Andere Formen der Gesundheitsförderung befassen sich z. B. mit der medizinischen Vorsorge und Prävention von gesundheitlichen Gefährdungen in der Gesellschaft.

Auf der betrieblichen Ebene geht es darum, Arbeit menschengerecht zu gestalten (ArbSchG 1996, BetrVG 1972 [2]). Gefahren und Risiken sind grundsätzlich zu minimieren, Schutzmaßnahmen sind zu ergreifen, die Anforderungen sind mit dem individuellen Arbeitsvoraussetzung abzustimmen. Das heißt, es müssen insbesondere die konkreten Tätigkeiten und Arbeitsplätze in den Blick genommen werden. Diskriminierungspotenzial liegt z. B. darin, dass Gefährdungen, die typisch für von Frauen ausgeübten Tätigkeiten sind, in gängigen Verfahren oder Instrumenten nicht berücksichtigt oder bagatellisiert werden. Neben den aufgabenbezogenen Belastungen gibt es Gesundheitsrisiken, die beispielsweise mit dem Status der Personen und mit Geschlechterrollenbildern zusammenhängen. Von sexueller Belästigung sind überwiegend Frauen betroffen. Des Weiteren werden die Wechselwirkungen mit andern Lebensbereichen bisher in der Praxis der betrieblichen Gesundheitsförderung bzw. des Arbeitsschutzes kaum berücksichtigt. Bekanntestes Beispiel ist die Vereinbarkeit von Beruf und Familie. Dieses Thema wird eher originär im Feld Gleichstellung verortet, denn in der betrieblichen Gesundheitsförderung. Frauen sind strukturell mit anderen Voraussetzungen konfrontiert als Männer. Stress durch schlechte betriebliche Praktiken zur Vereinbarkeit von Beruf und Familie, Mehrfachbelastungen etc. werden oft systematisch ausgeblendet. Ebenso der sehr unterschiedliche Zugang zu Ressourcen, der ebenfalls geschlechtstypisch verteilt ist. Die Benachteiligung besteht in den genannten Beispielen darin, dass die Gesundheit von Frauen nicht in gleicher Weise wie die von Männern geschützt wird. Die Diskriminierung bezieht sich hier auf die Dimension der Gesundheit.

---

2 ArbSchG § 2 Begriffsbestimmungen

(1) Maßnahmen des Arbeitsschutzes im Sinne dieses Gesetzes sind Maßnahmen zur Verhütung von Unfällen bei der Arbeit und arbeitsbedingten Gesundheitsgefahren einschließlich Maßnahmen der menschengerechten Gestaltung der Arbeit.

BetrVG §90 Unterrichtungs- und Beratungsrechte

(2) Der Arbeitgeber hat mit dem Betriebsrat die vorgesehenen Maßnahmen und ihre Auswirkungen auf die Arbeitnehmer, insbesondere auf die Art ihrer Arbeit sowie die sich daraus ergebenden Anforderungen an die Arbeitnehmer so rechtzeitig zu beraten, dass Vorschläge und Bedenken des Betriebsrats bei der Planung berücksichtigt werden können. Arbeitgeber und Betriebsrat sollen dabei auch die gesicherten arbeitswissenschaftlichen Erkenntnisse über die menschengerechte Gestaltung der Arbeit berücksichtigen.

Diskriminierung kann sich aber auch noch auf andere Dimensionen der Gleichstellung beziehen, die in der Frauen- und Geschlechterforschung belegt sind: So können sich Arbeitsschutzmaßnahmen, wie einst das Nachtarbeitsverbot für Frauen, nachteilig auf deren berufliche Perspektiven auswirken. Das Nachtarbeitsverbot wirkte wie ein Berufsverbot für Frauen. Maßnahmen zur Vereinbarkeit von Beruf und Familie - z. B. die Möglichkeit in Teilzeit zu arbeiten - wirken sich gegebenenfalls belastungsmindernd aus. Gleichzeitig verringern sich jedoch bei der Ausübung einer Teilzeittätigkeit die Weiterbildungs- und Aufstiegschancen, verschlechtern sich meist die Arbeitsinhalte (zurückkehrende Teilzeit arbeitende Mütter kehren oft eben nicht an ihren alten Arbeitsplatz zurück, sondern verrichten stattdessen weniger anspruchsvolle Tätigkeiten). In Folge dessen reduzieren sich die finanziellen Ressourcen, was sich später in Form geringerer Renten auswirkt.

Betriebliche Gesundheitsförderung muss also die typischen Belastungen der jeweiligen Tätigkeit erfassen und die zur Verfügung stehenden Ressourcen, aufgabenunabhängige Belastungen sowie die *Konstellationen* von Belastungen und Ressourcen in Beruf *und* Familie.

Darüber hinaus ist abzuschätzen, wie sich Maßnahmen der Gesundheitsförderung auf die Gleichstellung der Geschlechter in anderen Dimensionen auswirken könnten, um daraus Anpassungen ableiten zu können. So wäre zu prüfen, ob Frauen, die in Teilzeit arbeiten, von Ihren Vorgesetzten oder durch vermeintlich neutrale Regelungen der Organisation nachteilig behandelt werden.

Weiterhin ist herauszuarbeiten *wie* auf der betrieblichen Ebene in der Gesundheitsförderung vorzugehen ist, um Gleichstellungsaspekte berücksichtigen zu können. Ausgangspunkt für ein zu entwickelndes Vorgehensmodell einer gleichstellungsorientierten Gesundheitsförderung im Betrieb bilden Überlegungen zur Gestaltung des organisationalen Wandels. Mit welchen Handlungskonzepten lassen sich Organisationen als Ganzes oder in spezifischen Teilbereichen geschlechtergerecht gestalten? Hierzu werden Ansätze erörtert, die Organisationsentwicklung mit Gender Mainstreaming verknüpfen. Bisher gibt es nur wenige Konzepte, die Gender Mainstreaming auf betriebliche Gesundheitsförderung bzw. im betrieblichen Gesundheitsmanagement anwenden. Einschlägige Handbücher sind überwiegend „geschlechtsneutral" konzipiert und gehen nicht auf Gender Mainstreaming oder Geschlecht/Gender ein.

Die vorliegende Arbeit möchte einen Beitrag dazu leisten, den Umsetzungsgrad von Gender Mainstreaming im Handlungsfeld betrieblicher Gesundheitsförderung zu erhöhen. Ausgangspunkt der Arbeit ist die Hypothese, dass es im Feld der betrieblichen Gesundheitsförderung kein Konzept zur systematischen Umsetzung von Gender Mainstreaming gibt. Gestützt wird diese Hypothese durch die Analyse von achtzig Projektanträgen zur Förderung des Gesundheitsmanagements in den Dienststellen der niedersächsischen Landesverwaltung im Zeitraum 2003 bis 2004 im Vorfeld dieser Arbeit. Gleichstellungspolitische Aspekte sind in diesem Kontext nicht auf Aspekte der menschengerechten Gestaltung von Arbeit übertragen worden.

Ausgangspunkt der Integration von Gender Mainstreaming in die betriebliche Gesundheitsförderung ist ein an Organisationsentwicklung orientiertes Verständnis. Ein solcher Ansatz beinhaltet die Beteiligung der Betroffenen und nimmt die von ihnen wahrgenommenen Belastungen einerseits und Gesundheitsressourcen andererseits zum Ausgangspunkt. Er zielt darauf, systematisch die Arbeit, die Arbeitsbedingungen und die -organisation zu verbessern. Belastungen sollen reduziert und gesundheitsförderliche Ressourcen der Person als auch der Organisation gestärkt werden. Der Ansatz der gesundheitsförderlichen Organisationsentwicklung zielt auf die Veränderung der Organisation und bietet damit Anknüpfungspunkte für Gender Mainstreaming. Er ermöglicht durch die Beteiligungsorientierung, die Betroffenen direkt einzubeziehen und somit deren Interessen und Bedarfe systematisch in den Blick zu nehmen. Eine neue Herausforderung der gesundheitsförderlichen Organisationsentwicklung ist die Betrachtung und Analyse der Konstellationen von Belastungen und Ressourcen der Arbeitenden in Verbindung mit den Erkenntnissen aus der Frauen- und Geschlechterforschung.

Im empirischen Teil der Arbeit wird anhand von Fallstudien aus dem Öffentlichen Dienst untersucht, wie die betrieblichen Akteure bisher Gender Mainstreaming im Rahmen des Gesundheitsmanagements umsetzen, welche gleichstellungsrelevanten Aspekte thematisiert oder sichtbar werden und in welchen konkreten Projektkonstellationen sie sich im Sinne der Gleichstellung der Geschlechter auch bearbeiten lassen.

In der Untersuchung wurden Mitglieder der Steuerungsgremien von Gesundheitsmanagement-Projekten in Dienststellen der niedersächsischen Landesverwaltung interviewt. Zentrales Ergebnis dieser Erhebung ist die Feststellung, dass Gender Mainstreaming in der Gesundheitsförderung nicht systematisch umgesetzt wird. Obwohl die Beschäftigten im öffentlichen Dienst zu Gender Mainstreaming breit informiert worden sind, sind den Akteuren meist nur einzelne Fragmente der Strategie als Schlagwörter bekannt. Bei ihnen besteht eine hohe Unsicherheit, wie die Strategie angewandt werden soll. Eine systematische Auseinandersetzung mit dem Konzept in der Vorbereitung und Planung der Gesundheitsmanagement-Projekte war nicht erkennbar. Die bereits zum damaligen Zeitpunkt (2003) vorliegenden Ansätze und Daten zu einer geschlechterdifferenzierenden und gleichstellungsorientierten Vorgehensweise, z. B. der Europäischen Agentur für Sicherheit und Gesundheitsschutz am Arbeitsplatz, wurden nicht aufgegriffen - ebensowenig die Vorgaben aus den geltenden Förderbedingungen der Projekte. *Obwohl* es also an einer systematischen Auseinandersetzung mit Gender Mainstreaming fehlte, geht aus der hier vorliegenden Untersuchung hervor, dass eine systematische Beteiligungsorientierung und Fokussierung auf die von den Beschäftigten wahrgenommenen Belastungen dazu beiträgt, die für Frauen typische Ressourcen- und Belastungskonstellationen in den Blick zu nehmen und aufzugreifen. Geschlechtstypische Belastungen konnten über den Weg der Beteiligung thematisiert werden.

Eine methodisch angemessene Gestaltung und Durchführung beteiligungsorientierter Prozesse ermöglicht es, geschlechtstypische Konstellationen von Belastungen und Ressourcen in Beruf und Familie zu thematisieren und zu bearbeiten. In den Beteiligungsgruppen wird auf Belastungen und Ressourcen fokussiert, die in ihren betrieblichen und lebensweltlichen Kontexten analysiert werden. Auffällig ist, dass in der kontextbezogenen Analyse von Belastungssituationen weitgehend auf stereotypisierende Annahmen und Zuschreibungen verzichtet wurde. Im Gegensatz dazu greifen die InterviewteilnehmerInnen verstärkt auf stereotypisierende und dichotomisierende Deutungsmuster zurück, wenn ihnen keine kontextualisierten Informationen aus Beteiligungsgruppen vorliegen.

Für die erfolgreiche Bearbeitung von „Genderthemen" in der Gesundheitsförderung kommt es auf die methodische Ausgestaltung partizipativer Prozesse an, in denen die lebensweltlichen Erfahrungen der Beschäftigten Berücksichtigung finden. So lassen sich die androzentrische Deutungshoheit über die Definition angemessener Arbeitsbedingungen und Umgangsformen aufbrechen oder strukturelle Widersprüche zwischen Beruf und Familie durch einschlägige Maßnahmen teilweise abfedern. Innerhalb einzelner betriebliche Arbeitsbereiche ließ sich eine geschlechtstypisierende Arbeitsteilung reflektieren und aufheben. Übergeordnete Strukturen wie etwa die Strukturierung und Hierarchisierung von Berufs- und Tätigkeitsfeldern in z. B. ärztliches und pflegerisches Personal, in Fachkräfte und Hilfskräfte oder tarifvertragliche Regelungen lassen sich im Rahmen des betrieblichen Gesundheitsmanagements allerdings nicht substanziell verändern.

Aufbau der Arbeit

Im zweiten Kapitel erfolgt die Hinführung auf die Fragestellung der Untersuchung und die Darstellung des Forschungsstand zur Anwendung von Gender Mainstreaming in der betrieblichen Gesundheitsförderung. Herausgearbeitet wird die Bedeutung einer beteiligunsorientierten Vorgehensweise für die Thematisierung von geschlechtstypischen Belastungen und Ressourcen in der Erhebung.

Kapitel drei widmet sich den Mechanismen der Reproduktion sozialer Ungleichheit zwischen den Geschlechtern im gesellschaftlichen Kontext. Beleuchtet werden im Weiteren die Gendering-Prozesse in Organisationen und die Dilemmata von betrieblicher Gleichstellungsarbeit. Hierbei wird der Stellenwert von Organisationsentwicklungsprozessen für die betriebliche Gesundheitsförderung und die Gleichstellungsarbeit nachvollzogen.

Kapitel vier stellt auf der Grundlage der zuvor entwickelten Zusammenhänge ein Vorgehensmodell für die Integration von Gender Mainstreaming in die betrieblichen Gesundheitsförderung und ins Gesundheitsmanagement vor. Die Beschreibung des Verfahrens soll die Qualität der Beteiligungsorientierung in den untersuchten Projekten sichtbar machen. Sie dient als Folie zum Verständnis für die in den Fallstudien dargestellten Ergebnisse.

In Kapitel fünf wird die Anlage der Untersuchung erläutert. Zur Untersuchung der Fragestellung wurden Fallstudien als Forschungsmethode gewählt und mittels mittels Dokumentenanalyse, Gruppenverfahren und leitfadengestützter qualitativer Interviews durchgeführt. Als Auswertungsmethode wurde die qualitative Inhaltsanalyse nach Mayring zugrunde gelegt.

In den Kapitel sechs, sieben und acht werden die drei Fallstudien der empirischen Erhebung ausführlich dargestellt. Sie beziehen sich auf Gesundheitsförderungsprojekte in der Gerichtsbarkeit, im Krankenhaus und einer Aufsichtsbehörde.

Kapitel neun umfasst eine Schlussbetrachtung aus den Erkenntnissen der Untersuchung und zeigt den weiteren Forschungsbedarf für die Umsetzung von Gender Mainstreaming in der betrieblichen Gesundheitsförderung und allgemeinen Gleichstellungsfeldern auf.

2. Stand der Forschung zur Anwendung von Gender Mainstreaming in der betrieblichen Gesundheitsförderung

Betriebliche Gesundheitsförderung geht in ihren konzeptionellen Grundzügen auf das Konzept der Gesundheitsförderung der Weltgesundheitsorganisation zurück, wie es in der Ottawa Charta (1986) programmatisch beschrieben ist. In dem alle Lebensbereiche umfassenden Konzept wird Gesundheit als ein körperliches, seelisches und soziales Wohlbefinden (WHO 1946) definiert, welches über die Beteiligung und Befähigung der Betroffenen[3] in einem fortlaufenden Prozess herzustellen ist. In der Gesundheitsförderung und dem ihr zugrunde liegendem Gesundheitsbegriff werden vor allem die sozialen und individuellen Ressourcen in ihrer Bedeutung für den Erhalt und die Förderung der Gesundheit betont (salutogene und ressourcenorientierte Perspektive).

Gesundheit und Gesundheitsförderung ist in der Definition der WHO nicht nur Aufgabe des Gesundheitssystems, sondern eine Gemeinschaftsaufgabe, die auf die Förderung der Gesundheit in allen Lebensbereichen gerichtet ist.[4] Es sollen gesundheitsförderliche Lebenswelten (Settings)[5] geschaffen werden. Betriebliche Gesundheitsförderung übersetzt diesen Leitgedanken auf das Setting Betrieb und hat damit die gesundheitsförderliche Gestaltung von Arbeit und daran angrenzender Lebensbereiche zur Aufgabe (vgl. Kuhn, 2010, S. 22). Betriebliche Gesundheitsförderung zielt darauf ab, die unterschiedlichen Zusammenhänge von Arbeit und Gesundheit sowie die sie berührenden Interessen kontinuierlich zu thematisieren (Kuhn 2010, S. 22). Der Gesetzgeber hat die Sozialversicherungsträger beauftragt (§ 20 SGB V und § 14 SGB IIV), die Betriebe bei der betrieblichen Gesundheitsförderung zu unterstützen und dazu verstärkt zusammenzuarbeiten.

---

[3] Gesundheit wird dabei als eine Kompetenz „zur selbstbestimmten Lebensgestaltung und -bewältigung" verstanden (vgl. Kaba-Schönstein 2004). Eine solche Kompetenz setzt voraus, das die Einzelnen oder Gruppen über Gesundheitswissen verfügen, dass sie wissen, welche Faktoren Gesundheit beeinflussen und wie man diese verändert (vgl. Abel, 2006 S.59). Gesundheitsförderung zielt dementsprechend auf „Befähigung, Kompetenzentwicklung und Empowerment" (vgl. Kaba-Schönstein 2004).

[4] „Die Verantwortung für Gesundheitsförderung liegt deshalb nicht nur bei dem Gesundheitssektor, sondern bei allen Politikbereichen und zielt über die Entwicklung gesünderer Lebensweisen hinaus auf die Förderung von umfassendem Wohlbefinden. (...) Die Art und Weise, wie eine Gesellschaft die Arbeit, die Arbeitsbedingungen und die Freizeit organisiert, sollte eine Quelle der Gesundheit und nicht der Krankheit sein. Gesundheitsförderung schafft sichere, anregende, befriedigende und angenehme Arbeits- und Lebensbedingungen." (Ottawa Charta 1986)

[5] Grossmann und Scala definieren Setting „als ein Feld (...) das alle relevanten Umwelteinflüsse einer Bevölkerungsgruppe umfaßt" (1994, S. 66). Deshalb stünden alle Gemeinden und Organisationen aller Art im Zentrum des Setting-Ansatzes. „Der Setting-Ansatz ist darauf gerichtet, die Einfluß-, Beteiligungs- und Wahlmöglichkeiten der Menschen zu erhöhen und Optionen für Verhaltensweisen zu schaffen, indem auf gesundheitsrelevante Rahmenbedingungen Einfluß genommen wird." (Grossmann und Scala 1994, S. 67)

In der betrieblichen Praxis wird in der Regel zwischen Verhaltens- und Verhältnisprävention unterschieden (vgl. Faller 2010, S. 27). Erstere lehnt sich meist an gesundheitserzieherische Ansätze an und zielt auf die Veränderung des individuellen gesundheitsrelevanten Verhaltens (Rauchen, Ernährung, Sport) ab, die losgelöst vom Kontext des Betriebes auf gesundheitsrelevante Faktoren begrenzt bleibt, die in die Verantwortung des Individuums liegen/verlegt werden. Demgegenüber fokussiert die Verhältnisprävention auf die Arbeitsinhalte, Arbeitsabläufe und Arbeitsbedingungen. Sie richtet ihre Aufmerksamkeit auf die Gestaltung von Arbeit. Hier liegt die Verantwortlichkeit beim Arbeitgeber (§§ 2-5 ArbSchG) und die Beschäftigten sind aufgefordert, bei der gesundheitsförderlichen Gestaltung von Arbeit mitzuwirken (§§ 15/16 ArbSchG). Dies setzt voraus, dass die Beteiligten wissen, wie auf den Zusammenhang von Arbeit und Gesundheit gestaltend eingewirkt werden kann. Das Handeln der Organisationsmitglieder spielt in diesem Kontext eine besondere Rolle: Es geht um die betrieblichen Praktiken, die mehr oder weniger gesundheitsförderlich sind und durch das Handeln der Personen und betriebliche Strukturen reproduziert werden. Betriebliche Gesundheitsförderung befasst sich mit dem Handeln von Personen im organisationsspezifischen Kontext und versucht die Organisation und die darin stattfindenden sozialen und technischen Prozesse gesundheitsförderlich zu gestalten.

Die Begriffe betriebliche Gesundheitsförderung und betriebliches Gesundheitsmanagement werden in der Praxis sehr unterschiedlich gebraucht. Betriebliche Gesundheitsförderung wird oft mit verhaltensbezogenen Ansätzen gleichgesetzt, die weit hinter dem programmatischen Ansatz der WHO zurückbleiben. Betriebliches Gesundheitsmanagement wird eher mit einem systematischen und ganzheitlichem Vorgehen verbunden, das vor allem den Willen des Managements voraussetzt und sich am Qualitätsmanagement orientiert (vgl. Faller 2010, S. 25). In diesem Sinne kann betriebliches Gesundheitsmanagement als ein prozessualer und struktureller Rahmen für die jeweilige betriebliche Gesundheitspolitik bezogen auf Prävention, Gesundheitsschutz und Förderung menschengerechter Arbeit betrachtet werden, der in verschiedenen Handlungsfeldern wie betriebliche Gesundheitsförderung, Eingliederungsmanagement (§ 84 SGB IX) oder Arbeitsschutz ausgestaltet wird (vgl. Wienemann 2012, S. 175ff). Mit Arbeitsschutz werden hingegen häufig Maßnahmen assoziiert, die sich auf sicherheitstechnische Aspekte der Arbeit fokussieren und psychosoziale Aspekte eher vernachlässigen (vgl. Langhoff und Satzer 2008, S.2 und 2010).

Dieser Arbeit liegt ein Ansatz betrieblicher Gesundheitsförderung zugrunde, der sich als gesundheitsförderliche Organisationsentwicklung bezeichnen lässt (vgl. Faller 2010, S. 23 ff.). Diese zielt auf die „Veränderung der Organisation durch Etablierung neuer Strukturen und Prozesse unter dem Leitbild von Gesundheit auf der Basis eines breiten Konsens und diskursiver Prozesse auf allen Ebenen" (Faller 2010, S. 25). In diesem Verständnis ist gesundheitsförderliche Organisationsentwicklung vor allem ein Aushandlungsprozess zwischen den unterschiedlichen Akteuren und Interessengruppen, die die betriebliche Gesundheitspolitik gestalten. Es geht um ein ausgewogenes Verhältnis von „Bedarfsorientierung, Beteiligung und Befähigung und Betriebsinteressen" (Faller 2010, S. 25). In der folgenden Übersicht zum Stand der Forschung zur Integration von Gender Mainstreaming in die Gesundheitsförderung werden solche Ansätze einbezogen, die sich auf den Setting-Ansatz beziehen lassen und die Gestaltung der Arbeitsbedingungen im Unternehmen anstreben. In diesem Sinne verfolgen sie einen ganzheitlichen Ansatz, der sowohl die „klassischen Fragen" eines eher rechtlichen und an technischen Messgrößen orientierten Arbeitsschutzes berücksichtigt als auch psychosozialen Belastungen und beteiligungsorientierte Verfahren einschließt.

Bisher gibt es wenige Forschungsarbeiten oder Studien zur Integration von Gender Mainstreaming in die betriebliche Gesundheitsförderung, die einen ganzheitlichen Ansatz verfolgen. Zu diesen wenigen zählt das Projekt Spagat (vgl. Schauer und Pierolt 2001), in dem Elfriede Pirolt und Gabriele Schauer untersucht haben, ob und wie mit dem Instrument Gesundheitszirkel Doppel- und Mehrfachbelastungen von Frauen bearbeitet werden können. Aus diesem ist eine Handlungsanleitung für die Moderation von Gesundheitszirkeln mit Frauen hervorgegangen. Aus dessen Nachfolgeprojekt ist ein Leitfaden entstanden, der Geschlecht als Qualitätsmerkmal in der betrieblichen Gesundheitsförderung in konkrete Empfehlungen umsetzt. Zu ihnen zählen die Beteiligung von Frauen im Entscheidungsgremium, Einsatz von Gesundheitszirkeln, Berücksichtigung aller Belastungen und der Verknüpfung mit andern Belastungen aus der Vereinbarkeit von Beruf und Privatleben, Zugang aller Beschäftigtengruppen zu Maßnahmen der betrieblichen Gesundheitsförderung und eine angemessene explizite Ansprache von Frauen und Männer (vgl. Pirolt und Schauer 2005; Ritter et al. 2008).

Eine weitere Studie untersucht „betriebliche Gesundheitsförderung für Männer und Frauen am Beispiel Stress", so der Titel der Studie (vgl. Büntgen 2010). Nielbock und Gümbel (2010) untersuchen die Integration von Geschlechterrollenerwartungen als Belastung in der Gefährdungsbeurteilung.

Zu den Praxisansätzen, die betriebliche Gesundheitsförderung im umfassenderen Sinne als Gestaltung der Arbeitsbedingungen fassen und dabei eine Gender-Perspektive verfolgen, zählen das Gesundheitsmanagement der Niedersächsischen Landesverwaltung sowie der Berliner Senatsverwaltung.

Der Leitfaden des Landes Niedersachsen benennt explizit gleichstellungspolitische Ziele, die im Rahmen der betrieblichen Gesundheitsförderung zu verfolgen sind. Auf Zuschreibungen essentieller Unterschiede zwischen Frauen und Männern z. B. im Kommunikationsverhalten wird verzichtet. Das Konzept der Landesverwaltung hebt auf die Gestaltung des Prozesses ab und fokussiert auf die strukturellen Rahmenbedingungen, die zu einer Benachteiligung von Frauen führen (vgl. Nds. MI 2002).

Das Berliner Modell konzentriert sich im Wesentlichen auf Wissensvermittlung und Schulungen, in denen u.a. auf die „Bedeutung und Faktoren geschlechterspezifischen Kommunikationsverhaltens im Gesundheitszirkel und bei den Moderator/innen" (Senatsverwaltung für Inneres Zentrale Stelle Gesundheitsmanagement 2006,S. 17) hingewiesen wird. Die Integration von Gender Mainstreaming umfasst im Kern „Gender Trainings", die allgemeine Grundlagen zu geschlechtersensibler Kommunikation und Verhalten vermitteln. Die Analyse des Konzepts lässt jedoch vermuten, dass hier tendenziell differenzorientierte Annahmen unterstützt und bestätigt werden, anstatt sie abzubauen.

Seit einigen Jahren erscheinen zudem Sammelbände, die den Schwerpunkt auf Geschlecht und Gesundheit in der Arbeit bzw. in der betrieblichen Gesundheitsförderung legen. Die darin veröffentlichten Praxisberichte aus betrieblichen Projekten, die eine geschlechterperspektive einnehmen (vgl. Badura et al. 2008, 2010; Brandenburg et al. 2009), lassen zum Teil konzeptionelle Ansätze zur Umsetzung von Gender Mainstreaming sichtbar werden. Wissenschaftliche Relexionen oder wissenschaftliche Begleitstudien solcher Projekte sind jedoch selten. Ebenso fehlt es an Analysen, die das jeweils zugrunde gelegte Verständnis von Gender Mainstreaming in diesem Feld untersuchen.

Ulmer und Gröben (vgl. 2004, S. 34 f) kommen in ihrer Auswertung zu der Einschätzung, dass Gender Mainstreaming bisher in der betrieblichen Gesundheitsförderung kaum umgesetzt wird. Es gibt jedoch eine Reihe von Projektberichten aus der betrieblichen Praxis der Gesundheitsförderung, die sich auf Gender Mainstreaming oder eine geschlechtersensible Vorgehensweise beziehen. Die Projekte und Leitfäden aus diesem Kontext beziehen sich überwiegend auf personenbezogenen Angebote und Schulungen zur besseren Bewältigung von Arbeitsbedingungen (Umgang mit Stress) oder Angebote zu Ernährung, Raucherentwöhnung und Ähnlichem. Darunter sind Seminare oder Schulungen zur verstehen, die im Rahmen der betrieblichen Gesundheitsförderung Mitgliedern der Organisation angeboten werden, mit dem Ziel deren individuelle Gesundheitskompetenz zu erhöhen bzw. deren Gesundheitsverhalten zu beeinflussen. Geschlechtersensibilität wird dort häufig auf eine unterschiedliche Ansprache von Frauen und Männern reduziert, die eine höhere Beteiligung von Männern an Präventionsangeboten fördern soll. Als Gründe für die Abwesenheit von Männern wird auf ein unterschiedliches Gesundheitsbewusstsein von Frauen und Männern verwiesen. Für Männer heißen Präventionsangebote dann „Kardiofit - Gesundheitsmanagement für Männer", für Frauen „Frauen - aktiv und gesund" (vgl. Meierjürgen/Dalkmann 2009, S.245 ff).

Ein differenzierter Blick wird in den Ansätzen der allgemeinen Prävention aus dem Bereich Public Health eingenommen. So argumentieren Kolip (2008) und andere Autorinnen (vgl. Kolip und Altgelt 2009), dass Frauen und Männer unterschiedliche gesundheitsbezogene Bedürfnisse haben, die entsprechend in der Gestaltung der Angebote aufgenommen werden müssen, um wirksam die Gesundheit und die Qualität der Gesundheitsversorgung erhöhen zu können. Für Frauen und Männer werden unterschiedliche Motive und Ängste für gesundheitsriskantes Verhalten (z. B. Rauchen, Alkoholkonsum, Ernährung) auf der einen und fehlende Bereitschaft der Teilnahme an gesundheitsbezogenen Angeboten (z. B. Bewegungs- und Entspannungstrainings) auf der anderen Seite geltend gemacht, auf die eingegangen werden müsse. Die unterschiedlichen Bedürfnisse an die gesundheitliche Versorgung und Angebote werden u.a. auf biologische Unterschiede zwischen Frauen und Männern zurückgeführt (vgl. Fischer und Hüther 2008, S. 21 ff). Abgesehen von Krankheiten, die spezifisch bei Frauen (Brustkrebs) oder Männern (Prostatakrebs) auftreten, geht es vor allem um Erkrankungen, die bei Frauen und Männern anders verlaufen wie z. B. Herzinfarkte (vgl. Kuhlmann und Kolip 2005, Kapitel 6). Die Diskussionen um den *gender bias* in der medizinischen Forschung haben aufgezeigt, dass Erkenntnisse zu Erkrankungen, die an männlichen Stichproben erhoben wurden, nicht einfach auf Frauen übertragen werden können. Die darauf basierenden Praktiken und Therapien etc. führen zu einer Fehl- und Unterversorgung von Frauen und von Männern (vgl. Kuhlmann und Kolip 2005, S. 19). Daneben müssen auch andere soziale Faktoren bei der Entstehung gesundheitlicher Ungleichheit berücksichtigt werden (vgl. Babitsch 2006). Für die betriebliche Gesundheitsförderung erwächst daraus die Anforderung, sich mit den jeweils unterschiedlichen Ausgangsbedingungen und Bedürfnissen auseinanderzusetzen, um zielgruppenspezifisch sinnvoll und akzeptierte Maßnahmen zu entwickeln. Wird diese Herausforderung jedoch verkürzt auf eine geschlechtergerechte Ansprache, laufen solche Maßnahmen und Strategien Gefahr Stereotype zu (re)produzieren, die Ungleichheit eher weiter verfestigen.

Neuere Ansätze wie die von Barbara Reuhl sowie von Nielbock und Gümbel hingegen setzen eher an den Arbeitsbedingungen und den damit einhergehenden Belastungen an. Beide gehen von der Gefährdungsbeurteilung aus, um typische Belastungen in den Blick zu nehmen, die bisher in der Gefährdungsbeurteilung[6] unberücksichtigt blieben (vgl. Reuhl 2009; Nielbock und Gümbel 2010). Barbara Reuhl setzte bei ihrem Vorhaben an Tätigkeiten an, die typischerweise von Frauen ausgeübt werden und richtet den Blick auf eine Zielgruppe, die von der Arbeitsschutzpraxis wenig Aufmerksamkeit erfährt. Sie entwickelte Instrumente für den Bereich der Gebäudereinigung und erprobte diese mit den dort arbeitenden Frauen (vgl. Reuhl 2009).

---

[6] So wurde bisher z. B. schweres Heben und Tragen in typischen Frauenberufen wie der Pflege vernachlässigt. Die Arbeit von Frauen gilt auch heute noch als leichter und weniger anspruchsvoll (vgl. Reuhl 2009, S. 167).

2.1. Defizite einer geschlechtsblinden Sicherheits- und Gesundheitsstrategie

Die europäische Agentur für Sicherheit und Gesundheitsschutz am Arbeitsplatz (OSHA) hat bereits 2003 einen Band zu geschlechterspezifischen Aspekten der Sicherheit und des Gesundheitsschutzes bei der Arbeit herausgegeben[7], der umfassende Empfehlungen zur Anwendung von Gender Mainstreaming skizziert (vgl. OSHA 2006, S.20 und, S. 123 ff). Bausteine dieser Strategie sind eine geschlechterdifferenzierende Forschung, Entwicklung von Instrumentarien zur Beurteilung geschlechtsspezifischer Auswirkungen von Arbeitsbedingungen, des Wandels der Arbeit etc., eine geschlechterdifferenzierende Beobachtung und Datenerhebung zu den unterschiedlichen Aspekten und Ebenen des Sicherheits- und Gesundheitsschutzes, eine geschlechterdifferenzierende Gesetzgebung und Politik auf der EU-Ebene und auf nationaler Ebene. Außerdem beinhaltet sie die Ausarbeitung von Arbeitsschutzleitlinien, Normen, Schulungen, Risikobewertungsinstrumenten etc. sowie die Einbeziehung der Geschlechterperspektive bei der Umsetzung in den Unternehmen.

Abbildung 1: Handlungsebenen der Einbeziehung der Geschlechteraspekte in das Arbeitsschutzsystem

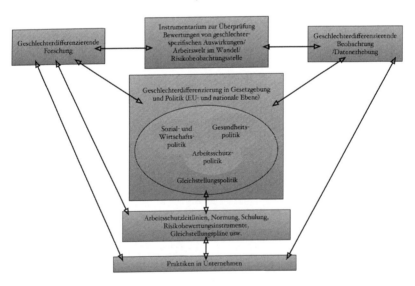

Quelle: OSHA 2006, S.155

---

[7] 2003 in englischer Sprache, 2006 in deutscher Übersetzung

Der Bericht analysiert die Ausgangslage und Notwendigkeit für eine geschlechterdifferenzierende Strategie. Dazu werden die Erkenntnisse zu geschlechterspezifischen Unterschieden im Arbeitsleben zusammengetragen sowie die unterschiedlichen arbeitsbedingten Risiken im Zusammenspiel mit Anforderungen aus anderen Lebensbereichen von Frauen und Männern und deren gesundheitlichen Folgen. Vor dem Hintergrund dieser Erkenntnisse entwickeln die AutorInnen ihre Strategie zur Umsetzung von Gender Mainstreaming im Bereich Sicherheit und Gesundheitsschutz. Die Strategie ist in der Abbildung 1 visualisiert. Es wird deutlich, dass dabei die politischen Prozesse in den Blick genommen werden, die auf europäischer und nationaler Ebene durch Gesetzgebung und Politik entsprechende Rahmenbedingungen für einen geschlechtergerechten Arbeits- und Gesundheitsschutz im Betrieb schaffen sollen. Die Strategie richtet sich auch an die Forschung, die die notwendigen Zusammenhänge und Erkenntnisse bereitstellt bzw. bereitstellen soll. Ebenfalls im Blick haben die AutorInnen die Notwendigkeit, entsprechende Instrumente zu entwickeln, mit denen die jeweiligen Akteure ihre Prozesse steuern und die Ergebnisse bewerten können (vgl. OSHA 2006, S.155 f). Im Folgenden werden zunächst die wesentlichen geschlechterspezifischen Aspekte im Sicherheits- und Gesundheitsschutz aus dem genannten Bericht der OSHA zusammenfassend dargestellt. Anschließend werden die daraus resultierenden Empfehlungen für die *betriebliche* Ebene erörtert, die im Fokus dieser Arbeit stehen.

Der Bericht der Agentur für Sicherheit und Gesundheit am Arbeitsplatz argumentiert, dass eine geschlechtsneutrale Sicherheits- und Gesundheitsstrategie zu erheblichen Defiziten in der gesundheitsbezogenen Gleichstellung der Geschlechter führt. Diese Defizite beziehen sich auf das Ziel der Sicherheits- und Gesundheitsstrategie, die Gesundheit von Frauen und Männern zu schützen und zu fördern. Zu den wesentlichen Faktoren, die zu einer gesundheitlichen Ungleichheit der Geschlechter führen, zählen erstens geschlechtsbezogene Verzerrungen (gender bias) in der Forschung, in Instrumenten und in der Wahrnehmung der Akteure sowie in Rechtsvorschriften (vgl. OSHA 2006, S.141). Zweitens nennen sie die Geschlechtertrennung und Segregation in der Erwerbsarbeit, die zu einer unterschiedlichen Exposition von Risiken führt (OSHA 2006, S.10). Drittens verschränken sich die Risiken mit unterschiedlichen Belastungen – und Ressourcen – für Frauen und Männer im Privaten, da auch hier eine geschlechtliche Arbeitsteilung vorliegt. Mögliches unterschiedliches Verhalten von Frauen und Männern spielt in der Sicherheits- und Gesundheitsschutzstrategie von OSHA keine Rolle. Dies wird eher im Feld Public Health und (betrieblicher) Gesundheitsförderung betont. Als biologisch definierte Unterschiede werden durch OSHA insbesondere bei den Themen Fertilität und Reproduktion benannt (vgl. OSHA 2006, S.87 ff). Diese gelte es für *beide* Geschlechter noch präziser zu untersuchen. Das Hauptaugenmerk des Berichts liegt jedoch auf den ersten drei Aspekten.

2.1.1. Geschlechtsblinde Strategien - Geschlechtsbezogene Verzerrungen

Rechtsvorschriften zum Arbeits- und Gesundheitsschutz, die Frauen direkt benachteiligen, sind nach Einschätzung der AutorInnen des Berichts weitgehend beseitigt worden. In bestehende Reglungen seien jedoch zum Teil geschlechtsbezogene Verzerrungen eingelassen, die eine diskriminierende Wirkung haben:

- Risiken, die bei Frauen häufiger vorkommen sind zwar in den allgemeinen Rechtsvorschriften mit abgedeckt, werden in der Praxis jedoch häufig übersehen. Zudem sind Gefahren und Risiken, die typischerweise bei von Männern ausgeübten Tätigkeiten auftreten, besser durch spezifische Rechtsvorschriften erfasst und werden gesondert geregelt - was die Durchsetzung bestimmter Normen zum Schutz der Arbeitnehmer erhöht.

- Die Durchsetzungsregelungen für den öffentlichen Sektor sind in den Mitgliedsstaaten der EU häufig eingeschränkt. In diesem Bereich arbeiten überwiegend Frauen. Ebenso sind Tätigkeitsbereiche, in denen überwiegend Frauen arbeiten (wie Hausangestellte), zum Teil explizit von Schutz-Regelungen ausgenommen. Hier besteht also ein geringer Schutzanspruch für Frauen.

- Die Arbeitsbedingungen von Frauen werden nicht hinreichend in Normungsprozessen berücksichtigt. Diese orientierten sich bisher an Männern und deren Arbeitsbedingungen, was dazu führt, dass Frauen deutlich weniger Entschädigungsleistungen erhalten als Männer (vgl. OSHA 2006, S. 141 ff; Fokuhl 2009, S. 48 f).

- Verzerrungen treten vor allem in den Instrumenten und Verfahrensweisen auf, die typische Belastungen an überwiegend von Frauen ausgeübten Tätigkeiten gar nicht erfassen oder diese unterbewerten. Annahmen über vermeintliche leichte Tätigkeiten führen auch dazu, dass bestimmte Tätigkeiten oder Arbeitsbereiche in der systematischen Analyse von Arbeitsbedingungen und der Identifikation der Risiken im Betrieb durch die Akteure nicht erfasst werden. Insbesondere die Bewertung von Arbeitsplätzen entlang von Tätigkeitsbeschreibungen wird als verzerrungsanfällig kritisiert, weil häufig die tatsächlichen Tätigkeiten nicht erfasst werden. Die Unterbewertung von Belastungen in der Analyse zieht zudem eine monetäre Unterbewertung der von Frauen ausgeübten Tätigkeiten nach sich, weil die Belastungen so nicht in die Ermittlung des Entgelts einfließen (vgl. Krell und Winter 2008).

2.1.2. Geschlechtertrennung und Segregation in der Erwerbsarbeit

Die horizontale und vertikale Geschlechtertrennung in der Erwerbsarbeit führt dazu, dass Frauen und Männer unterschiedlichen Belastungen ausgesetzt sind, die die Gesundheit der Betroffenen beeinflussen. Ausgehend vom Grundsatz der Arbeitsschutzstrategie gilt es, Gefahren und Risiken zu vermeiden. Demnach müssen die tatsächlichen Gefährdungen am Arbeitsplatz erhoben werden, ebenso die gesundheitsrelevanten Ressourcen, die zum Ausgleich oder Förderung der Gesundheit zur Verfügung stehen. Im wesentlichen verfolgt OSHA damit als zentrale Anforderung für eine Integration der Geschlechterperspektive, die *Konstellationen* von Belastungen und Ressourcen in Beruf *und* Familie in den Blick zu nehmen (vgl. OSHA 2006, S.95 f; Ducki 2000 a). Nur wenn die Gesamtbelastungen im Beruf und im Privatleben berücksichtigt werden, lassen sich wirksame Maßnahmen zum Schutz und zur Förderung der Gesundheit ableiten.

Frauen und Männer üben aufgrund der bestehenden Geschlechtertrennung oft unterschiedliche Tätigkeiten aus, die mit unterschiedlichen Risiken verbunden sind. Wesentliche Dimensionen, in denen sich die Exposition am Arbeitsplatz für Frauen und Männer unterscheiden kann, sind laut OSHA folgende:

> *„physikalische, chemische und biologische Risiken, tätigkeitsspezifische Belastungen des Muskel-Skelett- Systems oder ergonomische Risiken, tätigkeitsspezifische Belastungen, Selbstbestimmung, hohes Arbeitstempo, eintönige Arbeit, Zugang zu Fortbildungs- und Qualifizierungsmaßnahmen, Diskriminierung, Gewalt, Mobbing und sexuelle Belästigung, flexible Arbeitszeiten, Überstunden usw., sonstige Stressfaktoren". (OSHA 2006, S. 24)*

Hinsichtlich der arbeitsorganisatorischen Einbindung finden sich nach OSHA ebenfalls für Frauen und Männer Unterschiede. Diese beziehen sich beispielsweise auf die Art und Weise wie Arbeit organisiert ist, ob es sich um Team- oder Gruppenarbeit handelt, darauf, über wie viel Handlungs- und Entscheidungsspielräume Frauen und Männer verfügen, wie ihr Beschäftigungsverhältnis aussieht - befristet oder unbefristet, Teilzeit oder Vollzeit etc. (vgl. OSHA 2006, S. 24).

Die unterschiedliche Exposition von Frauen und Männern und die unterschiedliche Verteilung von Ressourcen wirkt sich auch unterschiedlich auf die Gesundheit von Frauen und Männern aus. Diese gesundheitsbezogenen Folgen werden in unterschiedlichen Dimensionen sichtbar:

> *„Fehlzeiten, Arbeitsunfähigkeit, Rehabilitation und Entschädigung, Unfällen, arbeitsbedingtem Stress, Muskel-Skelett-Erkrankungen, sonstigen Erkrankungen: koronare Herzkrankheiten, Infektionskrankheiten, Hauterkrankungen, Hörstörungen, Krebs usw., reproduktiver Gesundheit und Fertilität" (OSHA 2006, S. 24)*

Die bestehende allgemeine Diskriminierung von Frauen bei Entlohnung, Status, Behandlung, Zugang zu Ressourcen, Weiterbildung und Aufstieg kann ebenfalls zu zusätzlichem Stress bzw. zu mangelnden Ressourcen zum Ausgleich von Belastungen führen. Die Autoren gehen davon aus, dass sich Maßnahmen der allgemeinen Gleichstellung auch positiv auf die Belastungssituation von Frauen auswirken (vgl. OSHA 2006).

Sowohl auf die geschlechtstypischen Unterschiede in der Exposition als auch auf deren Folgen wird im Bericht ausführlich eingegangen (vgl. OSHA 2006 Kapitel 1 bis 4). Die Ergebnisse werden im Rahmen dieser Arbeit nur in soweit wiedergegeben, wie sie für die Fragestellung dieser Untersuchung von besonderer Relevanz sind. Im Folgenden werden die entsprechenden Ergebnisse exemplarisch vorgestellt[8], um die in Kapitel vier zu entwickelnde Systematik zu verdeutlichen.

Aus der Tabelle 1, siehe unten, wird ersichtlich, dass nicht davon ausgegangen werden kann, dass Frauen oder Männer grundsätzlich hinsichtlich der Exposition von Belastungen benachteiligt sind. Es ist im jeweils spezifischen Kontext zu analysieren, welche Belastungen und Ressourcen vorliegen.

Tabelle 1: Beispiele für geschlechtstypische Unterschiede in Bezug auf Risiken und Gesundheitsergebnisse

Risiko/Gesundheitsergebnis	„Stärkere Exposition/ größere Häufigkeit"	Bemerkungen
Unfälle	Männer	Männer weisen eine höhere Unfallrate auf, selbst nach Berichtigung aufgrund der geringeren Arbeitsstundenzahl bei Frauen.
Erkrankungen der oberen Gliedmaßen	Frauen	Hohe Häufigkeit bei einigen äußerst repetitiven Tätigkeiten von Frauen, wie „leichte" Montagearbeiten am Fließband und Dateneingabetätigkeiten, bei denen die Frauen wenig Einfluss auf die Arbeitsweise nehmen können.
Heben von schweren Lasten	Männer	Frauen leiden jedoch z. B. in Reinigungs-, Verpflegungs- und Pflegetätigkeiten an Schädigungen durch Heben und Tragen schwerer Lasten.
Stress	Frauen	Hohe Häufigkeit bei Männern und Frauen. Zu besonderen Stressfaktoren bei Frauen gehören sexuelle Belästigung, Diskriminierung, Tätigkeiten mit wenig Ansehen und geringen Einflussmöglichkeiten, emotional anstrengende Tätigkeiten sowie Doppelbelastung durch die bezahlte Lohnarbeit und die unbezahlte Arbeit zu Hause.
Tätlichkeiten seitens der Öffentlichkeit	Frauen	Weibliche Arbeitnehmer sind stärker Publikumsverkehr ausgesetzt.
Lärm/Hörverlust	Männer	Frauen in der Textil- und Lebensmittelproduktion z. B. können starker Belastung ausgesetzt sein.
Arbeitsbedingte Krebserkrankung	Männer	Größere Häufigkeit bei Frauen in bestimmten Herstellungsbranchen.

---

8 Zur näherer Beschäftigung mit den verwendeten Studien: vgl. OSHA 2006; Vogel 2000, 2003; European Foundation for Improvement of Living and Working Conditions 2002, Deutscher Bundestag 2009

Risiko/Gesundheitsergebnis	„Stärkere Exposition/ größere Häufigkeit"	Bemerkungen
Asthma und Allergien	Frauen	z. B. durch Reinigungsmittel, Sterilisationsmittel und Staub in Schutzhandschuhen aus Latex, die im Gesundheitswesen eingesetzt werden, sowie Stäube in der Textil- und Bekleidungsindustrie.
Hautkrankheiten	Frauen	z. B. aufgrund von Arbeiten mit nassen Händen im Cateringbereich oder durch Hautkontakt mit Reinigungsmitteln oder Haarbehandlungschemikalien.
Infektionskrankheiten	Frauen	z. B. im Gesundheitswesen oder bei Tätigkeiten im Kontakt mit Kindern
Ungünstige Tätigkeiten und Schutzausrüstung	Frauen	Zahlreiche Bekleidungsstücke und Schutzausrüstung wurden für den „Durchschnittsmann" entworfen, was für viele Frauen und „Nicht-Durchschnittsmänner" problematisch ist.
Reproduktive Gesundheit	beide	Zu den vernachlässigten Bereichen gehören Fruchtbarkeit,, Menstruationsstörungen, Menopause und männliche reproduktive Gesundheit.
Ungünstige Arbeitszeiten	beide	Bei Männern ist die Wahrscheinlichkeit höher, dass sie lange bezahlte Arbeitsstunden ableisten, während Frauen mehr unbezahlte Arbeit zu Hause erledigen. Beide wünschen sich ein besseres Gleichgewicht zwischen Arbeit und Privatleben.

Quelle: Europäische Agentur für Sicherheit und Gesundheitsschutz am Arbeitsplatz, OSHA 2003, S. 2

Die Konstellationen von Belastungen und Ressourcen in Beruf und Familie sind in Tabelle 1 nur unter der sehr allgemeinen Rubrik Stress explizit benannt. Dort wird auch auf Belastungen verwiesen, die nicht spezifisch für die in der Erwerbsarbeit ausgeübte Tätigkeit sind. Zu ihnen zählen Diskriminierung, mangelndes Ansehen und Stress durch Doppelbelastung. Unter dem Stichwort ungünstige Arbeitszeiten wird darauf verwiesen, dass Männer häufig länger arbeiten und Frauen mehr unbezahlte Arbeit leisten. Männer wie Frauen wünschten sich eine bessere Vereinbarkeit. Darauf wird weiter unten genauer eingegangen.

Bisher, so wurde dargelegt, führten geschlechtsbezogene Verzerrungen dazu, dass typische Belastungen und Risiken von Frauen nicht hinreichend berücksichtigt wurden[9]. Zudem verteilen sich gesundheitsrelevante Ressourcen unterschiedlich auf Frauen und Männer. Die vertikale Segregation im Arbeitsmarkt führt zu einer unterschiedlichen Verteilung von gesundheitsrelevanten Ressourcen wie Handlungs- und Entscheidungsspielräumen. Frauen verfügen über weniger Ressourcen als Männer, da sie meist am unteren Ende der Hierarchie arbeiten, in Jobs mit starker Reglementierung und Stan-

---

[9] Die Diskussionen um Subjektivierung von Arbeit zeigen, dass mittlerweile typische Belastungsformen, wie sie in der persoenenbezogenen Dienstleistung für Frauen typisch sind, nun in der Mainstream-Diskussion aufgegriffen und dort aber als neue Phänomene deklariert werden (vgl. Senghaas-Knobloch 2009, S. 126).

dardisierung. Darüber hinaus verfügen Frauen häufig auch über weniger Handlungs- und Entscheidungsspielräume als Männer in vergleichbaren Positionen (vgl. Ducki und Maschewsky-Schneider 2003, S. 215).

Als Haupt-Risikofaktoren arbeiten Ducki und Maschewsky-Schneider u.a. zeitbezogene Belastungen wie Zeitdruck und Überstunden sowie lange tägliche Arbeitszeiten heraus. Hinter den Belastungen durch Arbeitszeitgestaltung verbergen sich für Frauen andere Konstellationen als für Männer, die sich vor allem aus den zeitgebundenen familiären Verpflichtungen der Frauen erklären (Ducki und Maschewsky-Schneider 2003, S. 214). Für Frauen mit familiären Verpflichtungen (und auch für Männer, die diese Verpflichtungen wahrnehmen) sind Überstunden und lange Arbeitszeiten mit spezifischen Problemen verbunden. Sie verschärfen die Vereinbarkeitsproblematik und bedeuten gleichzeitig einen Mangel an Bewältigungsmöglichkeiten. Arbeitsdichte und Zeitdruck können schwer durch Überstunden abgemildert werden. Arbeitszeitgestaltung ist damit für Gesundheit und Gleichstellung ein relevantes Thema. Die Vereinbarkeitsproblematik lastet überwiegend auf Frauen und wird häufig gelöst, indem Teilzeit gearbeitet wird, was Auswirkungen auf finanzielle Ressourcen, Aufstiegschancen und Absicherung im Alter hat. Unabhängig von der Tätigkeit ist außerdem die sexuelle Belästigung ein Gesundheitsrisiko, von dem überwiegend Frauen betroffen sind, was nicht zuletzt mit ihrer Stellung in der Hierarchie in Verbindung gebracht wird (vgl. Kuhn 2008, S. 88).

Im Hinblick auf arbeitsplatzbezogene Ressourcen stellen Ducki und Maschwewsky-Schneider fest, dass selbst in den Berufsgruppen, in denen überwiegend Frauen arbeiten, die Breite und Verfügbarkeit der Ressourcen stark von der Geschlechtersegregation abhängen: Ressourcen wie Entscheidungsspielräume, ganzheitliche und abwechslungsreiche Tätigkeiten finden sich eher in höher qualifizierten Tätigkeiten und auf höheren Hierarchieebenen, die auch in „Frauenberufen" häufig mit Männern besetzt sind. Zu den Entscheidungsspielräumen zählt auch die Möglichkeit, Anfangs- und Endzeiten der täglichen Arbeitszeit variieren zu können. Der Dispositionsspielraum ist ebenfalls ungleich auf die Geschlechter verteilt. Frauen haben seltener die Möglichkeit, die Anfangs- und Endzeiten ihrer Arbeit selbst zu bestimmen (Ducki und Maschwewsky-Schneider 2003, S. 215).

2.1.3. GESCHLECHTLICHE ARBEITSTEILUNG IM PRIVATLEBEN

Die Belastungen und Ressourcen von Frauen und Männern verteilen sich auch im privaten Bereich unterschiedlich. Familienarbeit wird meist von Frauen geleistet, unabhängig davon, ob die Frauen selbst nicht erwerbstätig oder voll erwerbstätig sind.

Mit der Haus- und Familienarbeit gehen spezifische Belastungen einher, und zwar:

- geringer Status der Hausarbeit,
- materielle und soziale Abhängigkeit,
- Gleichzeitigkeit verschiedener Zeitmuster durch Hausarbeit, Kinderbetreuung und Erwerbstätigkeit (wenn vorhanden oder ausgeübt),
- Isolation, Langeweile, Monotonie und physische Belastungen.

Mögliche Ressourcen in der Haus- und Familienarbeit sind:

- persönliche Identifikation mit der Arbeit,
- größere Entscheidungsspielräume als in der Erwerbsarbeit (vgl. Ducki und Maschwewsky-Schneider 2003, S. 220),
- Ausgleich zu den Anforderungen im Berufsleben (vgl. Lukoschat und Walther 2006. S. 8ff).

Ein wesentlicher Faktor für die Gesundheit von Frauen ist die Kompatibilität ihrer Lebensentwürfe und ihrer persönlichen Ziele mit dem tatsächlichen Leben, das sie führen. Rollenvielfalt, als positive Wendung der Mehrfachbelastung, stellt eine gesundheitliche Ressource dar, wenn sie frei gewählt wurde und die Erwerbsarbeits- und Familienbedingungen zufrieden stellend und von guter Qualität sind. Unter schlechten (Erwerbs-)Arbeitsbedingungen lässt sich die Ressource der Rollenvielfalt nicht realisieren (vgl. Luhaorg und Zivian 1995; Koberg und Chusmir 1989; Chusmir und Koberg 1991)

2.1.4. UNTERSCHIEDLICHES VERHALTEN VON FRAUEN UND MÄNNERN

Im Diskurs über Gesundheit und Prävention spielt häufig das gesundheitsförderliche bzw. -riskante Verhalten von Individuen eine Rolle. Dazu zählen Ernährungs- und Bewegungsgewohnheiten, Alkohol- und Medikamentenkonsum oder Rauchen. Die Strategien der allgemeinen – nicht auf das betriebliche Setting spezialisierte – Prävention richten sich häufig auf das Verhalten der Personen, das durch Aufklärung und Training beeinflusst werden soll. Hierzu werden Daten über unterschiedliches Verhalten von Frauen und Männern gesammelt, die mit gesundheitsrelevanten Folgen in Verbindung gebracht werden.

In der Gesundheitspräventions-Forschung ist die Unterscheidung von Sex und Gender aufgegriffen worden, so dass unterschiedliche Aspekte von Geschlecht in der Analyse und Entwicklung von Maßnahmen berücksichtigt werden können. Dabei wird unterschieden zwischen dem biologischen Geschlecht (Sex) und dem sozialen Geschlecht (Gender). Es wird davon ausgegangen, dass biologische Unterschiede zwischen den Geschlechtern vorzufinden sind, dass aber für die soziale Positionierung der Geschlechter die an das Geschlecht geknüpften Rollenwertungen wesentlich bedeutsamer sind (vgl. Kolip 2008, S.31).

Das biologische Geschlecht spielt in der Gesundheitsforschung und Prävention nach wie vor eine zentrale Rolle, da gerade in der Medizin und der medizinischen Versorgung auf bestehende körperliche Unterschiede eingegangen werden muss - hier lassen sich tatsächlich geschlechts*spezifische* Unterschiede benennen. Die Unterscheidung zwischen biologischem und sozialem Geschlecht macht es jedoch möglich, unterschiedliche gesundheitsrelevante Verhaltensweisen – und Positionierungen in der Gesellschaft – auf soziale Rollenerwartungen, Sozialisationserfahrungen und Lebensbedingungen und gesellschaftliche Strukturen zurückzuführen anstatt auf vermeintlich biologische Unterschiede. Unterschiedliches gesundheitsbezogenes Verhalten von Frauen und Männern/Mädchen und Jungen zur Kenntnis zu nehmen und in der Analyse und Planung zu berücksichtigen, entscheidet mit darüber, ob Maßnahmen/Angebote von den jeweiligen Zielgruppen angenommen werden als auch darüber, ob verhaltensbedingte Aspekte in der Krankheitsentwicklung überhaupt angemessen erfasst werden – und entsprechend berücksichtigt werden. Obwohl in der Präventionsforschung Konzepte aus der Geschlechterforschung wie das des *doing gender* zur Kenntnis genommen wurden (z. B. Babitsch 2006, S. 272), bleiben auf Verhalten bezogene Interventionskonzepte einer differenztheoretischen Perspektive verhaftet. Ein Beispiel soll dies illustrieren:

> „Eine Bielefelder Gesamtschule vertritt das Konzept, mit Gesundheitsförderung den – geschlechtsspezifischen – Handlungshorizont zu erweitern. Mädchen sollen jungentypische Verhaltensweisen erproben (z. B. Selbstverteidigung, Klettern), um z. B. die eigenen körperlichen Grenzen kennenzulernen und Kraft einsetzen zu können, und umgekehrt: Jungen sollten Massagen und Entspannungsmethoden vermittelt werden, um körperliche Aufmerksamkeit zu fördern. Aber während die Angebote für Mädchen von der Zielgruppe angenommen wurden, galt dies nicht für die Jungenangebote. Entspannungsstunden wurden abgebrochen, weil Jungen begannen zu raufen. Der verantwortliche Lehrer hat dieses Problem spielerisch mit jungengerechter Methodik gelöst: Er lässt die Jungen in die Rolle ihrer Lieblingsautos schlüpfen, während die anderen Jungen die Bürsten und Lappen einer „Waschstraße" spielen. Jeder Junge fährt durch die „Waschstraße"; anschließend wird thematisiert, welche Berührungen angenehm, welche nicht angenehm waren und wie viel Nähe guttut." (Kolip 2008, S. 33f)

Das im obigen Zitat geschilderte Vorgehen soll dazu beitragen, dass Mädchen und Jungen ein breiteres Repertoire an gesundheitsförderlichem Verhalten erlernen. Dies setzt zum einen voraus, dass tatsächlich unterschiedliches Verhalten beobachtet wird und unterschieden werden kann, ob es sich um gleiches Verhalten handelt, oder ob dieses nur anders wahrgenommen, mit anderen Bedeutungen versehen und als unterschiedlich angemessen und wünschenswert angesehen wird. Dem als weiblich und männlich konnotierten Verhalten werden neue Verhaltensweisen hinzugefügt, die aber gerade – am Beispiel der Jungen wird es deutlich – als männliche (jungengerecht) daherkommen müssen. Aus dem Beispiel geht nicht hervor, ob Mädchen sich auf ein gleiches Entspannungsangebot in der ersten Variante besser eingelassen hätten als Jungen, noch wird reflektiert, warum es Mädchen scheinbar deutlich leichter fällt, sich auf „jungentypische" Angebote einzulassen. Möglicherweise ist das Bedürfnis/die Anforderung, sich vom anderen Geschlecht abzugrenzen seitens der Jungen/Männer größer. Das Konstruktionsprinzip von Männlichkeit, sich vor allem von Weiblichem und von Frauen abzugrenzen und das Weibliche abwerten zu müssen, wird in dem Beispiel nicht thematisiert. Die Jungen machen ihre „neuen" Erfahrungen unter sich und unter Ausschluss der Mädchen – als Jungen. Möglicherweise werden so neue Aspekte und akzeptierte Verhaltensweisen für Jungen (und Mädchen) zulässig, ohne dass jedoch eine erneute Etikettierung als weiblich/männlich auszuschließen wäre. Die sozialen Regeln und Geschlechtsrollenerwartungen, nach denen die wahrgenommenen Verhaltensweisen zustande kommen, lassen sich so schwer thematisieren. Der Leitgedanke, dass Mädchen und Jungen unterschiedlich sind, bleibt ungebrochen. Für die Gesundheit von Jungen und Mädchen ist es sicher ein Gewinn, über ein breites Verhaltensrepertoire zu verfügen. Ob sich diese Strategie langfristig dazu eignet, Grenzziehungs- und Abwertungsprozesse von Männern gegenüber Frauen zu reduzieren, bleibt hingegen offen. Das Anknüpfen in der Verhaltensprävention an geschlechtstypische Verhaltensweisen oder Interessen, um eine Veränderung hin zu einer weniger geschlechtstypischen Verhaltensweise zu erreichen, ist eine paradoxe Strategie[10].

Ein anderer Zugang zu unterschiedlichem gesundheitsbezogenen Verhalten läge in der Reflexion der das Verhalten beeinflussenden Regeln und Normen, die an Geschlecht anknüpfen. Ein solcher Zugang findet sich in der Studie von Nielbock und Gümbel, der zwar nicht in erster Linie auf Verhalten ausgerichtet ist und sich zudem auf das Setting Betrieb bezieht, jedoch aufzeigt, wie unterschiedliche an Geschlecht geknüpfte Erwartungen sichtbar und der Reflexion zugänglich gemacht werden können. Der Ansatz zielt damit nicht auf die Identifikation (und Bearbeitung) unterschiedlicher Verhaltensweisen, sondern auf die in der Organisation vorherrschenden Vorstellungen über angemessenes geschlechtsbezogenes Verhalten, Eigenschaften, Motive etc.

Nielbock und Gümbel (2010) haben in ihrem Projekt „Gender/Stress. Geschlechterrollen und psychische Belastungen in der Arbeitswelt" versucht im Rahmen der Gefährdungsbeurteilung explizit Geschlechtsrollenerwartungen an die Darstellung von Weib-

---

[10] Wetterer 1993, Knapp/Gransee 2003 zur paradoxen Intervention

lichkeit und Männlichkeit als Belastungen zu erfassen. Sie interessierten sich für die Frage, wie sich diese unterschiedlichen Erwartungen auf den Zugang zu Gesundheitsressourcen wie soziale Unterstützung oder Trainings zur Bewältigung von Belastungssituationen auswirken. In Interviews mit Betriebsangehörigen wurden die bestehenden Geschlechterbilder ermittelt und in einem Feedbackverfahren an die Mitglieder der Organisation zurückgespiegelt. Auf diese Weise konnten die Geschlechtsrollenerwartungen sichtbar gemacht und reflektiert werden (vgl. Nielböck und Gümbel 2010).

Eine weitere Studie, „Unmasking Manly Men" von Meyerson und Ely, die ursprünglich Diversity-Aspekte auf einer Ölplattform untersuchen wollte, dokumentierte bedeutsame Zusammenhänge von Männlichkeitsvorstellungen und riskantem Verhalten von Männern. Meyerson und Ely hatten entdeckt, dass sich durch einen Jahre andauernden Prozess der systematischen Verbesserung der Sicherheit auf einer Ölplattform die Darstellung von Männlichkeit in einem risikobelasteten Umfeld allmählich veränderte. Dies wirkte sich positiv auf den Umgang der Mitarbeiter untereinander aus. Die Forscherinnen untersuchten das Ergebnis eines 15-jährigen Kulturwandels auf der Ölplattform, einem Arbeitskontext, der von Männern dominiert ist und den Meyerson und Ely als „dirty, dangerous, and demanding workplaces that have traditionally encouraged displays of masculine strength, daring, and technical prowess" (Meyerson und Ely 2008, S. 1) beschreiben.

Das Management hatte eine neue Strategie zur Erhöhung der Sicherheit und Leistung auf der Plattform eingeführt und dabei einen kulturellen Nebeneffekt erzielt: eine Veränderung in der Geschlechterkultur der Organisation, die sich in einer anderen Art der Darstellung und des Umgangs mit Maskulinität zeigte.

> „Over the 15-year period these changes in work practices, norms, perceptions, and behaviors were implemented company-wide. The company's accident rate declined by 84%, while productivity (number of barrels produced), efficiency (cost per barrel), and reliability (production "up" time) increased beyond the industry's previous benchmark. But the changes had an unintended effect as well. The men's willingness to risk a blow to their image—by, for example, exposing their incompetence or weakness when necessary in order to do their jobs well—profoundly influenced their sense of who they were and could be as men. No longer focused on affirming their masculinity, they felt able to behave in ways that conventional masculine norms would have precluded." (Meyerson und Ely 2008, S. 1)

Die Studie lässt vermuten, dass ein wichtiger Schlüssel zur Veränderung des Umgangs mit Anforderungen an die Darstellung von Maskulinität darin liegt, die Beschäftigten auf die tatsächlichen Anforderungen der Arbeit zu fokussieren. Der Rahmen, innerhalb dessen sich eine neue Praxis des *doing gender* ausbilden konnte, bestand in der

Analyse und Rückmeldung des tatsächlichen sicherheitsrelevanten Verhaltens. Dies war in einer Umgebung mit extrem hohen Gefährdungspotenzial legitim und ermöglichte, nach den für Sicherheit erforderlichen Schritten zu fragen und diese auch umzusetzen. Der Bezug auf Sicherheit legitimiert z. B. von einem Sicherheitsbeauftragten beobachtet und auf Fehler hingewiesen zu werden oder um Hilfe zu bitten. Die Erfahrungen, die Meyerson und Ely von der Ölplattform schildern, verweisen darauf, dass (geschlechtsbezogene) Wahrnehmungen, Regeln und Normen, Verhaltensweisen und die Art und Weise, wie „Dinge gemacht werden", eng miteinander verbunden sind. Ihre Fallstudie liefert meines Erachtens ein anschauliches Beispiel, wie sich Geschlechterkulturen durch die Veränderung von Routinen der Organisation wandeln können. Dies scheint jedoch vorauszusetzen, dass für den Veränderungsprozess ein Deutungsrahmen geschaffen wird, der auf Akzeptanz stößt. Die Etablierung und Durchsetzung von Sicherheitsstandards setzt nicht an „männerspezifischen" Angeboten an, sondern formuliert Ansprüche an ein sicherheitsgerechtes Verhalten und reglementiert – wenn auch möglicherweise unbeabsichtig – die Zurschaustellung von Männlichkeit.

2.1.5. GESCHLECHTERBEZOGENE ZIELSETZUNGEN FÜR DIE BETRIEBLICHE GESUNDHEITSFÖRDERUNG

Ein weiteres Defizit in der Umsetzung von Gender Mainstreaming in der (betrieblichen) Gesundheitsförderung besteht in der mangelnden Klarheit und Präzision der Ziele[11]. Die politischen Ziele in der Arbeitsschutzstrategie der Europäischen Kommission sind vage gehalten und benennen lediglich die *Umsetzung* von Gender Mainstreaming als Ziel. Wie eine Umsetzung erfolgen soll, ist nicht festgeschrieben, ebenso wenig wie die konkreten Ergebnisse, an denen eine Umsetzung zu erkennen wäre. Für den Fall, dass eine Umsetzung ausbleibt, sind keine Sanktionen vorgesehen.

> *„Eine der Zielsetzungen der „Gemeinschaftsstrategie für Gesundheit und Sicherheit am Arbeitsplatz"(1) ist das „Mainstreaming", d.h. die Einbeziehung der Geschlechterfrage in die Aktivitäten auf dem Gebiet von Sicherheit und Gesundheitsschutz bei der Arbeit" (Europäische Agentur für Sicherheit und Gesundheitsschutz am Arbeitsplatz 2003, S. 1)*

Die Agentur für Sicherheit und Gesundheit konkretisiert dieses Ziel als „gesundheitliche (...) Gleichstellung bei der Arbeit" (OSHA 2006, S. 23). Diese bezieht sich in der Logik des Sicherheits- und Gesundheitsschutzes auf die Gestaltung der Arbeit.

Gesundheitliche Gleichstellung am Arbeitsplatz verlangt in der Systematik des Arbeits- und Gesundheitsschutzes die Berücksichtigung der tatsächlichen und aller arbeitsbedingten Risiken (vgl. OSHA 2006, S. 142). Diese, so wurde im Abschnitt oben

---

[11] Dies ist entspricht der Kritik an der Strategie des Gender Mainstreaming insgesamt, die ebenfalls nur das Prozedere benennt aber eben - notgedrungen - vage in der Vorgabe von Zielen bleibt (vgl. Jegher 2003).

skizziert, werden jedoch mit einer geschlechtsblinden Strategie nicht hinreichend ermittelt, da häufig wesentliche Belastungen an Arbeitsplätzen, die typisch für Frauen sind, mit bestehenden Instrumenten und Verfahren gar nicht erfasst werden.

Die Empfehlungen der Agentur legen nahe, die *Gesamtbelastungen* im Beruf *und* im Privaten zu berücksichtigen. Dies wäre eine sehr weitreichende Forderung, angesichts der Feststellung, dass bisherige Normungen sich am typisch männlichen Arbeitnehmer orientieren und dass sich der betriebliche Arbeits- und Gesundheitsschutz auf Erwerbsarbeit beschränkt. Dies beinhaltet, dass häufig nur Arbeitsbereiche untersucht wurden, in denen überwiegend Männer arbeiten und so nur Belastungen und Risiken für bestimmte Tätigkeiten in die Analyse einbezogen wurden. Darüber hinaus wurden diese wiederum in zusätzlichen Normen explizit behandelt, während Belastungen und Risiken, z. B. emotionale Belastungssituationen in personenbezogenen Dienstleitungen, kaum untersucht wurden. Des Weiteren beinhaltet eine Orientierung am männlichen Arbeitnehmer auch, dass z. B. die Regelungen der Arbeitszeit sich nur auf die Erwerbsarbeitszeit beziehen (regelmäßig nicht mehr als 48 Stunden in der Woche in der Europäischen Union). Familien- und Hausarbeit wird dabei nicht berücksichtigt. Die Annahme, dass bei 48 Stunden die Erholungszeit ausreichend ist, gilt so eher für Männer, die in der Regel keine täglich wiederkehrenden Arbeiten zu Hause zu verrichten haben. Eine mögliche Konkretisierung von Zielen bestünde z. B. in der Bestimmung, Konstellationen von Arbeitsbelastungen und Ressourcen in Beruf und Familie zu berücksichtigen. Wie in Kapitel vier noch ausgeführt wird, werden in dem dort vorgestellten Modell betrieblicher Gesundheitsförderung die Ziele auf der betrieblichen Ebene konkretisiert als „Abbau von Belastungen" und „Förderung von Ressourcen". In der Darstellung der Fallstudien wird deutlich, dass die Definition und *Vereinbarung* von Zielen ein wesentliches Element für die Gestaltung und Steuerung von Veränderungsprozessen darstellt. Ziele haben die Funktion, einen legitimen Handlungsrahmen auszuweisen. Sie geben eine sehr allgemeine Richtung an: Gesundheit ist wichtig, Gleichstellung ist erwünscht – Diskriminierung ist verboten. Sie zeigen an, was in einem Diskurs als legitim gilt und was nicht. In der sehr allgemeinen Formulierung liefern sie gewillten Akteuren eine legitimatorische Grundlage für z. B. die Durchführung von Gesundheitsmanagementprojekten. Gleichzeitig sind mit den so allgemein formulierten Zielen keine Konkretionen verknüpft, die bestimmte Handlungen nahelegen/erzwingen oder entsprechende Ressourcen definieren, die zur Erreichung der Ziele benötigt würden. Handlungsleitend und verbindlich(er) werden Ziele erst durch ihre Konkretion und Übersetzung in Handlungsschritte bzw. Teilziele, Prozess- und Ergebnisziele – und/oder durch wirksame Sanktionen. Ohne eine solche Konkretion können sie auch der Abwehr von Ansprüchen – die ja gerade in den Zielen ganz grob eingefangen sind – dienen[12]. Eine solche Konkretisierung setzt jedoch voraus, dass der zu ver-

---

[12] vgl. Brunsson 2006 zum Auseinanderfallen von *action* und *talk*.

ändernde Gegenstand und die ihn beeinflussenden Faktoren bekannt sind. Wie komplex der Gegenstand „Gesundheitliche Gleichstellung bei der Arbeit" (OSHA 2006, 24) ist, haben die obigen Ausführungen aufgezeigt. Im nächsten Abschnitt werden die Empfehlungen der OSHA vorgestellt, die sich als eine Form der Operationalisierung dieses sehr allgemeinen Ziels verstehen lassen.

2.2. Empfehlungen für eine Geschlecht reflektierende Gestaltung betrieblicher Gesundheitsförderung

Für Ansätze, die betriebliche Gesundheitsförderung im umfassenden Sinne als gesundheitsförderliche Gestaltung der Organisation begreifen, sind – wie oben ausgeführt – bisher wenige geschlechtssensible Modelle entwickelt worden. Die OSHA hat einen sehr umfangreichen Aufschlag zur Umsetzung von Gender Mainstreaming im Sicherheits- und Gesundheitsschutz am Arbeitsplatz vorgelegt, der weit über die hier im Fokus stehende betriebliche Ebene hinausgeht. Im Folgenden werden die Empfehlungen für die betriebliche Ebene zusammengefasst:

Die OSHA empfiehlt – entsprechend den allgemeinen Empfehlungen zu Gender Mainstreaming – zunächst die Qualifizierung der Akteure im Betrieb durch ExpertInnen, die den Akteuren eine geschlechterdifferenzierende Vorgehensweise vermitteln sollen.

2.2.1. Berücksichtigung vernachlässigter Risiken

Im Mittelpunkt der Umsetzung von Gender Mainstreaming im Sicherheits- und Gesundheitsschutz am Arbeitsplatz steht die Anforderung, die bestehenden und bisher vernachlässigten Risiken der weiblichen Arbeitskräfte in den Blick zu nehmen und dabei auch Unterschiede zwischen den Geschlechtern im Arbeitsumfeld (also über die Tätigkeit hinausgehende Risiken) zu berücksichtigen. Dazu zählen Belastungen, von denen Frauen häufiger oder anders betroffen sind als Männer wie z. B. sexuelle Belästigung, Vereinbarkeit von Beruf und Familie, geringere Beteiligung bei Entscheidungsprozessen etc. (vgl. OSHA 2006, S. 157).

Das zentrale Instrument des Sicherheits- und Gesundheitsschutzes sowie der betrieblichen Gesundheitsförderung im Sinne der Luxemburger Deklaration (1997) ist das Vorgehen nach einem Regelkreismodell. Dies sieht eine Analyse der Ausgangssituation vor, in der die Gefahren/Verteilung von Belastungen und Ressourcen ermittelt wird. Die bestehenden gesundheitlichen Risiken werden bewertet und Lösungen werden entwickelt und umgesetzt. Diese Prozesse sind zu überwachen und deren Ergebnisse zu überprüfen. Dort wo es nicht zu den gewünschten Ergebnissen gekommen ist, beginnt der Kreislauf erneut (vgl. Elke und Zimolong 2000, S. 115; OSHA 2003, S.2; Kolip 2008, S. 32; Pieck 2010.).

Die Geschlechterperspektive ist in allen Phasen des Modells zu berücksichtigen. Hierbei gilt der Grundsatz der Beteiligung der Beschäftigten unter der Maßgabe, dass die betroffenen Frauen und Männer auch in angemessener Weise einbezogen werden, damit die tatsächlichen Belastungen/Risiken der jeweiligen Tätigkeiten oder Personengruppen auch in den Blick geraten können. Dies wird als ein wesentlicher Ansatzpunkt betrachtet, den bestehenden Verzerrungen und Ausblendungen oder Unterbewertungen entgegenzuwirken.

Die gegenwärtige Unterrepräsentanz von Frauen in den Entscheidungsebenen als auch in den kollektiven Vertretungsgremien führt dazu, dass ihre Bedürfnisse, Wahrnehmungen und Bewertungen z. B. bei der Analyse der Ausgangssituationen sowie der Feststellung von Handlungsbedarfen kaum wahrgenommen werden und entsprechend reduziert in Handlungs- und Ressourcenplänen berücksichtigt werden. Um dies auszugleichen – so viel sei hier von den Untersuchungsergebnissen aus der vorliegenden Arbeit vorweg genommen – wird auf der betrieblichen Handlungsebene empfohlen, die Steuerungsgremien des betrieblichen Gesundheitsmanagements bzw. des Arbeitsschutzes verstärkt mit Frauen[13] zu besetzen und sie an der Ermittlung von Veränderungsbedarfen und Entwicklung von Lösungsvorschlägen aktiv zu beteiligen.

> *„Bei geschlechterdifferenzierenden Aktionen sollte ein partizipatorischer Ansatz unter Einbeziehung der betroffenen Arbeitnehmer und Arbeitnehmerinnen und auf der Grundlage einer Prüfung der tatsächlichen Arbeitssituation gewählt werden."* (OSHA 2003, S1)

Als angemessene und erprobte Instrumente zur Beteiligung gelten Gesundheitszirkel, Arbeitssituations- oder Prozessanalysen sowie ähnliche Verfahren, die die Betroffenen befragen. OSHA empfiehlt Vorgehensweisen, die an einer handlungsorientierte Forschung angelehnt sind. Die Methoden der Interventionsforschung zielten darauf ab, „bei der Untersuchung von Problemfeldern und der Erarbeitung von Verbesserungsvorschlägen eine wirksame Beteiligung der betroffenen Arbeitskräfte zu erreichen und dafür zu sorgen, dass bei der Bewertung die tatsächlich von Frauen und Männern durchgeführten Tätigkeiten zugrunde gelegt werden" (OSHA 2006, S. 66).

Für die Umsetzung von Gender Mainstreaming in der betrieblichen Gesundheitsförderung ist es erforderlich, Themen aufzugreifen, von denen Frauen spezifisch betrof-

---

[13] Inga Fokuhl (2009) hat die Unterrepräsentanz von Frauen im Arbeits- und Gesundheitsschutz untersucht und auf die Praktiken hingewiesen, die zur Reproduktion der Unterrepräsentanz von Frauen z. B. bei Fachkräften für Arbeitssicherheit oder den Sicherheitsbeauftragten führen.

fen sind und die bisher nicht hinreichend berücksichtigt wurden. Dazu zählen, wie in den Darstellungen oben (vgl. Kuhn 2008) schon aufgeführt, beispielsweise:

- Emotionale, psychische Belastungen
- Sexuelle Belästigung, Gewalt
- Allgemeine Diskriminierung als Stressfaktor
- Belastungen, die sich aus mangelnder Vereinbarkeit von Beruf und Familie ergeben
- Belastungen im Kontext von Teilzeitarbeit
- Belastungen, die aus Geschlechtsrollenerwartungen resultieren

2.2.2. Überprüfung der Auswirkungen des Arbeitsschutzes und der Gesundheitsförderung

Als weiterer Punkt wird entsprechend der allgemeinen Definition von Gender Mainstreaming gefordert, die Auswirkungen der Maßnahmen im Arbeits- und Gesundheitsschutz auf die (allgemeine) Gleichstellung der Geschlechter zu überprüfen (vg. OSHA 2006; Ulmer und Gröben 2004; Nds. MI 2002). Diese lässt sich als „Gleichstellungsverträglichkeitsprüfung" (vgl. Cordes 2004, S. 717) verstehen: Maßnahmen, die zum Schutze der Gesundheit ergriffen werden sollen, dürfen nicht zu Diskriminierungen in anderen Dimensionen führen wie z. B. die Entgeltgleichheit, finanzielle Absicherung im Alter etc. Darüber hinausgehend sollen alle Prozesse für die Gleichstellung der Geschlechter nutzbar gemacht werden. Bei letzterem ist zu vermuten, dass nicht alle Entscheidungen und Prozesse innerhalb einer Organisation in gleicher Weise gleichstellungsrelevant sind. Der letztgenannte Anspruch weist über die immanente Logik der betrieblichen Gesundheitsförderung hinaus: Können und werden mit Gesundheitsmanagement auch Prozesse beeinflusst, die zur Benachteiligung von Frauen in anderen Dimensionen führen wie Entgeltgleichheit, Zugang zu Macht und Entscheidungen? Können die unterschiedlichen Dimensionen sozialer Ungleichheit zwischen den Geschlechtern auch in Widerspruch zueinander geraten? Auf letzteres zielen Gender-Mainstreaming-Methoden der „Gleichstellungsverträglichkeitsprüfung", die nach den Auswirkungen von Entscheidungen und Maßnahmen auf die Gleichstellung der Geschlechter fragen.

Mit der Anforderung, alle Prozesse für die Gleichstellung nutzbar zu machen, geht einher, dass die Abgrenzungen zwischen den jeweiligen Prozessen oder Handlungsfeldern im Betrieb verwischt: Gesundheitsmanagement berührt Fragen der Arbeitsorganisation, der Personal- und Organisationsentwicklung, der Gestaltung der Entgeltgleichheit etc., sofern diese im Horizont von Belastungen und Ressourcen auftauchen.

Bisher liegen kaum Analysen vor, die untersuchen, wie sich Praktiken der betrieblichen Gesundheitsförderung auf allgemeine Aspekte der Gleichstellung auswirken. Dieser Zusammenhang sollte in weiteren Untersuchungen auf empirischer Basis fundiert werden. Das Land Niedersachsen benennt mögliche Überschneidungen von Themenfeldern, die sowohl die Gleichstellung der Geschlechter berühren als auch mit typischen Belastungen von Frauen verbunden sind:

Gesundheitsförderung soll auch solche Prozesse unterstützen, die die geschlechtliche Arbeitsteilung aufheben und damit Belastungen abbauen. Die Vereinbarkeit von Beruf und Familie zu verbessern ist eines der Ziele. Weitere sind der Abbau der geschlechtlichen Arbeitsteilung, Neubewertung der Tätigkeiten in frauendominierten Branchen (Aufhebung der Unterbewertung) und Verbesserung der Aufstiegsmöglichkeiten für Frauen und aktive Unterstützung ihrer Karriere (vgl. Nds. MI 2002). Diese Ziele sind jedoch auf der betrieblichen Ebene alleine nicht umzusetzen, sondern erfordern weitergehende gesellschaftliche und politische Anstrengungen.

Aus dem bisher vorliegenden Daten ist erkennbar, dass sich Geschlechtertrennung, Arbeitsteilung und Hierarchisierung der Geschlechter in unterschiedlichen Konstellationen und Belastungen in Beruf und Familie, wie auch im Privatleben niederschlagen. Die jeweils spezifischen Belastungen und Risiken sind zu erfassen und in beteiligungsorientierten Verfahren sind Maßnahmen zu entwickeln und deren Wirksamkeit zu untersuchen. Die Beteiligung von Frauen ist dabei ein zentrales Prinzip, um bestehende Ausblendungen und Verzerrungen in Analyseinstrumenten und in der Festlegung von Prioritäten durch betriebliche Akteure, im meist männlich dominierten Arbeitsschutz, auszugleichen.

Wie Prozesse im Arbeitsschutz oder der betrieblichen Gesundheitsförderung - über den besseren Schutz der Gesundheit hinaus - der allgemeinen Gleichstellung dienlich sein könnten, bleibt jedoch noch offen. Die Einschätzung möglicher Folgen setzt voraus, dass die AkteurInnen über Kenntnisse verfügen, wie sich die allgemeine Benachteiligung von Frauen im Geschlechterverhältnis herstellt und reproduziert. Dies soll im anschließenden Abschnitt in den Grundzügen umrissen werden. Es wird zunächst der gesamtgesellschaftliche Zusammenhang beleuchtet, um anschließend auf Reproduktionsmechanismen der Benachteiligung von Frauen in Organisationen einzugehen und Ansätze zur geschlechtergerechten Gestaltung des betrieblichen Wandels aufzugreifen.

2.2.3. Diskriminierung als fehlende Semantik der geschlechterdifferenzierenden Gesundheitsförderung

Die Empfehlungen der Agentur (OSHA), die Gesamtbelastungen in Beruf und Privatleben und die tatsächlichen Belastungen zu berücksichtigen, ergibt sich aus einer Argumentationsfigur, die die AutorInnen des Berichtes selbst nicht thematisieren, die unter den Fragestellungen dieser Untersuchung jedoch von zentraler Bedeutung ist: Durch die unterschiedlichen Verzerrungen in den Instrumenten und Wahrnehmungen und Wertungen und durch die unterschiedlichen Arbeits- und Lebensbedingungen von Frauen und Männern werden Frauen *mittelbar* diskriminiert.

Eine soziale Ungleichheit liegt vor, wenn gesellschaftlich wertvolle Güter in systematischer Weise regelmäßig ungleich verteilt werden (vgl. Hradil 2005, S.30). Von Diskriminierung wird dann gesprochen, wenn deren Zustandekommen gesellschaftlich als illegitim bewertet wird. Dies ist beispielsweise der Fall, wenn Frauen und Männer unterschiedlich entlohnt werden und dies auf die Unterbewertung von typischerweise von Frauen ausgeführten Tätigkeiten zurückzuführen ist. Anders ist dies, wenn eine unterschiedliche Entlohnung durch die Verrichtung einer höherwertigen Tätigkeit zustande kommt.

Die Richtlinie 2002/73/EG des Europäischen Parlaments und des Rates vom 23. September 2002 zur Verwirklichung des Grundsatzes der Gleichbehandlung von Männern und Frauen bezieht sich nicht nur auf den Zugang zur Beschäftigung, zur Berufsbildung und Aufstieg, sondern auch explizit auf die Arbeitsbedingungen. Während es zur mittelbaren Diskriminierung wegen des Geschlechts bei Entgelten oder Aufstiegsmöglichkeiten schon zahllose Untersuchungen und Gerichtsurteile gibt[14], ist mittelbare Diskriminierung in Bezug auf Arbeitsbedingungen bisher wenig untersucht worden bzw. es liegen kaum Urteile dazu vor. Diskriminierung wird in den Konzepten zur betrieblichen Gesundheitsförderung oder der Arbeitsschutzstrategie in der Regel begrifflich nicht mitgeführt. Die Verknüpfung von Gender Mainstreaming mit dem Verbot mittelbarer Diskriminierung fehlt in der bisherigen Debatte um Gender Mainstreaming gänzlich, obwohl Gender Mainstreaming ein Verfahren beschreibt, mit dem bei allen Entscheidungen systematisch nach „Auswirkungen auf die Gleichstellung der Geschlechter" gesucht werden soll (vgl. Stiegler 2002, S.5; Cordes 2004, S.717). Die Definition mittelbarer Diskriminierung in den EU-Richtlinien als auch im AGG bestimmen, dass auch scheinbar neutrale Regelungen dann als diskriminierend zu bewerten sind, wenn sie im Ergebnis Frauen oder Männer schlechter stellen. Zwingende Grundlage für die Einhaltung des Verbots mittelbarer Diskriminierung ist die Feststellung, ob Regelungen im Ergebnis zu einer Schlechterstellung wegen des Geschlechts

---

[14] siehe hierzu: Schiek (2008, S. 55 f)

(oder anderer im Gesetzt aufgezählter Gründe wie, ethnische Herkunft, Religion oder Weltanschauung, Behinderung, Alter oder der sexuelle Identität) führen (vgl. AGG §3).

In den Diskussionen unter ExpertInnen und PraktikerInnen, wie z. B. auf der Arbeitsschutzkonferenz 2011, wird deutlich, dass mit geschlechtersensiblem oder zielgruppenorientiertem Arbeitsschutz für Frauen und Männer die Erwartung verbunden ist, dass ExpertInnen sagen, was denn nun „richtig zu tun sei im Umgang mit Frauen und Männern". Die Zielrichtung des Gender Mainstreaming als eine Antidiskriminierungsstrategie ist aus dem Blickfeld geraten. Darauf weist die Arbeitsschutzstrategie von OSHA implizit hin, indem aufgezeigt wird, dass bestehende Normen und Praktiken und die dabei genutzten geschlechtsblinden Instrumente dazu führen, dass Frauen bei Entschädigungen und der Anerkennung von Berufskrankheiten benachteiligt werden oder dass die für sie strukturell bedingten Risiken nur unzureichend erfasst werden.

Eine möglicher Grund, warum Diskriminierung oder Benachteiligung von Frauen im Bereich Gesundheit nicht im Vordergrund stehen, könnte an der Komplexität der Zusammenhänge liegen. Es lassen sich keine pauschalen Aussagen treffen, wer in Bezug auf welche gesundheitsbezogene Dimension diskriminiert ist. Denn die vorliegenden Daten zur Gesundheit von Frauen und Männern zeigen, dass Gesundheit stark von anderen sozialen Faktoren beeinflusst wird, wie beruflicher Stellung, Bildung etc., die wiederum durch Geschlecht vermittelt sind. Für die allgemeine Benachteiligung von Frauen wurde Geschlecht ein „Masterstatus" in der Zuweisung gesellschaftlicher Positionen zugesprochen (Krüger und Levy 2007). Dies scheint für Gesundheit nicht in gleicher Weise möglich zu sein, da die Befunde hier sehr unterschiedlich und uneindeutig ausfallen.

Auf einer sehr globalen Ebene ließe sich die Gesundheitssituation z. B. anhand der Mortalität von Frauen und Männern beschreiben. Vor dieser Folie wären es die Männer, die diskriminiert sind, da sie deutlich früher sterben als Frauen. Blickt man auf Präventionsangebote im allgemeinen, sind Männer unterrepräsentiert. Blickt man auf den Arbeitsschutz, sind Frauen unterrepräsentiert (siehe oben). Berücksichtigt man die soziale und berufliche Stellung, wird deutlich, dass sich manchmal gesundheitliche Unterschiede zwischen den Geschlechtern bei gleicher Stellung verringern (vgl. Babitsch 2006). Manche sozialen Dimensionen wirken sich stärker auf die Gesundheit von Männern aus als auf die von Frauen etc.

Im Bereich der allgemeinen Prävention steht die gesundheitliche Chancengleichheit im Vordergrund. Dabei geht es im Wesentlichen darum, Frauen und Männern den gleichen Zugang zu Versorgungsangeboten zu gewährleisten, so dass sie ihre Gesundheitspotenziale auch ausschöpfen können. Dies erfordert, dass die ggf. unterschiedlichen gesundheitsbezogenen Bedürfnisse von Frauen und Männern auch wahrgenommen und ihnen entsprochen wird.

> *„Dort, wo Frauen und Männer die gleichen Gesundheitsbedürfnisse haben, sollen sie auch die gleichen Gesundheitsleistungen erhalten. Zum anderen soll vertikale Gleichheit hergestellt werden: Dort, wo Frauen und Männer unterschiedliche Gesundheitsbedürfnisse haben, sollen sie auch unterschiedliche Gesundheitsleistungen erhalten. Dabei ist zu berücksichtigen, dass die Geschlechterkategorie eng mit Sozial- und Lebenslagen verwoben ist, sodass gegebenenfalls weitere Differenzierungen – wie beispielsweise nach Bildungsstatus, sexueller Orientierung oder Migrationshintergrund – notwendig werden." (Kolip 2008, S. 31 f.)*

Diese Arbeit hat nun nicht die medizinische Versorgung von Frauen und Männern im Blick, sondern den betrieblichen Arbeits- und Gesundheitsschutz bzw. die gesundheitsförderliche Organisationsentwicklung. Wenn diese zum einen den gleichen Schutz vor Gefährdungen und die gleiche Förderung der Gesundheit für Frauen und Männer gewährleisten und zum anderen die allgemeine Gleichstellung fördern soll, braucht es eine theoretische und empirisch fundierte Einschätzung, worin die Diskriminierung von Frauen in unserer Gesellschaft besteht. Dies soll im nachfolgenden Kapitel erörtert werden.

3. Reproduktion sozialer Ungleichheit zwischen den Geschlechtern

Auf der formal-rechtlichen Ebene ist die Gleichstellung der Geschlechter durchgesetzt worden, Vorstellungen über angemessenes Verhalten von Frauen und Männern haben sich verändert, die Erwerbstätigkeit von Frauen ist politisch gewünscht und spiegelt sich in Befragungen zu Einstellungen von Frauen und Männern wider.

Gleichzeitig setzt sich die Ungleichheit zwischen den Geschlechtern fort oder verschärft sich sogar.

> *„Heute fragen wir, warum ein Gender-Pay-Gap existiert, obwohl die rechtlich-formalen Barrieren der Exklusion gefallen sind, obwohl Frauen bildungsmäßig gleichgezogen haben, Gleichstellungsrichtlinien existieren und auch Männer ungleichen Lohn skandalös und Berufstätigkeit von Frauen inzwischen mehrheitlich selbstverständlich finden." (Knapp 2009, S. 3)*

Gleichstellungspolitik – hier mit der Strategie des Gender Mainstreaming – findet heute unter erschwerten Ausgangsbedingungen statt. Die erreichten Erfolge der Frauenbewegung und der Frauen-/Gleichstellungspolitk führen dazu, dass das Thema Gleichstellung oft als bereits erledigt eingeschätzt wird. Gleichzeitig erschwert eine individualisierende Zurechnungsweise (Wagner 2007) den Akteuren, soziale Ungleichheiten überhaupt wahrzunehmen und diese als nicht gerechtfertigt zu kritisieren. Ohne eine kritische Theorie des Geschlechterverhältnisses lässt sich kaum erkennen, was eigentliche der Gegenstand von Gender Mainstreaming ist.

Um die Auswirkung des eigenen Handelns oder politischer Konzepte, Entscheidungen etc. auf die Gleichstellung der Geschlechter abschätzen zu können, ist ein Grundverständnis erforderlich, über welche Zusammenhänge sich die Ungleichheit zwischen den Geschlechtern herstellt.

3.1. GESCHLECHT ALS STRUKTURKATEGORIE

Die Frauen- und Geschlechterforschung hat die strukturelle Bedeutung der Kategorie Geschlecht für die Entwicklung der modernen kapitalistischen Gesellschaft herausgearbeitet (Beer 1990; Aulenbacher 2005 b; Übersicht Becker-Schmidt und Knapp 2000). Analytischer Fluchtpunkt ist dabei eine gesellschaftstheoretische Perspektive, die die gesellschaftliche Reproduktion als Ganzes in den Blick nimmt und damit auch das „Ganze der Arbeit". Denn Arbeit, die zur Reproduktion der Gesellschaft erforderlich ist, wird nicht nur in der Erwerbsarbeit verrichtet, sondern auch in den Haushalten, wo Kinder betreut und Angehörige gepflegt werden.

Für die Entstehung der kapitalistischen, modernen Gesellschaft war die Trennung von Haus- und Erwerbsarbeit, die Durchsetzung der freien Lohnarbeit und damit die Entwicklung von kapitalistischen Unternehmen konstitutiv. Durch das Geschlechterverhältnis, kodifiziert im Bürgerlichen Gesetzbuch, konnte regenerative/prokreative Arbeit zur Aufgabe der Familie und darin von Frauen gemacht werden (vgl. Beer 1990). Lohnarbeit wird zur dominanten existenzsichernden Arbeitsform. Sie wird in der öffentlichen Sphäre der Erwerbsarbeit/Wirtschaft verrichtet. Ihre Organisation wird Gegenstand gesellschaftstheoretischer, soziologischer und wirtschaftswissenschaftlicher (bzw. politisch-ökonomischer) Analysen.

In den Blick gerät Arbeit (im Mainstream der Forschung) vor allem als Erwerbsarbeit, die marktvermittelt und entgeltlich organisiert ist. Systeme der sozialen Sicherung knüpfen ebenfalls an der Erwerbsarbeit an. Andere Arbeitsformen, die gleichwohl für die gesellschaftliche Reproduktion notwendig sind, geraten aus dem Blick: Haus- und Familienarbeit, Kindererziehung, Pflege und Versorgung Anderer (heute unter der Debatte care work Gegenstand der Arbeitsforschung und Gegenstand gewerkschaftlicher Diskurse) sind aus der Analyse gesellschaftlicher Zusammenhänge weitgehend ausgeblendet (vgl. Aulenbacher 2005 a, S. 223 ff). Haus- und Familienarbeit, Fürsorgearbeit wird in der privaten Sphäre der Familie organisiert – nicht-marktvermittelt und unentgeltlich (vgl. Becker-Schmidt und Knapp 2000, S. 41 ff).

Im historischen Entwicklungsprozess wurde die Verrichtung dieser Arbeit durch den „Geschlechtervertrag" sichergestellt. Mit dem Auseinandertreten der Sphären und Teilsysteme etablierte sich auch die Zuweisung der Haus- und Familienarbeit als Aufgabe und Zuständigkeit von Frauen und Erwerbsarbeit in der öffentlichen Sphäre als Zuständigkeit von Männern (vgl. Becker-Schmidt und Knapp 2000, S. 26). Es bildet sich eine Polarisierung zweier gegenübergestellter, sich aber ergänzenden Geschlechtscharaktere aus (vgl. Hausen 1976). Dieser Prozess wurde abgesichert durch die rechtliche Codifizierung der Geschlechterordnung, die Frauen und Männer in ein hierarchisches Verhältnis setzte, das Männern (als Vätern, Ehemännern und Dienstherren) die Verfügungsrechte über weibliches Arbeits- und Sexualvermögen sicherte (vgl. Beer 1990). Die Entwicklung der kapitalistischen Gesellschaft vollzog sich für Frauen und Männer unter asymmetrischen, hierarchischen Bedingungen. Die politischen und gesellschaftlichen Akteure forcierten ein bürgerliches Familienernährer-Modell, das den Mann zum Hauptnernährer der Familie stilisierte und Frauen in die Rolle der Ehe- und Hausfrau drängte. Dieser Prozess wurde auf der symbolischen Ebene durch das Entstehen neuer Rollenmodelle abgesichert, die die entstehende geschlechtliche Arbeitsteilung positiv konnotierte und als gesellschaftlich akzeptable Rolle und Positionierung von Frauen und Männern etablierte (vgl. Becker-Schmidt und Knapp 2000, S. 27). Bei diesen Vorstellungen handelt es sich um bürgerliche Konstruktionen, die davon absehen, dass die hier propagierte strikte Trennung von Haus- und Erwerbsarbeit und die ausschließliche Zuständigkeit von Frauen für Haus- und Familienarbeit für angehörige der Arbeiterkasse keine Option darstellte und allenfalls für das gebildete Bürgertum zu realisieren war (vgl. Hausen 1976, S. 382 f). Dennoch ist dies eine noch heute wirkmächtige Vorstellung, die in den institutionellen Strukturen der Gesellschaft eingelassen ist.

Auf der ökonomischen Ebene wurde die Zuständigkeit der Frauen für Familien-, Haus- und Fürsorgearbeit durch die Segregation des Arbeitsmarktes abgesichert. Dem Haupternährer- und Hausfrauen-Modell folgend sowie auf der Grundlage einer Abwertung der von Frauen verrichteten Tätigkeiten (sei es in der Familie oder im Erwerbsleben) wurden Frauenlöhne konzipiert (vgl. Beer, 1990 S. 206). Frauen erhielten pauschal einen Abschlag vom üblich gezahlten Lohn für die von ihnen verrichtete Arbeit im Vergleich zu Männern. Eine eigenständige Existenzsicherung der Frauen (ohne Ehemann) war auf der Grundlage der „Frauenlöhne" nicht möglich[15]. Diese strukturell-materiellen Rahmenbedingungen sicherten das Geschlechterarrangement in der Ehe und die geschlechtliche Arbeitsteilung ab. Neben dem Abschlag auf die Löhne von Frauen setzen Schließungsprozesse ein, die Frauen aus existenzsichernden Berufen/Be-

---

15 Das ist heute zum Teil noch immer so. Teilzeit gilt als entschärftes Prekariat (vgl. Dörre 2007), verdeckt durch die Konstruktion des Familienernährers und den Zuverdienst der Frau - bis zur Scheidung. Heute ist dies jedoch nicht mehr gesetzlich geregelt, sondern wird als freiwillige Entscheidung der Frauen wahrgenommen.

rufsfeldern ausgrenzen (vgl. Beer 1990, S. 198; Krüger 1995). Es entstehen in der weiteren Entwicklung wenige auf Zuverdienst hin konzipierte „Frauenberufe" (vgl. Gottschall 1995, S.128; 131) und ein sich ausdifferenzierender segregierter Arbeitsmarkt, der horizontal und vertikal nach Geschlecht differenziert ist.

In diesem Sinne haben wir es mit dem Geschlechterverhältnis als einem sozialen Verhältnis zwischen den Genus-Gruppen zu tun, das

> *„Resultat historischer Strukturierungs- und Sedimentierungsprozesse [ist], die als geschichtlicher Überhang gegenüber dem menschlichen Handeln ihr Eigengewicht und ihre Eigengesetzlichkeit haben. Diese gesellschaftliche Objektivität tritt den Handelnden als sozialer Zwang in Form institutionalisierten Handlungsbedingungen gegenüber."* (Becker-Schmidt, 1993, S. 42)

Der nach wie vor nach Geschlecht segregierte Arbeitsmarkt ist Resultat eben jener oben umrissenen historischen Prozesse, der sich unter den Bedingungen eines Geschlechterarrangements entwickeln konnte, das Frauen die gesellschaftlich notwendige, nicht-marktvermittelte und unentgeltliche Arbeit überantwortete. Im Gegenzug konnte sich das Erwerbsarbeitssystem als eines entwickeln, das von sonstigen Erfordernissen des Lebens abstrahieren kann und sich am Leitbild eines Vollzeit verfügbaren, von jeglichen anderen zeitlichen Verpflichtungen befreiten Individuums orientiert (vgl. Gottschall 1995, S. 127). Erst die funktionale Ausdifferenzierung gesellschaftlicher Teilbereiche hat es Organisationen/Unternehmen ermöglicht, von anderen Zwecksetzungen und gesellschaftlichen Reproduktionserfordernissen abzusehen (vgl. Türk 2000, S. 170).

In Anlehnung an Regina Becker-Schmidt lässt sich der strukturelle Zusammenhang „geschlechtlicher Arbeits- und sektoraler gesellschaftlicher Funktionsteilung" (Becker-Schmidt 1998, S. 102) folgendermaßen charakterisieren:

Die gesellschaftlichen Teilbereiche Arbeit und Familie als auch die öffentliche und private Sphäre gelten als voneinander unabhängig. Die bestehenden Austauschbeziehungen zwischen der privaten und öffentlichen Sphäre werden erst durch die Frauen- und Geschlechterforschung systematisch beleuchtet. Frauen leisten nach wie vor den größten Teil der Haus- und Familienarbeit/Sorgearbeit, die Voraussetzung für das Entstehen und den Erhalt von Arbeitskraft ist, die in der Erwerbssphäre verausgabt wird. Diese Arbeit ist gesellschaftlich notwendig, führt jedoch nicht zu einer eigenständigen Existenzsicherung der hier arbeitenden Personen. Die Finanzierung der Familie wird durch Erwerbsarbeit gesichert, durch die Geld zur Konsumtion in die Familie fließt. Der Haus- und Familienarbeit wird jedoch durch die erwerbszentrierten sozialen Sicherungssysteme kaum ein eigenständiger Wert[16] beigemessen. Nur in der Konstruktion der Ehe oder Lebensgemeinschaft wird die Familienarbeit durch Unterhalt vergütet und dessen Höhe bemisst sich nicht am Wert der Haus- Familien-, Erziehungsarbeit etc., sondern am Wert der geleisteten Erwerbsarbeit (des Partners).

Frauen arbeiten aber nicht nur in der Familie, sondern sind selbst erwerbstätig. Dies macht den »Ensemblecharakter der Frauenarbeit« (Becker-Schmidt 2002) deutlich. Frauen sind »doppelt vergesellschaftet« in Erwerbs- und Familienarbeit (vgl. Becker-Schmidt 2004). Auf der Seite der Erwerbssphäre treten Frauen und Männer in einen geschlechtlich segregierten Arbeitsmarkt, wie aus der historischen Betrachtung angedeutet, mit nach Geschlecht differenzierten Berufsstrukturen ein. Frauen konzentrieren sich stärker auf wenige Berufe, die deutlich schlechter bezahlt sind als „Männerberufe"; aber auch in gleichen Berufen und Branchen verdienen Frauen bis zu 30% weniger als ihre männlichen Kollegen (vgl. Hinz und Gartner 2005, S. 15; Frauen-Daten-Report 2005, S.244). In die Unterbewertung von Tätigkeiten, die überwiegend von Frauen ausgeübt werden, ist die Differenzierung und Hierarchisierung zwischen den Geschlechtern bereits eingeflossen und tritt den Individuen als Struktur gegenüber: Frauenberufe (Raumpflegerin, Erzieherinnen, Sprechstundenhilfe, Friseurin...) sind als „Sackgassen" (Helga Krüger 1995, S. 212) und als Zuverdienst konzipiert: Sie reichen für die eigenständige Existenzsicherung von Familien kaum aus – und aus ihnen führen keine Karrierewege hinaus. Hinzu kommt, dass Frauen häufiger als Männer in Teilzeit arbeiten (vgl. Erlinghagen 2004, S. 171), um Beruf und Familie unter einen Hut zu bekommen, bzw. weil ihnen prekäre Arbeitsverhältnisse und Teilzeitstellen angeboten werden. Die einseitige Zuständigkeit der Frauen für Haus- und Familienarbeit schwächt ihre Chancen auf dem Arbeitsmark, da das strukturelle Problem der gesellschaftlichen Organisation der Reproduktion als ein Frauenproblem individualisiert wird.

Die unterschiedlichen Modalitäten, unter denen Frauen und Männer in gesellschaftliche Institutionen eingebunden werden, verketten sich im Geschlechterverhältnis in gegen Frauen gerichtete Benachteiligungsstrukturen über einzelne soziale Sphären wie Familie, Arbeitsmarkt und Sozialstaat hinweg. Die geschlechtliche Arbeitsteilung in der Familie reproduziert sich über Aushandlungsprozesse in der Paarbeziehung, die sich jedoch vor dem Hintergrund ungleicher Positionierungen in der Erwerbsarbeit vollziehen.

> *„Das ist für das Zustandekommen von Formen geschlechtlicher Arbeitsteilung von zentraler Bedeutung. Denn zwischen den Partnern werden die Anteile an Familien- und Berufsarbeit nach Maßgabe objektiver Voraussetzungen, in Auseinandersetzung mit normativen Vorgaben und letzten En-*

---

[16] Kindererziehungszeiten werden immerhin in Rentenansprüchen anteilig berücksichtigt.

des auch unter Berücksichtigung individueller Bedürfnisse persönlich ausgehandelt." (Becker-Schmidt und Knapp 2000, S. 53)

Durch die nach wie vor bestehende vertikale und horizontale Arbeitsmarktsegregation haben Frauen und Männer unterschiedliche Verdienstmöglichkeiten, Aufstiegschancen und Einflussmöglichkeiten. Frauen verdienen trotz formal-rechtlicher Gleichstellung weniger als Männer (vgl. Bothfeld et al. 2005, S. 244). Für Paare folgt daraus, dass sie durchaus auch abwägen müssen, wer bei Familiengründung die Erziehungsaufgaben übernimmt und die Erwerbsarbeit reduziert oder aufgibt. Bei gegebenen Arbeitsmarktstrukturen sind die Verdienstunterschiede zwischen Frauen und Männern in der Regel so hoch, dass der Verdienstausfall geringer ist, wenn die Partnerin zu Hause bleibt. So reproduziert sich eine geschlechtliche Arbeitsteilung, die die Vereinbarkeit von Beruf und Familie zum Problem von Frauen macht.

Die Studie "Wie verändert sich die häusliche Arbeitsteilung im Eheverlauf?" zur geschlechtlichen Arbeitsteilung in Paarbeziehungen legt nahe, dass der durchschnittlich höhere Verdienstausfall durch Elternzeit von Männern kein hinreichender Grund für die Entscheidung von Paaren ist, sich auf eine geschlechtstypische Arbeitsteilung zu „einigen". Selbst Paare mit egalitärer Einstellung und gleich hohem oder höherem Einkommen der Partnerin und egalitärer Arbeitsteilung in der Familie greifen nach der Geburt des ersten Kindes auf geschlechtstypisierte Muster der Arbeitsteilung zurück (vgl. Blossfeld und Schulz 2006).

Aus dem Bericht zur Berufs- und Einkommenssituation von Frauen und Männern des Bundestages geht hervor, dass sich die Leitbilder und Vorstellungen der befragten Frauen und Männer zwar wandeln, es mehrheitlich akzeptiert ist, dass Frauen erwerbstätig sind, die Erwartungen an eine gleiche Beteiligung von Männern an häuslichen Tätigkeiten bleiben allerdings dahinter zurück (vgl. Deutscher Bundestag 2002, S. 170 und 180). Dies legt nahe, den Blick auch auf kulturelle Muster zu richten, die die geschlechtstypische und -typisierende Arbeitsteilung aufrecht erhalten.

Frauen gelten bei gegebener Verantwortlichkeit für Kindererziehung und Haushalt als weniger verbindlich und verfügbar für Erwerbsarbeit als Männer. Ihr Lebenslauf erscheint widersprüchlich, er ist „markt- und familiengebrochen". Der männliche Lebensentwurfs-/lauf sieht demgegenüber deutlich stimmiger aus. Ihre beruflichen Ambitionen gelten als mit Familie vereinbar, „weil das aus der Erwerbstätigkeit des Mannes in den Haushalt fließende Geld und nicht Arbeitsleistung als Beitrag zur Existenzsicherung gewertet wird" (Becker-Schmidt und Knapp 2000, S. 54).

„Im männlichen Lebenslauf, in der Tat marktvermittelt und familiengetragen, addieren sich >Geschlecht<, >Arbeitsmarkt< und >Familie< positiv auf; im weiblichen, markt- und familiengebrochenen, bedeutet Geschlecht

das Aufaddieren von Benachteiligungen in der Nutzung von Ressourcen zur individuellen Existenzsicherung." (Krüger 1995, S. 206)

Somit sind Männer die Gewinner dieser Verschränkungen von Haus- und Familienarbeit und Erwerbsarbeit in Paarbeziehungen. Ungeachtet der mittlerweile veränderten normativen (rechtlichen) Grundlagen, ist Geschlecht in die gesellschaftlichen Strukturen eingelagert und fungiert als Platzanweiser für Frauen und Männer. Die Aufwertung von Männerarbeit bzw. Abwertung von Frauenarbeit hat sich in Berufsstrukturen und in die gesellschaftliche Ausdifferenzierung in unterschiedliche Funktionsbereiche eingelagert. Strategien der Aufwertung von Tätigkeiten, die überwiegend von Frauen ausgeübt werden – Verbot der mittelbaren Entgeltdiskriminierung nach dem Motto: „Gleiches Entgelt für gleichwertige Arbeit", zeigen bisher wenig Erfolge (vgl. Winter 1998, Bothfeld et al. 2005, S. 244).

Traditionell von Männern dominierte Funktionsbereiche (Politik, Militär...) genießen gegenüber Funktionsbereichen, die als „weiblich" gelten, einen höheren Status und verfügen auch über bessere Einfluss- und Durchsetzungsmöglichkeiten, um andere Bereiche an ihren Bedürfnissen auszurichten (vgl. Becker-Schmidt 1998, S. 102). Dies zeigt sich etwa in politischen Konzepten der Arbeitszeitverlängerung, die nach wie vor von den Bedürfnissen anderer Lebensbereiche absehen, oder an Prozessen der Intensivierung von Arbeit, der Flexibilisierung von Arbeit(-szeiten), deren Verfügung/Bestimmung beim Unternehmen nicht bei den ArbeitnehmerInnen, liegt.

Geschlecht ist also eine Strukturkategorie moderner Gesellschaften. Aulenbacher argumentiert, dass das hierarchische Geschlechterverhältnis historisch konstitutiv für die Entwicklung der kapitalistischen Gesellschaftsformation gewesen ist. Sie geht der Frage nach, ob die Geschlechterungleichheit zudem für die kapitalistische Gesellschaftsformation *notwenig* ist. Für die Kapitalverwertung sei die Trennung von Haus- und Lohnarbeit notwendig gewesen, denn erst durch sie konnten sich überhaupt kapitalistische Unternehmen und Kapitalverwertung zum Dominanz beanspruchenden Prinzip werden (vgl. Aulenbacher 2005 b, S. 148). Dem Prinzip der Kapitalverwertung sei zudem eigen, dass es von den gesellschaftlichen Reproduktionserfordernissen insgesamt absehe und die Reproduktion des ökonomischen Kapitals zum einzigen Maßstab mache. Diese Abstraktion von den Reproduktionserfordernissen der Gesellschaft insgesamt ist jedoch nur möglich, wenn diese anderswo erfüllt werden. Dies geschieht bisher über das Geschlechterverhältnis, wie es oben als Verknüpfung gesellschaftlich getrennter Sphären in der Paarbeziehung und Lebensläufen von Frauen und Männern beschrieben ist. Die Separierung der Haus- und Erwerbsarbeit ist eine notwendige aber keine hinreichende Voraussetzung für die kapitalistische Produktions- und Reproduktionsweise (vgl. Aulenbacher 2005 b, 149 ff). Für die Reproduktion der einzelnen Menschen und der Gesellschaft ist die oben beschriebene erneute Verknüpfung erforderlich. Aulenbacher hebt damit ein Charakteristikum moderner Gesellschaften hervor: deren funktionale Ausdifferenzierung in gesellschaftliche Teilsystem mit je eigenen Logiken und Dynamiken. Die Trennung von Haus- und Erwerbsarbeit ist konstitutiv für die kapitalistische Gesellschaftsformation und stellt gleichzeitig ein gesellschaftliches Strukturproblem dar. Aulenbacher geht davon aus, dass sich die gesellschaftliche Reproduktion insgesamt über die Produktions- und Bevölkerungsweise (in Anlehnung an Ursula Beer) reproduziert. Kommt es zu Veränderungen in den Kapitalverhältnissen oder im Geschlechterverhältnis, zieht dies Anpassungen im jeweils anderen nach sich. Dabei kann es sich um eine Reorganisation der Verhältnisse handeln oder um eine Neuformierung, die eine Transformation der Produktionsverhältnisse bewirken kann (vgl. Aulenbacher 2005 b, S. 142). Das Geschlechterverhältnis hat sich auf der normativen Ebene gewandelt. In den rechtlichen Normen ist eine weitgehende Gleichberechtigung von Frauen und Männern durchgesetzt worden. Das Strukturproblem, wie die Trennung von Haus- und Erwerbsarbeit ohne Geschlechterungleichheit zu verknüpfen sind und wie abzusichern ist, dass auch die Reproduktiosnerfordernisse der Gesellschaft erfüllt werden, ist dagegen ungelöst.

Neuere Entwicklungen verschärfen das gesellschaftliche Strukturproblem: Der Umbau des deutschen Beschäftigungsmodells (vgl. Lehndorff 2007) setzt verstärkt auf eine alleinige Absicherung der Einzelnen durch Erwerbsarbeit und verschlechtert damit die Voraussetzungen unter denen nicht-markvermittelte und dennoch gesellschaftlich notwendige Arbeit geleistet werden kann. Gleichzeitig wird die Erosion des fordistischen Normalarbeitsverhältnisses und eine Subjektivierung der Arbeit konstatiert, die jedoch sehr heterogen verläuft (Kratzer, Sauer et al. 2003, S. 47). Die in den letzten Jahrzehnten zunehmende Integration von Frauen in die Erwerbsarbeit erfolgt bisher vorwiegend durch Teilzeitarbeit und prekäre Arbeitsverhältnisse. Insgesamt nehmen befristete und prekäre Arbeitsverhältnisse für Frauen *und* Männer zu.

Die Debatte um die Subjektivierung und Entgrenzung der Arbeit zeigt, dass bisher nur im weiblichen Lebens- und Arbeitszusammenhang diskutierte Phänomen nun auch im „Mainstream" wahrgenommen und als „neue" Tendenz in der Entwicklung von Erwerbsarbeit beschrieben werden (vgl. Kocyba und Voswinkel 2005; Becker-Schmidt 2007 a; Senghaas-Knobloch 2009, Aulenbacher 2005 a, S.225 ff). Die Grenzen zwischen „Arbeit" und „Leben" – eine Unterscheidung, die nur vor der Folie des fordistischen „Normalarbeitsverhältnisses" als einem am männlichen Lebenszusammenhang ausgerichtetem Verständnis von Arbeit und Freizeit Sinn ergibt, da es die Arbeit in der Familie nicht erfasst – lösen sich auf, in der Organisation der Erwerbsarbeit wird zunehmend auf „bislang nur begrenzt zugängliche Ressourcen und Potenziale von Arbeitskraft: Flexibiltitäts- und Steuerungspotenziale der Subjekte, deren kommunikativen Fähigkeiten, emphatische Eigenschaften und auf bisher vom Betrieb abgegrenzte zeitlichen, räumlichen und sozialen Ressourcen der Lebenswelt der Beschäftigten" zugegriffen (Kocyba und Voswinkel 2005, 74 f). Es kommt dabei zu einer neuen Verschränkung von Arbeitswelt und Lebenswelt, die sich z. B. in zeitlichen Flexibilitätserwartungen an die Beschäftigten äußert, in längeren Arbeitszeiten, Arbeitszeitkonten oder Vertrauensarbeitzeit und in einer ergebnisorientierten Steuerung der Arbeit. In der Entgrenzung und Subjektivierung von Arbeit sehen die Autoren die Gefahr, dass jegliches Maß verloren geht, an dem die Arbeitsleistung zu beurteilen wäre, dies verleite zur Ausdehnung der Arbeitszeiten, verhindere das Abschalten zu Hause (Kocyba und Voswinkel 2005). Es ist zu vermuten, dass sich im Rahmen von Subjektivierungs- und Entgrenzungsprozessen die Bedingungen für die Vereinbarkeit von Beruf und Familie eher verschlechtern, wenn gleichzeitig die staatlichen Sicherungssysteme auf die Teilhabe an Erwerbsarbeit ausgerichtet und abgebaut werden.

3.2. SOZIALE KONSTRUKTION VON GESCHLECHT

Die soziale Ungleichheit zwischen den Geschlechtern wird nicht nur über die Ebene gesellschaftlicher Strukturen reproduziert, sondern auch über die symbolische Ebene. Was uns als selbstverständlich, „natürlich" gegeben erscheint, ist bereits das Ergebnis sozialer Konstruktionsprozesse (vgl. Berger/Luckmann 1992), die dem Einzelnen vorausgehen und im Prozess der Sozialisation angeeignet werden. So umfasst die symbolische Ordnung Deutungsmuster, die uns die Welt erklären, unsere Wahrnehmung strukturieren und unser Handeln anleiten (vgl. Gukenbiehl 1995, S. 110 ff). In sie eingebettet ist das gesellschaftliche Wissen, wie Dinge in einer Gesellschaft sinnvollerweise getan werden (vgl. Berger und Luckmann 1992). Das gesellschaftliche Wissen hat dabei zugleich eine erklärende und eine legitimierende Funktion. Es beinhaltet, wen oder was es in dieser Wirklichkeit gibt, wie Situationen definiert sind, wer in ihnen welche Rollen einnimmt, welche Regeln im Umgang mit definierten Anderen (Müttern, Vätern, Fremden, Freunden, Verwandten etc.) oder mit Gegenständen gelten. Es liefert darüber hinaus Erklärungen über Zusammenhänge, warum etwas so ist wie es scheint. Gleichzeitig wird mit dem gesellschaftlichen Wissen die soziale Wirklichkeit der Gesellschaft legitimiert.

Die gesellschaftliche „Wirklichkeit" ist damit immer eine sozial konstruierte, die den Mitgliedern der Gesellschaft jedoch verborgen bleibt. In der „natürlichen Einstellung der Gesellschaftsmitglieder" (Berger und Luckmann 1992, S.24) ist ihnen der Blick auf den sozialen Charakter gesellschaftlicher Ordnung – und damit deren Veränderbarkeit – verstellt. Zentrale Mechanismen in der Konstruktion sozialer Wirklichkeit und deren Erleben als „reale" Wirklichkeit sind Naturalisierung und Verdinglichung. Die Wahrnehmung von Geschlecht als eine primär biologische oder natürliche Gegebenheit ist ebenfalls eine solche Naturalisierung.

In der Geschichte und Entwicklung der Frauen- und Geschlechterforschung ist die Unterscheidung und Konstruktion von Natur und Kultur ein zentrales Thema. Denn über die Definition, was als Natur und was als Kultur zu verstehen ist, so die zentrale Erkenntnis (vgl. Klinger 2003), wird die gesellschaftliche Ordnung legitimiert. Was der Natur zugeordnet werden kann, ist nicht Teil gesellschaftlicher Aushandlungsprozesse. Soziale Ungleichheiten, die sich mit der natürlichen Begabungen oder Kompetenzen von Gruppenmitgliedern begründen lassen, gelten als gesellschaftlich legitim und als nicht veränderbar (Klinger 2003). Die Entwicklung der Naturwissenschaften hat dabei eine wesentliche Rolle gespielt. In Anlehnung an Klinger lassen sich die Naturwissenschaften als „effektivste Sozialwissenschaft" (Klinger 2003, S. 35) bezeichnen, die die gesellschaftliche Ordnung der beginnenden Moderne rechtfertigte – inklusive ihrer sozialen Ungleichheiten, Diskriminierungen und der systematischen Vernichtung von Menschen.

Für die Legitimation der sozialen Ungleichheit der Geschlechter spielt Naturalisierung eine zentrale Rolle. Die als selbstverständlich und natürlich angenommene Zweigeschlechtlichkeit ist ebenfalls eine solche Naturalisierung. In der an den symbolischen Interaktionismus (Treibel 2006) angelehnten Geschlechterforschung gerät die Zweigeschlechtlichkeit selbst als eine der grundlegenden sozialen Konstruktionen in den Blick. Mit dem Konzept des *doing gender* lässt sich analysieren, *wie* Geschlecht in der Interaktion von Individuen und Gruppen *hergestellt* wird (vgl. Hirschauer 1994; Gildemeister 2004; Gildemeister und Wetterer 1995) und den Gesellschaftsmitgliedern dabei als naturhaft gegeben erscheint.

> *„Das Herstellen von Geschlecht (doing gender) umfasst eine gebündelte Vielfalt sozial gesteuerter Tätigkeiten auf der Ebene der Wahrnehmung, der Interaktion und der Alltagspolitik, welche bestimmte Handlungen mit der Bedeutung versehen, Ausdruck weiblicher oder männlicher ‹Natur› zu sein. Wenn wir das Geschlecht (gender) als eine Leistung ansehen, als ein erworbenes Merkmal des Handelns in sozialen Situationen, wendet sich unsere Aufmerksamkeit von Faktoren ab, die im Individuum verankert sind, und konzentriert sich auf interaktive und letztlich institutionelle Bereiche. In gewissem Sinne sind es die Individuen, die das Geschlecht hervorbringen. Aber es ist ein Tun, das in der sozialen Situation verankert ist und das in der virtuellen oder realen Gegenwart anderer vollzogen wird, von denen wir annehmen, dass sie sich daran orientieren. Wir betrachten das Geschlecht weniger als Eigenschaft von Individuen, sondern vielmehr als ein Element, das in sozialen Situationen entsteht: Es ist sowohl das Ergebnis wie auch die Rechtfertigung verschiedener sozialer Arrangements sowie ein Mittel, eine der grundlegenden Teilungen der Gesellschaft zu legitimieren" (West und Zimmerman 1991, S. 14; zitiert nach Gildemeister und Wetterer 1995, S. 236 f).*

Die „Zweigeschlechtlichkeit [ist] ein Darstellungs- und Klassifikationsmerkmal (...), ein Merkmal der Sozialorganisation und nicht von Personen" (Hirschauer 1994, S. 671). Geschlecht ist in diesem theoretischen Zugang keine natürliche oder biologische Eigenschaft von Personen, mit der eine Reihe von Verhaltensweisen und eindeutigen körperlichen Merkmalen einhergehen und anhand derer Frauen und Männer eindeutig von Natur aus zu erkennen wären. Das eigene Geschlecht muss *dargestellt* und in der Interaktion durch die InteraktionsteilnehmerInnen *zugeschrieben (er- und anerkannt)* werden. Das Wissen, wie Geschlecht dargestellt und erkannt wird ist ein praktisches, körperliches Wissen, das wie von selbst zur Anwendung kommt.

> *„[Die Akteure] müssen wissen, wie es zu tun ist, ohne aber gleichzeitig zu wissen, wie sie es tun." (Hirschauer 1994, S. 674)*

Der Körper selbst dient dabei als Gedächtnis und Reservoir für das kulturelle Repertoire (z. B. Blickkontakt, auf High Heels laufen können). Mental ist dieses Wissen also nicht abrufbar. Die Akteure selbst „vergessen", dass und wie sie ihre Geschlechtszugehörigkeit darstellen. Zweigeschlechtlichkeit als praktisches Wissen ist erlernt und verinnerlicht durch Darstellung und Attribuierung, Inkorporierung von Wissen, Nachahmen, beharrliches Üben und durch mimetisches Handeln von Kindesbeinen an (vgl. Hirschauer 1994).

Abgestützt wird das praktische Wissen durch kognitiv-sprachliches Wissen, das ebenfalls zweigeschlechtlich organisiert ist und Sinnzusammenhänge (was, wann, wie, warum gemacht wird) sind mit Geschlecht (männlich oder weiblich) verknüpft. Das heißt, Menschen stellen sich in Interaktionen als Frauen oder Männer dar und erkennen andere als Frauen und Männer. Dies erscheint als natürlich und alternativlos.

Das *doing gender* und die durch Basisannahmen gesteuerte Wahrnehmung sind eingebettet in einen institutionellen Kontext, der diese Wahrnehmung und das Wissen fortlaufend bestätigt und legitimiert. Dies bezeichnet Goffman als „institutionelle Reflexivität" (Goffman 1994, S. 128 ff).

Abbildung 2: Institutionelle Reflexivität

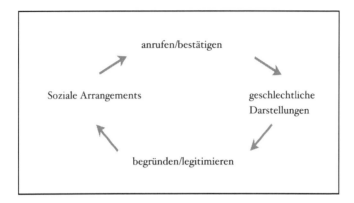

Quelle: eigene Darstellung in Anlehnung an Becker-Schmidt 2002, Teil II, S.27

„Soziale Arrangements (wie Geschlechtersegregation) schaffen Gelegenheiten für interaktive Geschlechtsdarstellungen, die ein Wissen von der Zweigeschlechtlichkeit bestätigen, das wiederum zur Legitimation der institutionellen Arrangements verwendet werden kann." (Hirschauer 1994, S. 680)

Berücksichtigt man, dass Geschlecht im *doing gender* hergestellt wird, ergeben sich daraus neue Aspekte für die Umsetzung von Gender Mainstreaming in der betrieblichen Gesundheitsförderung. Strategien, die an angenommenen Unterschieden zwischen Frauen und Männern oder an ihren jeweils zugeschriebenen besonderen Potenzialen ansetzen, reproduzieren die Herstellung einer dichotomisierenden Zweigeschlechtlichkeit, statt sie als sozial konstruierte kenntlich zu machen. Das Anknüpfen an der Unterschiedlichkeit der Geschlechter wurde bereits im vorangegangenen Kapitel zur unterschiedlichem Gesundheitsverhalten von Frauen und Männern thematisiert. Diese Problematik lässt sich am Beispiel von Kommunikationsstudien, die das unterschiedliche Kommunikationsverhalten von Frauen und Männern in Gruppendiskussionen untersuchen, verdeutlichen. Interpretiert man die dargebotenen Verhaltensweisen als *doing gender*, beobachtet man keine Eigenschaften oder Kompetenzen von Frauen und Männern, sondern die Anwendung von Regeln, die für Frauen und Männer unterschiedliches Verhalten vorsehen, oder gleiches Verhalten mit unterschiedlicher Bedeutung ausstatten. Als Leitlinie für eine Gleichstellungsstrategie im Betrieb lässt sich empfehlen, nicht nach unterschiedlichen Eigenschaften von Frauen und Männern zu suchen, sondern nach unterschiedlichen Regeln, Erwartungen und unterschiedlichen Voraussetzungen, unter denen Frauen und Männer handeln. Dies wäre auch eine Orientierung für die Interpretation von Daten, wie sie Beispielsweise in Personalbefragungen im Gesundheitsmanagement erhoben werden oder in Gesundheitsberichten der Krankenkassen präsentiert werden. Statistisch sichtbare Unterschiede in den Fehlzeiten oder in der Zufriedenheit mit bestimmten Aspekten der Erwerbsarbeit oder Arbeitssituation sind nicht primär als Ausdruck unterschiedlicher Eigenschaften, körperlicher Konstitutionen etc. zu verstehen, sondern als Ausdruck unterschiedlicher Arbeits- und Lebensbedingungen.

Neben der Frage, wie sich Beobachtungen, Handlungen etc. als sozialer Konstruktionsprozess begreifen lassen, verdeutlicht das Konzept des *doing gender* zudem das enorme Beharrungsvermögen zweigeschlechtlicher Deutungsmuster. Selbst wenn Individuen über das diskursive/kognitive Wissen verfügen, dass Geschlecht sozial konstruiert ist und im *doing gender* hergestellt wird, konkurriert dieses Wissen mit dem inkorporierten Wissen der Darstellung und Anerkennung von Geschlecht. Dem diskursiven Geschlechterwissen liegt in diesem Fall kein entsprechendes „Handlungskapital" zugrunde (vgl. Wetterer 2003, S.302), das den „zweigeschlechtlichen Erkennungsdienst" außer Kraft setzen würde. Das Wissen um die soziale Konstruktion von Zweigeschlechtlichkeit hindert nicht daran, sich selbst als Frau/Mann wahrzunehmen und andere ebenfalls entsprechend dem kollektiven Wissen als Frauen/Männer zu erkennen. Dieser Prozess läuft weiterhin völlig automatisch ab.

Es ist meiner Einschätzung nach nicht zu erwarten, dass sich Frauen und Männer im Rahmen betrieblicher Managementstrategien, in Gender Trainings oder Workshops davon abbringen lassen, sich als solche darzustellen und wahrzunehmen. Identität ist nur als geschlechtliche zu haben.

3.3. GESCHLECHTERSTEREOTYPE UND SEXISMUS

In den vorangegangenen Abschnitten ist schon an verschiedenen Stellen darauf hingewiesen worden, dass Gleichstellungsstrategien, die sich um die Aufwertung als weiblich konnotierter Eigenschaften bemühen, oder die an als weiblich und männlich konnotierten Verhaltensweisen anknüpfen, nicht ganz unproblematisch sind. Im Folgenden soll herausgearbeitet werden, was Geschlechterstereotype eigentlich sind und worüber sie Auskunft geben - nämlich nicht über Eigenschaften von Frauen und Männern.

Mit der Unterscheidung zweier Geschlechter ist die Annahmen verbunden, dass Frauen und Männer grundsätzlich über andere Kompetenzen und Eigenschaften verfügen, die zu einer unterschiedlichen Eignung für Tätigkeiten und einer entsprechenden Wahl der Tätigkeit führen. Die Stereotypenforschung zeigt jedoch, dass Menschen dazu tendieren, Personen genau die Kompetenzen als Eigenschaften zuzuschreiben, die für die von ihnen ausgeübte Tätigkeiten erforderlich sind (vgl. Eckes 2004, S. 167). Die nach Geschlecht segregierten Tätigkeitsfelder stützen so die *Zuschreibung* von unterschiedlichen Kompetenzen an Frauen und Männer und bestätigen die Annahme, das Frauen und Männer deshalb unterschiedliche Tätigkeiten „wählen". So wird permanent bestätigt, das die dort tätigen Frauen/Männer deshalb dort arbeiten, weil Frauen oder Männer das eben besser können.

Geschlechterstereotype sind Bestandteil „sozial geteilter *impliziter Geschlechtertheorien*", die umfassende Systeme von Alltagsannahmen über Geschlechter und deren wechselseitigen Beziehungen beinhalten. Sie beinhalten „Einstellungen gegenüber den Geschlechtern und ihren jeweiligen Rollen, Bewertungen von Individuen mit rollenabweichenden Verhalten sowie geschlechtsbezogene Wahrnehmungen und Einschätzungen der eigenen Person" (Eckes 2004, S. 179). Als nicht reflektierte Bestandteile des Alltagswissens tragen Geschlechterstereotype und Stereotypisierung dazu bei, die Ungleichheit zwischen Frauen und Männern fortzuschreiben. Geschlechterstereotype sind „kognitive Strukturen, die sozial geteiltes Wissen über die charakteristischen Merkmale von Frauen und Männern enthalten" (Eckes 2004, S. 178). Sie gehören sowohl zum individuellen als auch zum *konsensuellen* (Eckes 2004, S.165), kulturellen Wissensbestand und zeichnen sich durch eine hohe zeitliche und kulturelle Invarianz aus. Die deskriptiven Komponenten beschreiben[17] den Wissensbestand, was/wie Frauen und Männer „sind". Die präskriptiven Komponenten beinhalten Annahmen darüber, was/wie Frauen und Männer sein *sollten*. Ob das Verhalten einer Frau/eines Mannes als angemessen, positiv wahrgenommen wird, hängt vom jeweiligen Kontext ab, in dem das Verhalten gezeigt wird.

Geschlechterstereotype lassen sich in Globalstereotype und Substereotype unterteilen. Globalstereotype unterscheiden typische Frauen und typische Männer hinsichtlich ihrer Merkmale, Eigenschaften, Werte. Unterhalb der Globalstereotype werden Substereotype gebildet, die das Globalstereotyp konkretisieren können oder inhaltlich sogar im Widerspruch zu diesem oder zueinander stehen können. In der Herausbildung neuer Substereotype spiegeln sich Differenzierungen und sozialer Wandel wider.

> *„Im Substereotyp, das positiv, negativ oder ambivalent besetzt sein kann, wird dann die Abweichung vom Global- oder Kernstereotyp von Weiblichkeit gleichsam normativ eingefangen und kommentiert. Substereotype weisen auf eine interne Pluralisierung der Deutungsrepertoires hin. Im deutschsprachigen Raum begleitet das verstärkte Aufkommen der Substereotype von „Weiblichkeit" den Niedergang des noch vor dreißig Jahren eher positiv besetzten Stereotyps von der Hausfrau. In diesem Zuge wird die Hausfrau zur „Nur-Hausfrau", zum „Heimchen am Herd" und tritt ihren Platz als normatives Ideal zunehmend an die flexible und gut organisierte „Allround-Frau" ab, die Familie und Beruf ohne Schwierigkeit unter*

---

[17] Einen vertiefenden Einblick in sozialpsychologische Aspekte der Zweigeschlechtlichkeit liefert Regina Becker-Schmidt (2007 b)

einen Hut bringt und dabei attraktiv und begehrenswert bleibt" (Knapp 2009, S. 7)

Die Substereotype greifen vom Globalstereotyp abweichende Merkmale oder Verhaltensweisen auf, *ohne* das Globalstereotyp in Frage zu stellen (vgl. Eckes 2004, S. 169).

Nach dem Stereotypinhaltsmodelle (vgl. Eckes 2004) dienen Geschlechterstereotype in Gesellschaften mit Statusdifferenzen zwischen den Genus-Gruppen der Aufrechterhaltung der Geschlechterhierarchie. Sie stützen und legitimieren die Statusdifferenz zwischen Frauen und Männern. Die Substereotype können „positiv, negativ oder ambivalent besetzt sein" (Knapp 2009, S. 6) und geben damit an, wie die mit dem Stereotyp verbundenen Eigenschaften und Verhaltensweisen in den für die Stereotype relevanten Kontexten bewertet werden.

Abbildung 3: Stereotypinhaltsmodell nach Fiske

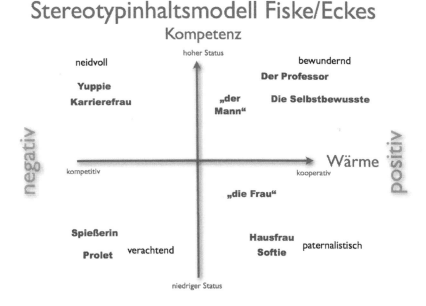

Quelle: eigene Abbildung

Fiske (Fiske et al. 2002) hat herausgearbeitet, dass die Inhalte der Stereotype durch *die Relation der Gruppen zueinander* bestimmt werden – nicht durch tatsächliche Eigenschaften. Das heißt, Personen, die einen hohen Status innehaben, wird mehr Kompetenz zugesprochen als Personen mit niedrigem Status. Gleichzeitig spielt die Art der

Interdependenz zwischen den aufeinander bezogenen Gruppen eine Rolle für die in den stereotypen enthaltene Bewertung. In einer kooperativen Interdependenz werden die Gruppen positiv aufeinander bezogen – beide Gruppen profitieren von der Interaktion, z. B. in der Partnerschaft. In der kompetitiven Interdependenz konkurrieren die Gruppen miteinander – Männer gegen Frauen im beruflichen Umfeld, eine Gruppe gewinnt, die andere verliert. Kooperative Gruppen werden als „warm, bzw. als unbedrohlich für die eigenen Gruppenziele eingeschätzt. Kompetitive Gruppen werden als kalt bzw. bedrohlich eingeschätzt" (Eckes 2004, S. 167). Die Einordnung der Gruppen auf der Wärme-Dimension bestimmt den präskiptiven Charakter des Stereotyps – also wie Frauen oder Männer (nicht) sein sollten. So sind paternalistische Stereotype solche, die in der Wärme-Dimension hoch eingestuft werden, aber als wenig kompetent gelten. Das Stereotyp der Hausfrau ist dort eingeordnet. Damit wird die „Übernahme traditioneller Rollen durch Frauen" (Eckes 2004; S. 170) gefördert. Neidvolle Stereotype wie die Karrierefrau hingegen sind auf der Wärme-Dimension als kalt/bedrohlich eingestuft aber mit hoher Kompetenz. Auch sie stützen die Aufrechterhaltung der Geschlechterhierarchie – Karrierefrau ist kein positives Stereotyp.

Gender-Trainings versuchen häufig für Stereotype als soziale Konstruktionen von Geschlecht zu sensibilisieren oder greifen die polarisierenden Grundmuster auf und versuchen zugeschriebene Geschlechterdifferenzen positiv umzudeuten. Letztere schreiben die Stereotype fort und sitzen der Annahme auf, dass es sich bei den in Stereotypen beschriebenen Inhalten tatsächlich um Kompetenzen oder Eigenschaften handelt, die spezifisch oder typisch für Frauen oder Männer sind – statt z. B. lediglich den Anforderungen der Aufgabe entsprechend entwickelte Kompetenzen. Der präskriptive Charakter der Stereotype, der dazu führt, dass abweichendes Verhalten mit Ablehnung bestraft wird und somit bestimmte Verhaltensweisen befördert, bleibt ausgeblendet, statt dafür zu sensibilisieren, dass unterschiedliche Erwartungen an das als angemessen geltende Verhalten von Frauen und Männern gestellt werden. Bisher haben im Bereich der betrieblichen Gesundheitsförderung nur Nielbock und Gümbel (2010), wie in Abschnitt 2.1.4 skizziert, die unterschiedlichen Erwartungen an Frauen und Männer zum Gegenstand der Analyse und Intervention gemacht.

3.4. GENDERING-PROZESSE IN ORGANISATIONEN

Die vorliegende Arbeit befasst sich mit der Frage, wie in der *betrieblichen* Gesundheitsförderung Gender Mainstreaming, bzw. eine auf Gleichstellung der Geschlechter gerichtete Perspektive und Vorgehensweise etabliert werden kann. Hierfür ist es notwendig, sich mit Ansätzen zu befassen, die den Zusammenhang von Geschlecht und Organisation in den Blick nehmen. Arbeitsorganisationen sind nicht nur der Ort, an dem betriebliche Gesundheitsförderung situiert ist, sie sind selbst zentrale Institutionen der Gesellschaft (Türk 2000). In und durch sie werden gesellschaftliche Aktivitäten koordiniert und Ressourcen verteilt. Die Art und Weise, wie Organisationen in gesellschaftliche Zusammenhänge eingebettet sind und wie sie selbst Arbeit gestalten und strukturieren, hat maßgeblichen Einfluss darauf, wie und unter welchen Bedingungen Menschen arbeiten können. Im Kapitel 3.1 ist bereits deutlich geworden, dass sich Erwerbsarbeit in Relation und Abgrenzung zur nicht-entgeltlichen Haus- und Familienarbeit entwickelt hat. Ansprüche an die zeitliche Verfügbarkeit, die Definition von Leistung etc. sind geprägt von einem (Erwerbs-) Arbeits- und Organisationsverständnis, das gerade von dieser Voraussetzung, dass Haus- und Familienarbeit in der privaten Sphäre geleistet werden, absieht. Durch welche Strukturen und Prozesse wird die Gleichstellung der Geschlechter (und Gesundheit) in und durch Organisationen beeinflusst? Diese Zusammenhänge, die im Folgenden beleuchtet werden sollen, zu reflektieren, wäre eine Voraussetzung zur Einlösung des Anspruchs von Gender Mainstreaming.

Organisationen und Betriebe sind Teil der in Kapitel 3.1 beschriebenen gesellschaftlichen Strukturen und in diese eingebettet. Joan Acker hat mit ihrem Ansatz der „gendered organziations" herausgearbeitet, dass Organisationen nicht geschlechtsneutral sind. Sie leisten selbst einen Beitrag zur Reproduktion eines Frauen benachteiligenden Geschlechterverhältnisses, weil in ihnen Einkommen, Aufgaben und Positionen zwischen Frauen und Männern systematisch ungleich verteilt werden (vgl. Acker 1991; Wilz 2004, S. 446).

> *„Although sex typing of occupations, horizontal sex segregation, and gender differentiated wage setting have most often been studied as aggregate phenomena at regional or national levels, organizations are the actual locations within which these patterns are created and re-created. Consequently, to understand the reproduction of these sorts of inequalities, it is necessary to look at organizations and their internal processes"* (Acker 2006, 179).

Dies geschieht vor allem über Gendering-Prozesse in den Organisationen, die Geschlechterdifferenzierungen und -hierarchisierungen herstellen und reproduzieren.

In die Gestaltung von Prozessen und Strukturen innerhalb von Organisationen fließen Annahmen mit ein, die sich auf die oben beschriebene geschlechtliche Arbeitsteilung und Trennung von Produktions- und Reproduktionsarbeit beziehen. Diese Annahmen sind geschlechtsspezifisch markiert, das heißt die Akteure wissen, dass nach wie vor Frauen die Hauptlast der Haus- und Familienarbeit leisten. Sie treffen ihre Entscheidungen, wer welche Aufgaben übernimmt, welche Aufgaben für wen angemessen sind oder welche Erwartungen sie an wen stellen, entlang geschlechtlich konnotierter Annahmen. Diese Annahmen, so Acker, fließen in die Strukturen, Regeln und Prozesse der Organisation mit ein, sie sind in Organisationen »inkorporiert« und in der vergeschlechtlichten »Substruktur« von Organisationen verankert. Sie leisten damit einen erheblichen Beitrag zur Persistenz des Geschlechterverhältnisses. Acker spricht von *gendering*[18], welches in fünf interagierenden Prozessen stattfindet (vgl. Acker 1991, S. 167):

1. Der erste Prozess ist die Konstruktion von Trennungen entlang der Geschlechter. Dieser bezieht sich auf Herstellung der Arbeitsteilung zwischen den Geschlechtern, auf erlaubtes/unangemessenes geschlechtsbezogenes Verhalten, räumliche Trennung der Geschlechter, die Verteilung von Macht etc.

2. Der zweite Prozess besteht in der Konstruktion von Symbolen und Bildern, die diese Trennungen erklären, rechtfertigen, ausdrücken, bekräftigen und sie manchmal auch ablehnen. So führt Kanter (1977) das Beispiel des Managers als Inbegriff erfolgreicher, kraftvoller Maskulinität an und Cockburn die Verbindung der technischen Kompetenzen mit Männlichkeit. Bei letzterem wirkt die Möglichkeit, dass Frauen solche Fähigkeiten innehaben könnten, als Bedrohung der Männlichkeit der Techniker (vgl. Cockburn 1988).

3. Der dritte Prozess wird beschrieben als Interaktion zwischen Frauen und Männern, Männern und Männern und Frauen und Frauen mit all den dazugehörigen Mustern der Über- und Unterordnung. Dazu zählt Acker unter anderem Diskussionskulturen, in denen Frauen häufiger unterbrochen werden und Themen durch Männer dominiert werden.

4. Der vierte Prozess bezieht sich auf den Anteil der beschriebenen Prozesse an der Herausbildung vergeschlechtlichter Komponenten der individuellen Identität. Dazu zählt, dass sich Individuen mehr oder weniger bewusst entsprechend den Normen der Organisation als Frauen oder Männer kleiden, sprechen, Aufgaben wahrnehmen und sich selbst als geschlechtliche Mitglieder der Organisation präsentieren.

5. Der fünfte Prozess bezieht sich auf die Organisationslogik. Geschlecht ist Acker zufolge in die fundamentalen Prozesse der Organisation eingebettet, die soziale Strukturen konzeptualisieren und herstellen. Die Organisationslogik zeigt sich in den Regeln der Organisation, in Arbeitsverträgen, Leitlinien oder anderen zur Steuerung von Organisation notwendigen Instrumenten. Insbesondere in Systemen der Arbeitsbewertung werden Vorstellungen über die angemessene Positionierung von Frauen in Relation zu Männern und über die Wertigkeit der von ihnen verrichteten Tätigkeit festgeschrieben und reproduziert. Sie *erscheinen* dabei als geschlechtsneutrale Verfahren.

---

[18] Im Sprachgebrauch betrieblicher AkteurInnen wird ebenfalls von „gendern" gesprochen, vermutlich in Unkenntnis von Ackers Analyse und der Erkenntnis, dass gerade das Vergeschlechtlichen Teil des Problems ist.

Insbesondere im fünften Prozess lässt sich die „gendered substructure" in Organisationen ausmachen. Den scheinbar neutralen Regelungen der Organisationen liegt eine Orientierung zugrunde, die sich an der geschlechtstypischen Arbeitsteilung orientiert, die Männer von Haus- und Familienarbeit weitgehend befreit und so Leistungskriterien zugrunde legt, die auf der Grundlage der bestehenden geschlechtlichen Arbeitsteilung üblicherweise von Männern besser erfüllt werden können. Die Orientierung am Leitbild der männlichen »Normalarbeitskraft« stellt eines der grundlegenden Hindernisse für die Gleichstellung der Geschlechter dar. Denn dem Verständnis der Normalarbeitskraft liegt ein gender bias zugrunde: Es wird unterstellt, dass die Normalarbeitskraft keinen zeitlichen familiären Verpflichtungen unterliegt. Die bestehende gesellschaftliche Organisation von Arbeit setzt voraus, dass die gesellschaftlich notwendige Arbeit in der Familie von Frauen unentgeltlich erbracht wird und Männer somit den Organisationen voll und ganz zur Verfügung stehen. Vorstellungen darüber wie gearbeitet wird, was als Leistung gilt etc. sind mit Bildern von Männlichkeit verknüpft. Daraus resultieren auf der betrieblichen Ebene Gleichstellungsbarrieren für Frauen.

Heintz und Nadai benennen in diesem Zusammenhang identitätsstiftende ordnungsgenerierende Prinzipien der Grenzziehungen (boundary work) und die Unvereinbarkeit von Beruf und Familie (vgl. Heinz und Nadai 1997). Die Unvereinbarkeit von Beruf und Familie führen Heintz und Nadai insbesondere darauf zurück, dass Arbeitszeitregelungen für Frauen mit Kindern ungünstig gestaltet sind und Weiterbildungsanforderungen für Frauen mit Kindern nicht zu realisieren sind (vgl. Heintz und Nadai 1997). Gleichstellungsbarrieren auf der strukturellen Ebene des Betriebes, z. B. Arbeitszeitregelungen, benachteiligen vor allem Frauen, die tatsächlich Familienarbeit leisten.

Von Geschlechterdifferenzierungen auf der symbolischen Ebene sind alle Frauen betroffen. Erwartungen an Männer, karriereorientiert und befreit von Hausarbeit zu sein, und an Frauen, Kinder haben zu wollen und diese auch zu betreuen, vereinheitlicht alle Frauen, unabhängig von ihren tatsächlichen Neigungen und Verpflichtungen. Ebenso stereotypisiert und benachteiligt werden Frauen, wenn Tätigkeiten von Männern als männliche Tätigkeiten stilisiert werden, für die Frauen sich in dieser Logik schlechter eignen. Dies schlägt sich unabhängig von den tatsächlichen individuellen Fähigkeiten in einer Tätigkeitsverteilung zwischen den Geschlechtern nieder und in einer unterschiedlichen Bewertung der Tätigkeit, was beides für die weitere Karriere, Entlohnung etc. relevant ist. Grenzziehungen gehen häufiger von Männern aus, wenngleich Frauen diese mitgetragen (vgl. Heintz/Nadai 1997; Hofbauer 2006). Während Grenzziehungen zwischen Frauen und Männern und deren Tätigkeiten für Männer eher eine statussichernde Funktion haben, erzeugen sie für Frauen häufig Doublebind-Situationen. So müssen sie beispielsweise als kompetente Informatikerin technisch versiert sein und sich gleichzeitig als Frau, der aber bestimmte technische Kompetenzen abgesprochen werden, darstellen.

Der Ansatz der „gendered organizations" ermöglicht es, die alltäglichen Routinen und Praktiken in Organisationen in den Blick zu nehmen, durch die eine Geschlechtertrennung und -hierarchisierung fortgeschrieben werden.

> „One of the answers to questions about how women's subordination or secondary status in working life is perpetuated is that gender is embedded in ordinary organizational processes and that inequalities are reproduced as the mundane work of the "gendered" organization is carried out" (Acker 2006, 180)

Die Analyse solcher Gendering-Prozesse in der alltäglichen und selbstverständlichen Art und Weise, wie Arbeit organisiert – und bewertet – wird, ist für die Entwicklung von Gleichstellungsstrategien und -Maßnahmen relevant. So haben ArbeitnehmerInnen in Deutschland zwar einen Anspruch auf Teilzeitarbeit, der es meist Frauen ermöglicht, Familie und Beruf zeitlich zu vereinbaren, aber gleichzeitig aufgrund bestehender Praktiken und Erwartungen an Verfügbarkeit und ungeteiltem Engagement zu erheblichen Nachteilen in der Karriereentwicklung und in der Ausstattung mit finanziellen Ressourcen führt.

> „ When family friendly policies do exist, they can remain unimplemented when the company culture expects and rewards long working hours and few vacation days (...). Even in countries in which the state requires certain organizational accommodations to family life, the Scandinavian countries, for example, the person who uses the programs (usually a woman) is likely to have fewer career opportunities than the person who does not (usually a man) (...)" (Acker 2006, 182).

Maßnahmen zur Förderung von Frauen oder der Gleichstellung der Geschlechter entfalten ihre Wirkung nur in Abhängigkeit des jeweiligen (betrieblichen) Kontexts. Folgt man Ackers Ausführungen, bleibt die zugrunde liegende Positionierung der Geschlechter erhalten, wenn sich familienfreundliche Maßnahmen implizit an Frauen richten und z. B. nur in Positionen zugelassen werden, die nicht karriererelevant sind. Bleibt die Norm einer allzeitigen Verfügbarkeit als Gradmesser für Engagement und Leistung bestehen, reproduzieren Teilzeitregelungen die Benachteiligung von Frauen in Bezug auf Karrieremöglichkeiten.

Für die Umsetzung von Gender Mainstreaming ist der Ansatz Ackers zudem relevant, da er explizit darauf verweist, dass Vorstellungen über die Relation der Geschlechter zueinander in Techniken, Verfahren, Instrumente, Regelungen etc. eingelassen sind. Wenn Gender Mainstreaming darauf abzielt, alle Prozesse und Entscheidungen für die

Gleichstellung der Geschlechter nutzbar zu machen, müssten sich die jeweiligen Akteure gerade jene alltäglichen und selbstverständliche Prozesse und Routinen Vornehmen. Diese sind jeweils auch Ausdruck der Fachlichkeit des jeweiligen Arbeitsbereichs. Zu ihnen zählen Verfahren der Arbeitsbewertung.

> *„Job evaluation documents and rules are elements of what Dorothy Smith (1987) has called the abstract, intellectual, textually mediated relations of ruling. These texts and instructions in their proper use, often developed and sold by management consultants, encode social relations that are then reproduced as the same in many different sites. (...) Struggles for power and control are often struggles over bureaucratic tools."* (Acker 2006,181)

Eine auf Gleichstellung zielende Veränderung dieser Regeln, Prozesse und Routinen erfordert eine Verbindung des jeweiligen Fachwissens (z. B. Arbeitsbewertung) mit dem Wissen der Frauen- und Geschlechterforschung. Diese Verbindung ist allerdings mit einigen Herausforderungen verbunden, die etwas mit den Vermittlungsproblemen dieser unterschiedlichen Wissensbestände zu tun haben.

3.5. Geschlechterwissen als Voraussetzung und Grenze von Gender Mainstreaming

Für die Umsetzung von Gender Mainstreaming spielt vor allem das jeweils fachspezifische Wissen eine zentrale Rolle. Die Umsetzung von Gender Mainstreaming erfordert, in den jeweiligen Fachaufgaben einer Organisation die Geschlechter-/Gleichstellungsperspektive zu berücksichtigen und die Auswirkungen des eigenen Handelns und der eigenen Entscheidungen auf die Gleichstellung der Geschlechter hin abzuschätzen. Dies setzt an unterschiedlichen Stellen der Implementierung und Umsetzung von Gender Mainstreaming entsprechendes Wissen voraus. Zur Vorbereitung der Akteure auf diese Aufgabe werden deshalb Gender-Trainings empfohlen, die die Akteure zunächst für die Aufgabe sensibilisieren sollen. Funktion dieser Sensibilisierung ist es, die Akteure zunächst dazu zu motivieren, sich mit der Thematik auseinanderzusetzen und die Einsicht zur erzeugen, dass Gender Mainstreaming überhaupt notwendig ist. In einem weiteren Schritt wird empfohlen, die gleichstellungspolitischen Ziele in dem jeweiligen Feld/Fachgebiet zu definieren. Hierfür benötigen die Akteure Wissen darüber, ob und worin eine Benachteiligung von Frauen (oder Männern) bestehen könnte. Dazu ist es erforderlich, die einschlägige Literatur auszuwerten und gegebenenfalls auch (Gender-) ExpertInnen hinzuzuziehen, mit denen dann entsprechend geschlechtersensible Konzepte, Vorgehensweisen oder Produkte entwickelt werden können. Das Wissen um Formen und Mechanismen der Benachteiligung von Frauen ist hier als eine der Voraussetzungen für eine wirkungsvolle Gleichstellungsarbeit gedacht. Irene Dölling und Sünne Andresen (2005, Andresen/Dölling/Kimberle 2003) haben untersucht, über welches Geschlechter-Wissen Führungskräfte in einem Berliner Bezirksamt verfügen. Konnten sie sich auf ein reflektiertes Geschlechter-Wissen als Voraussetzung für die Umsetzung von Gender Mainstreaming im Kontext der Verwaltungsmodernisierung beziehen und brachten sie dieses Wissen auch in den Modernisierungsprozess ein? Die Forscherinnen interessierte, ob und unter welchen Bedingungen reflektiertes Geschlechterwissen in Organisationen Chancen zum Umbau des Geschlechterverhältnisses birgt. Dabei gehen sie davon aus, dass organisationaler Wandel „praktisch, im Handeln der beteiligten Akteure und unter konkreten Feldbedingungen entschieden wird" (Dölling 2007, S. 11).

Organisationen, so Grundannahme Döllings, werden durch die Handlungen ihrer Akteure am 'am Leben' gehalten und reproduziert. Organisationen seien Arenen mikropolitischer Auseinandersetzungen, in denen die Akteure um die 'richtige' Umsetzung der Reform, die 'richtige' und 'legitime' Klassifikation und Bewertungen ringen. Das was in der Organisation als common sense gilt, bestimme, was die Akteure als 'Trümpfe' im Spiel' einbringen können, um die eigene Position bewahren oder verbessern zu können (vgl. Dölling 2007, S. 12).

Dölling und Andresen analysierten jeweils fallspezifisch in einer biografisch orientierten Auswertung, welche Wissensbestände sich die einzelnen Führungskräfte angeeignet haben. Das individuelle Geschlechter-Wissen kann der Reflexion zugängliche Elemente beinhalten, die eine Ressource „für die Wahrnehmung von Geschlechterungleichheiten und für gendersensible, verändernde Handlungsorientierungen und praktische Veränderungen" sein können (vgl. Dölling 2007, S. 19). Ob diese Elemente des Geschlechter-Wissens jedoch zum Tragen kommen, hängt auch von den feldspezifischen Bedingungen ab. Sie bestimmen, welche Formen von Geschlechter-Wissen im sozialen Feld und entsprechend der eigenen Positionierung im Feld eine Bedeutung haben, und als „Trumpf" im Spiel Gewinn bringend eingesetzt werden können. Ob sich AkteurInnen in einer Organisation den Abbau von Geschlechterhierarchien zur Aufgabe machen, hängt auch davon ab, welche Klassifikationen im Feld bisher dominieren und konsensuell akzeptiert werden und ob es sich auszahlt, „den Konsens zu stören" (Dölling 2007, S. 19). Die feldspezifische Analyse untersucht die vorherrschenden Deutungsmuster und Wissensbestände im jeweiligen Feld und erklärt, „warum bestimmte Dimensionen des Geschlechter-Wissens im Feld/im Sprechen über das Feld, keine Rolle spielen oder sogar in Frage gestellt werden" (Dölling 2007, S. 20).

Obwohl es mittlerweile ein (heterogenes) kollektives Wissen über Ursachen der Benachteiligung von Frauen gebe und dieses Wissen zum Teil in den Bestand des Allgemeinwissens übergegangen sei und Geschlecht als soziale Unterscheidungs- und Diskriminierungsfaktor delegitimiert worden sei, so die Autorinnen, werden Geschlechterunterschiede[19] dennoch überwiegend primär auf der Ebene unmittelbarer Beziehungen wahrgenommen. Strukturelle Ursachen und soziale Strukturierungen dieser Beziehungen würden nicht als Erklärung für die wahrgenommenen Unterschiede im Verhalten von Frauen und Männern und Doppelbelastung wahrgenommen. Vielmehr dominiere ein Wahrnehmungs- und Deutungsmuster, Unterschiede zwischen den Geschlechtern als „selbstverständlich und zugleich als nachrangig gegenüber der Klassifizierung aller >als Menschen<" wahrzunehmen (Dölling 2007, S. 22). Vor dem Hintergrund dieses „universalistischen Codes" wird die Berücksichtigung einer geschlechtersensiblen Perspektive wie zum Beispiel der unterschiedlichen strukturellen Voraussetzungen der Leistungserbringung, als illegitimer Verstoß gegen eben jene Annahme der Gleichheit bewertet und abgelehnt. Der universalistische Code, so fanden die Autorinnen heraus, wird durch weitere Deutungsmuster unterstützt. Zu diesen zählen die „individuelle Leistung" und „Eigenverantwortung". Sie lassen kollektive Ansätze für die Bewältigung von Risiken im Leben oder den Abbau struktureller Diskriminierung als obsolet erscheinen (vgl. Dölling 2007, S. 24).

Mit dem Begriff des Geschlechter-Wissens gelingt es Dölling, „das Ineinandergreifen von (vergeschlechtlichten) Organisationsstrukturen und der situativen und interaktiven Herstellung von Geschlecht in den Praxen der AkteurInnen" (Dölling 2007, S. 24) zu analysieren. Dölling arbeitet heraus, dass feldspezifische Deutungsmuster (Handlungsleitlinien) darüber entscheiden, ob reflektiertes Geschlechterwissen in die Organisation eingebracht wird. Demnach sind Gender-Trainings, die auf die Vermittlung von „Genderkompetenz" und Wissen abzielen, in ihrer Wirkung begrenzt, wenn sie nicht in Organisationsentwicklungsprozesse eingebunden sind. Gleichzeitig wird durch Gender-Trainings versucht, für die Notwendigkeit von Gleichstellungsaktivitäten zu sensibilisieren und zu werben, um die Voraussetzungen für auf Gleichstellung zielende Organisationsentwicklungsprozesse herzustellen. Hier ist sicherlich entscheidend, welches Problemverständnis dem Konzept der Gender-Trainings zugrunde liegt.

Die Ergebnisse von Brigitte Liebig weisen in eine ähnliche Richtung. Sie hat untersucht, welche Geschlechterkulturen sich in Organisationen unterscheiden lassen und was dies für Gleichstellungsarbeit in den jeweiligen Organisationen bedeutet. Sie definiert Geschlechterkulturen in Organisationen als „kollektive Auffassungen von Geschlecht", die „integrale handlungsleitende Orientierungen" darstellen (vgl. Liebig 2000, S. 49).

Geschlechterkulturen lassen sich nach Liebig über übergeordnete Sinnstrukturen erfassen, die das kontextspezifische Wissen des organisationalen Alltags mit Auffassun-

---

[19] im Sinne einer strukturell und kulturell hervorgebrachten sozialen Ungleichheit der Geschlechter, ihrer unterschiedlichen Positionierung in der Gesellschaft, der Zuweisung unterschiedlicher Tätigkeiten und deren unterschiedlichen Bewertung.

gen zu Geschlechterdifferenz und -hierarchie verbinden. Diese Sinnstruktur leite die Praxis der Organisationen an und sei das Resultat aus dieser Praxis, was nach Liebig auch als die von Joan Acker beschriebene „gendered substructure" verstanden werden kann (vgl. Liebig 2000, S. 49) kann.

Tabelle 2: Typologien von Geschlechterkulturen in Organisationen

Orientierungsdimensionen	männlicher Traditionalismus	betrieblicher Kollektivismus	normativer Individualismus	pragmatischer Utilitarismus
betriebliches Geschlechterverhältnis	Homogenität	dethematisierte Heterogenität	aufgewertete Diversität	soziale Vielfalt und Variabilität
Verhältnis zwischen betrieblicher Geschlechterordnung und Außenwelt	Innen=Außen	Innen ≠ Außen	Innen <-> Außen	Innen + Außen
Geschlechtergleichstellung	Privilegierung von Frauen	außerbetriebliches Problem	individuelles Problem	betriebliche Verantwortung

Quelle: Liebig 2000, S. 50

Liebig unterscheidet vier Typen von Geschlechterkulturen. Der Typ „männlicher Traditionalismus" ist durch eine traditionell homogen männliche Belegschaft gekennzeichnet, in der die Zusammenarbeit mit gleichgestellten Frauen nicht zum Erfahrungshorizont gehört. Die Geschlechterkultur orientiert sich explizit an der Geschlechterdifferenz, die die innerbetriebliche Arbeitsteilung zwischen den Geschlechtern legitimiert. Die eigenen Annahmen über Frauen und Männer werden generalisiert und auf die Allgemeinheit übertragen. Gleichstellungsmaßnahmen erscheinen in dieser Wirklichkeitskonstruktion als eine Privilegierung von Frauen und wirken auf Männer – den männlichen Habitus – verunsichernd, weshalb die Zusammenarbeit mit gleichgestellten Frauen abgewehrt wird.

Die Organisationen, die dem Typus betrieblicher Kollektivismus angehören, weisen in der Belegschaft eine größere Heterogenität auf, die jedoch ausgeblendet, dethematisiert wird. Es wird ein hoher Aufwand betrieben, um bestehende soziale Ungleichheit und Differenzen auszublenden. In ihnen wird Potenzial für mögliche persönliche

Konflikte gesehen, die es zu vermeiden gilt. Dieser Typus ist zudem gekennzeichnet durch eine Konstruktion innerer Homogenität, die die Akteure durch eine Abgrenzung zur Außenwelt konstruieren. So werden beispielsweise die hochqualifizierten Frauen als Ausnahme zu anderen Frauen außerhalb des Betriebes konstruiert. Auf diese Weise erscheinen die Frauen im Betrieb als nicht repräsentativ. Die Gleichstellungsproblematik erscheint in diesem Typus nicht als Handlungsbedarf der Firma („hier ist nur Kompetenz entscheidend"), sondern als gesellschaftliches Problem. Handlungsbedarf im Betrieb wird nicht gesehen.

Der „normative Individualismus", wie er beispielsweise in IT-Unternehmen vorgefunden wurde, orientiert sich an einer aufgewerteten Diversität und bewertet diese als gewinnbringend für die Organisation. Die Orientierung an individueller Leistung führt jedoch dazu, dass die unterschiedlichen, strukturell bedingten Voraussetzungen für die Erfüllung der Leitungserwartungen wie Verfügbarkeit, nicht reflektiert werden. Gleichstellungsfragen werden individualisiert (vgl. Liebig 2000, S. 58).

Der „pragmatische Utilitarismus" schließlich findet sich in Organisationen, die bereits Erfahrungen haben mit gleichstellungspolitischen Maßnahmen. Er zeichnet sich durch eine Offenheit gegenüber sozialer Vielfalt und eine hohe Variabilität aus, die auf Annahmen unterschiedlicher Kompetenzen von Frauen verzichtet und die strukturellen und sozialen Voraussetzungen in den Lebensbedingungen der Beschäftigten reflektiert und diese pragmatisch zum Ausgangspunkt betrieblicher Strategien macht. „Die utilitaristische Haltung überbrückt im Interesse eines maximalen Nutzens für die betriebliche Gemeinschaft männliche und weibliche, betriebliche und außerbetriebliche, ökonomische und außerökonomische Interessen" (Liebig 2000, S. 62).

Die Untersuchungen von Dölling und Liebig (2000) liefern zahlreiche Beispiele dafür, dass die direkte Thematisierung von „Gender" Widerstände hervorruft. Der universaltisische Code (Dölling), die Gleichheitsnorm (Wetterer 2003), Gleichheitsdiskurs und diskursive Enteignung (Müller 2000, S. 133) oder einige der Typologien der Geschlechterkulturen (Liebig) beschreiben Abwehrreaktionen und Widerstände, die mit einer direkten Konfrontation mit dem Thema Geschlecht/Gleichstellung einhergehen. Die Dokumentation der unterschiedlichen Geschlechterkulturen zeigt exemplarisch, wie unter den Bedingungen der bisherigen Geschichte und Entwicklung der Organisation und ihren inneren und äußeren Anforderungen unterschiedliche Praktiken und Deutungssysteme entstehen, die auch die Rationalität ihres eigenen Handelns unterschiedlich legitimieren, konstruieren und im psychologischen Sinne rationalisieren. In diesen organisationalen Geschlechterkulturen sieht Liebig wenig Anknüpfungspunkte für Gleichstellungspolitik. Sie beschreibt gerade für den männlichen Traditionalismus eine geschlossene Wirklichkeitskonstruktion von Geschlecht(erverhältnissen), die auf diskursiver Ebene kaum aufbrechen lässt.

Ob und wie sich die Benachteiligung von Frauen in Organisationen thematisieren und im Rahmen von Gender Mainstreaming systematisch in den jeweiligen Bereichen der Organisation bearbeiten lässt, hängt auch davon ab, welche Geschlechterkultur in der Organisation vorherrscht. Sie bestimmt mit darüber, ob Unterschiede zwischen Frauen und Männern in Bezug auf Positionen, Aufstiegsmöglichkeiten etc. überhaupt wahrgenommen werden und vor allem, wie wahrgenommene Unterschiede interpretiert und bewertet werden.

Die Ausführungen im obigen Abschnitt haben verdeutlicht, dass reflektiertes Geschlechter-Wissen in Organisationen selten für einen Veränderungsprozess hin zu mehr Geschlechtergerechtigkeit genutzt wird. Solange die üblichen Praktiken und Deutungsmuster des organisationalen Feldes andere Verhaltensweisen, Interpretationen und Routinen nahelegen, als sie aus der Gleichstellungsperspektive wünschenswert wären, bleibt das reflektierte Geschlechter-Wissen nutzlos – es wird nicht handlungsrelevant. Dies erklären Dölling und Andresen damit, das Organisationen Arenen mikropolitischer Aushandlungen sind, in denen die Akteure darum ringen, ihre eigenen Interessen zu wahren und dafür die ihnen zur Verfügung stehenden Ressourcen einsetzen. Dabei bestimmen die Regeln der Organisation, welches Wissen oder Verhalten ein „Trumpf im Spiel" ist und zur Wahrung der eigenen Interessen dienlich ist (vgl. Dölling 2007, S. 19).

Wetterer verweist auf einen weiteren Aspekt in der reflexiven Beziehung von Wissen und sozialer Praxis: Sie argumentiert mit Berger und Luckmann, dass Wissen eine soziale Konstruktion sei, die im Handeln hervorgebracht wird und sich im Handeln zu bewähren habe, weil sie der Validierung, der Anerkennung durch die jeweils relevanten Anderen bedarf (vgl. Wetterer 2008, S. 48). Gesellschaftliches – allgemein gültiges – Wissen entwickelt sich Berger und Luckmann (1992) zufolge daraus, dass sich Menschen in ihren Handlungen aufeinander beziehen und sich ihre Vorgehensweise bewährt – als nützlich erweist. Das Wissen, wie etwas sinnvoller Weise zu tun ist, ist zunächst nur den an den Handlungen Beteiligten zugänglich. Erst mit der Ablösung von den unmittelbar Beteiligten und der Weitergabe des Wissens an Dritte und an die nächste Generation sprechen Berger und Luckmann von der Institutionalisierung des Wissens. Der nächsten Generation erscheinen das Wissen und die damit verbundenen Praktiken als selbstverständlich, naturhaft gegeben. Das akademisch reflektierte feministische Geschlechterwissen stellt diese Selbstverständlichkeiten in Frage, steht im Widerspruch oder Konkurrenz zu ihnen. Gleichzeitig liefert es jedoch keine neuen Handlungsroutinen – diese müssten sich ja selbst erst als Praxis entwickeln und bewähren. Dem reflektierten wissenschaftlichen Wissen „entspricht noch kein inkorporiertes Handlungskapital" (Wetterer 2003, S. 302), das dieses als selbstverständlich absichern würde.

„Die Einsicht in die durchweg soziale Provenienz der Zweigeschlechtlichkeit ist ohne praktische Relevanz" (Wetterer 2008, S. 48)

3.6. ANFORDERUNGEN AN DIE GLEICHSTELLUNGSARBEIT IM BETRIEB

3.6.1. DILEMMATA DER GLEICHSTELLUNGSARBEIT

In den vorangegangenen Ausführungen ist erörtert worden, wie die soziale Ungleichheit der Geschlechter über gesellschaftliche Strukturen, geschlechtstypisierende Arbeitsteilung, zweigeschlechtliche dichotomisierende Deutungsmuster und in der Interaktion sowie durch alltägliche Routinen und Handlungsweisen reproduziert wird. Gleichstellungsstrategien und -maßnahmen versuchen, in diesen Zusammenhang zu intervenieren. Die Konzeption der Strategie oder Maßnahmen hängt davon ab, welches Verständnis des Problems ihnen zugrunde liegt. Anhand einiger Beispiele ist deutlich geworden, dass ein ausschließliches Ansetzen an der wahrgenommenen Differenz der Geschlechter nicht ausreicht, dass die Konzeption von Gender-Trainings in eine Gesamtstrategie der Organisationsentwicklung eingebettet sein müsste etc. Gudrun-Axeli Knapp hat in ihrer Analyse der unterschiedlichen Ansätze der Frauen- und Geschlechterforschung und der aus ihnen abgeleiteten Gleichstellungsstrategien Dilemmata herausgearbeitet, die mit ihnen verbunden sind.

So orientiert sich die klassische Frauenförderung an der Differenz der Geschlechter und laufe, so Knapp, Gefahr, Weiblichkeit zu ikonisieren und damit klischeehafte Vorstellungen von Frauen zu tradieren, die historisch immer dazu hergehalten haben, Frauen aus Machtpositionen fernzuhalten. Damit gehe eine "Paradoxie" der Frauenförderung einher, sich diskursiv an einer "Dramatisierung der Geschlechterdifferenz zu beteiligen und damit das bipolare Koordinatensystem männlich/weiblich fortzuschreiben, anstatt es in seiner Wirksamkeit außer Kraft zu setzen oder zu ‚dekonstruieren'" (vgl. Knapp 2008, S. 165).

Ansätze, hingegen, die sich an Gleichheit orientieren, lehnten jeden Bezug auf natürliche oder kulturelle Differenzen zu ihrer Begründung ab. Sie betonten die Herstellung von Chancengleichheit auf soziale Partizipation und Geltung, z. B. über Instrumente der Quotierung und egalitäre Verteilung der Familienarbeit. Sie orientieren sich dabei jedoch an Bewertungsmaßstäben, denen männlich geprägte Normen zugrunde liegen und blenden Besonderheiten weiblicher und männlicher Sozialisation aus, so Knapp weiter. Für beide Ansätze ergibt sich auf der Handlungsebene ein Dilemma. Die Gleichbehandlung von Ungleichem schreibe Ungleichheit fort und umgekehrt gelte, wenn Politik ausschließlich über Aspekte der Differenz begründet werde, münde dies in der Fortschreibung und Verstärkung des Stigmas der Abweichung (vgl. Knapp 2008, S. 166).

Dekonstruktivistische Ansätze hingegen richteten sich gegen die Konstruktion von Gruppeneigenschaften und versuchten den Code der Zweigeschlechtlichkeit zu unterlaufen. Das „Dekonstruktions-Dilemma", so Knapp, bestünde darin, dass radikal dekonstruktivistische Ansätze den Rahmen angriffen, in dem überhaupt verallgemeinernde Aussagen über „Frauen" getroffen werden könnten (vgl. Knapp 2008, S. 166 f). In einer pragmatischen Lesart trage Dekonstruktion jedoch dazu bei, dass sich die Geschlechterbedeutungen verschieben, von dem was Frauen und Männer "sind", "können" und "wollen" (vgl. Knapp 2008. S.167). Dekonstruktion bleibe aber auf Analysen angewiesen, die Ungleichheitslagen und Konfliktkonstellationen überhaupt in den Blick nehmen können, da der strukturelle Zusammenhang des Geschlechterverhältnisses durch eine Dekonstruktion von Bedeutungen nicht angetastet werde (vgl. Knapp 2008, S. 167).

Wer Gleichstellung durchsetzen wolle, so Knapp weiter, könne auf Gleichwertigkeit und Gleichbehandlung nicht verzichten und müsse gleichzeitig historisch entstandene soziale Differenzen zwischen den Genus-Gruppen berücksichtigen. Es gehe also um die Realisierung von Partizipationschancen und Berücksichtigung der spezifischen Ausgangsbedingungen der Genus-Gruppen. Nach Knapp beinhalten Frauenförderung und Gleichstellung eine dreifache Perspektive (vgl. Knapp 2008, S. 168):

- Gleichheit als Politik der Antidiskriminierung, der gängigen Praxis der Bevorzugung von Männern

- Differenzperspektive als kompensatorische Förderung, die auf strukturelle Differenzen reagiert

- Dekonstruktion als Kritik der Vereigenschaftlichung, De-Legitimation von polaren Eigenschaftszuschreibungen

Fluchtpunkt einer solchen Perspektive seien nicht identische Erfahrungen oder Prägungen oder Eigenschaften, sondern das „in Strukturen der Arbeits- und Machtverteilung sedimentierte hierarchische Verhältnis zwischen den Genus-Gruppen und damit einhergehende Benachteiligungen, die qua Geschlechtszugehörigkeit eher Frauen als Männer betreffen" (Knapp 2008, S. 168).

Exemplarisch für eine solche Gleichstellungspolitik, die diese dreifache Perspektive mitführt, ist der Ansatz von Tondorf und Krell, der sich auf die Bewertung von „Frauenarbeit" und „Männerarbeit" als einem Feld strategischer Gleichstellungspolitik fokussiert.

Anstatt vermeintlich typisch weibliche Kompetenzen aufzuwerten, konzentriert sich ihr Ansatz darauf, die typischerweise von Frauen ausgeübten *Tätigkeiten* aufzuwerten. Die *Aufwertung von Arbeit* setzt nicht voraus, dass Frauen und Männer diese Arbeit unterschiedlich gut leisten können, verzichtet also auf eine Zuschreibung typischer Kompetenzen, sondern fragt nach den Anforderungen und Belastungen, die mit einer bestimmten Tätigkeit verbunden sind und verwehrt sich gegen eine kulturelle Abwertung und Bagatellisierung der Anforderungen bzw. Belastungen, die mit Tätigkeiten verbunden sind (vgl. Krell/Winter 2008; Tondorf 2001; Tondorf/Ranftl 2002; Tondorf/ Webster et al. 2002; Winter 1998 zu Entgeltgleichheit für gleichwertige Arbeit).

Diese Strategie ist zudem darauf ausgerichtet, die Arbeitsbewertungspraxis der beteiligten Akteure der Tarifvertragsparteien und auf der betrieblichen Ebene zu verändern. Hierin spiegelt sich eine weitere Anforderung an Gleichstellungsarbeit wider: die Analyse betrieblicher Praxis und die Entwicklung von Instrumenten, die auf diese Praxis reflektieren sowie die Gestaltung eines organisationalen Wandlungsprozesses. Wesentliche Impulse kamen dafür aus der Forschung, die die Arbeitsbewertungsverfahren einem kritischen „Gender-Blick" unterzogen und die Anforderungen an ein diskriminierungsfreieres Arbeitsbewertungsverfahren auf die Ebene von Instrumenten und Verfahren herunter gebrochen und operationalisiert haben (vgl. ABAKABA, Baitsch und Katz 1996; Tondorf und Webster et al. 2002; Krell, Gertraude; Carl, Hilla; Krehnke, Anna 2001). Die Instrumente wurden im Rahmen anwendungsorientierter Forschung in Organisationen entwickelt und validiert. Neben den Anforderungen an das Bewertungssystem beinhalten die Verfahren auch Prozesse, wie diese Instrumente in der betrieblichen Praxis zu implementieren sind. Dazu zählen die Einrichtung von Bewertungskommissionen, deren Mitglieder zuvor für eine diskriminierungsfreie Bewertung von Arbeit qualifiziert werden und eine Beteiligung der Betroffenen bei der Erstellung von Tätigkeitsprofilen und der Erfassung der mit der Tätigkeit verbundenen Anforderungen an die Qualifikationen und Kompetenzen der Stelleninhaber/innen und den damit einhergehenden Belastungen. Auf diese Weise konnten erforderliche Kompetenzen/Qualifikationen und mit der Tätigkeit verbundene Belastungen systematisch erfasst werden, die bei einer anderen Form der Arbeitsbewertung (summarische Arbeitsbewertung) ohne die Beteiligung der Betroffenen nicht beachtet wurden und damit unentgolten blieben. Diese Strategie ist eng verzahnt mit der Durchsetzung des Verbots mittelbarer Diskriminierung, die zumindest ein rechtliches Vorgehen ermöglicht, wenngleich die rechtlichen Vorgaben seitens der Europäischen Rechts in Deutschland nicht zufriedenstellend umgesetzt wurden[20]. Der hier skizzierte Ansatz, Tätigkeiten aufzuwerten, knüpft an den Handlungsbedingungen und den Praktiken im Betrieb an: für die Umsetzung gesetzlicher Anforderungen wird ein spezifisches Instrumentarium, Analytische Bewertung von Arbeitstätigkeiten nach Katz und Baitsch (ABAKABA), angeboten, welches die Mechanismen, die zu einer diskriminierenden Bewertung von Frauen ausgeführten Tätigkeiten führen, identifiziert und in ein Vorgehensmodell für Betriebe übersetzt hat.

---

[20] Wirkungsvolle Möglichkeiten der Rechtsdurchsetzung wie das Verbandsklagerecht fehlen.

3.6.2. Anforderungen an die Gestaltung organisationalen Wandels

Damit das reflektierte Geschlechter-Wissen als Ressource für Veränderungsprozesse eingebracht werden und sich ebenfalls in Praktiken niederschlagen kann, muss es an den Handlungsbedingungen der Organisation und deren Akteure anknüpfen. Wissenschaftliche Erkenntnisse der Frauen- und Geschlechterforschung lassen sich aufgrund der unterschiedlichen Handlungslogiken in Wissenschaft und in Organisationen in Wirtschaft und Verwaltung nicht ohne Weiters in der betrieblichen Praxis anwenden (vgl. Wetterer 2008, S. 48 f). Dafür müssten sowohl spezifischen Handlungsbedingungen der Organisation berücksichtigt werden als auch die „geschlechtsspezifischen Auswirkungen des Handelns in/von Organisationen" (vgl. Andresen 2002, S. 42). Darüber hinaus bedarf es des Wissens über die Gestaltung und Begleitung von Veränderungsprozessen in Organisationen. Gender Mainstreaming muss als Prozess der Organisationsentwicklung angelegt sein, der sowohl die formalen Strukturen und Abläufe als auch die Handlungs- und Wahrnehmungsmuster der Organisationsmitglieder in den Blick nimmt (Ahrens und Lewalter 2005, S. 28).

Aus der Perspektive der Organisationsentwicklung ist Gender Mainstreaming mit ähnlichen[21] Anforderungen konfrontiert wie inhaltlich und thematisch anders gelagerte Veränderungsprojekte, beispielsweise der Gesundheitsförderung oder des Arbeitsschutzes:

Veränderungsprozesse innerhalb von Organisationen brauchen:

- Klare Signale von oben bezüglich der Ziele und der Klärung, wie mit Zielkonflikten umzugehen ist

- Finanzielle, personelle, zeitliche und fachliche Ressourcen

- Klare Strukturen, geregelte Abläufe (Steuerung und „Projektmanagement") und Engagement.

Voraussetzung für die Umsetzung von Organisationsentwicklungsprozessen - seien es Gender Mainstreaming, gesundheitsförderliche Organisationsentwicklung oder andere Vorhaben - ist das Engagement beider Betriebsparteien, der Leitungsebene oder des Managements auf der einen und der Personalvertretung auf der anderen Seite als Entscheider in diesem Projekt. Die Definition von einzelnen Schritten zur Umsetzung

---

[21] Gleichwohl sind die Widerstände gegen Gleichstellungspolitk spezifische. Bestehende Gleichheitsdiskurse verstellen die Einsicht, dass Gleichstellung überhaupt notwendig ist. Der Aufwand zur Legitimation von Gleichstellung ist möglicher Weise deutlich höher. Dies zeigt sich meines Erachtens auch in den U-Boot-Strategien in der betrieblichen Praxis, die die Benennung von Geschlecht, Gleichstellung oder gar Benachteiligung umgehen und lieber von zielgruppenspezifischen Verfahren etc. sprechen. Im Themenbereich Gesundheit ist es eher das Thema psychische Belastungen und psychische Erkrankungen, um die ein Bogen geschlagen wird.

von Gender Mainstreaming orientiert sich an den folgenden Elementen: (vgl. Ahrens und Lewalter 2005; Jegher 2003)

- Entwicklung und Definition von Zielen
- Sichtare Unterstützung durch die Unternehmens- und Verwaltungsleitung (Top-Down-Prinzip)
- Erarbeitung eines Vorgehensmodells mit den wesentlichen Schritten und Zuständigkeiten
- Bereitstellung von angemessenen finanziellen, zeitlichen und personellen Ressourcen
- Etablierung einer effektiven Steuerung
- Qualifizierung der Akteure
- Unterstützung durch Externe
- Durchführung von Pilotprojekten bzw. Anwendungsvorhaben zur Erprobung der Strategie und Evaluation

Zentral für das Gelingen der Implementierung ist die sorgfältige Definition der Gleichstellungsziele. Dies setzt jedoch voraus, dass die Akteure bei der Definition der Ziele den Ist-Zustand aller Dimensionen von Gleichstellung bzw. umgekehrt Diskriminierung erfassen und definieren können, um daraus die erforderlichen Ziele abzuleiten. Mängel in der Definition der Ziele wirkten sich, so Ahrens und Lewalter, auf den gesamten Prozess aus, da eine detaillierte Arbeitsplanung mit konkreten Maßnahmen und einer Überprüfung der Zielerreichung ohne präzise und den Problemstellungen angemessene Zielvorstellungen kaum realisierbar sei. Die Umsetzung von Gender Mainstreaming in der Praxis sei bisher jedoch wenig zielorientiert (vgl. Ahrens und Lewalter 2005, S. 30).

Die Erarbeitung und Definition von Zielen setzt eine inhaltliche Auseinandersetzung mit dem Thema Gleichstellung voraus sowie die Entwicklung von neuem Wissen – wie könnten Strukturen, Regeln, Prozesse und Routinen anderes gestaltet werden? Der Zielfindungsprozess ist zugleich Aufklärung und Sensibilisierung, Aushandlung und Willensbildungsprozess, der ohne Wissensvermittlung und Analyse nicht auskommt. Idealerweise erfolgt die Zielklärung vor dem Start eines Veränderungsprozesses. Dass dies bei Gender-Mainstreaming-Projekten so erfolgt, ist jedoch ehr unwahrscheinlich. Weder spüren potenzielle AuftraggeberInnen einen hinreichend großen Druck, ihre Organisation geschlechtergerecht umzugestalten noch verfügen sie über das entsprechende Wissen, wie es um die Gleichstellung der Geschlechter in ihrer Organisation bestellt ist. So ist denn auch der Zielfindungsprozess jeweils Teil der Handlungsanleitungen von Gender-Mainstreaming-Leitfäden – in der Regel jedoch inhaltlich unbestimmt. Einige Handbücher, wie das von Doblhofer und Küng (2008) geben jedoch inhaltlich klar definierte Handlungsfelder vor, die mit Zielen versehen sind, die im weiteren Verlauf der betrieblichen Veränderungsprojekte konkretisiert oder operationalisiert werden müssen. Die Definition tragfähiger Ziele setzt voraus, dass sie vom Gegenstand der Veränderung her gedacht werden – sie sollten theoriebasiert sein und die für die Gleichstellung der Geschlechter relevanten Faktoren und Zusammenhänge auch angemessen widerspiegeln. Hierfür sind die unter 3.6.1. entwickelten Leitlinien orientierend.

3.6.3. ANMERKUNGEN ZUR PLANBARKEIT VON VERÄNDERUNGSPROZESSEN

Grundsätzlich ist dazu anzumerken, dass es sich bei der Organisationsentwicklung[22] oder bei anderen Ansätzen zur Gestaltung und Veränderung von Organisationen immer um *Versuche* handelt, Organisationen zu verändern oder zu gestalten.

> *„Organisationen passen sich permanent an veränderte Umweltbedingungen an, aber (aus der Sicht der Steuerer) ‚leider' nie so wie es die Unternehmensspitze oder die Berater gerne möchten." (Kühl 2009, S.12)*

Dies liegt vor allem daran, dass Organisationen nicht dem Modell einer Maschine entsprechen und sich die einzelnen Elemente der Organisation nicht präzise definieren lassen und eindeutige Wenn-dann-Ketten herstellen lassen (vgl. Kühl 2009, S. 4). Kühl erklärt dies entlang des Konzepts der „Rationalitätslücken". Sie bezeichnen „die Unmöglichkeit, Organisationen ausgehend von einem Metazweck durchzukonstruieren" (Kühl 2009, S. 5).

Organisationen sind demnach mit inkonsistenten Anforderungen aus ihrer Umwelt konfrontiert und operieren auf der Basis schlecht definierter Prämissen. Die neo-institutionalisitisch orientierte Organisationsforschung hat darauf aufmerksam gemacht, dass Organisationen neben den sogenannten aufgabenbezogenen Anforderungen ihrer Umwelt – also wie ein Produkt auf effiziente Weise produziert werden kann – auch auf andere Anforderungen ihrer Umwelt eingehen müssen, um sich legitimieren zu können. Sie müssen den Anforderungen aus Politik, Umweltverbänden, rechtlichen Vorgaben etc. entsprechen, um ihre Existenz zu sichern. Die Legitimität der Organisation ist entscheidend für den Zugang zu Ressourcen. Um diesen Anforderungen gerecht

---

[22] Der Ansatz der Organisationsentwicklung ist in der Mitte des 20. Jh. im Zuge der Auseinandersetzung mit tayloristischen Strukturen der Arbeit und autokratischen Formen der Führung in Betrieben entstanden. Er setzte u.a. Impulse zur Demokratisierung von Organisationen, zur Entwicklung von Lösungen für Veränderungsbedarfe in komplexen System-Umwelt-Kontexten und zur Entwicklung der lernenden Organisation (vgl. Freimuth und Barth 2011, S. 4 ff). Organisationsentwicklung bezeichnet heute sowohl verschiedene Beratungsansätze der systemischen Gestaltung und Begleitung von Veränderungsprozessen, als auch das entsprechende betriebliche Handlungsfeld.

werden zu können, bilden sich in den Organisationen Abteilungen aus, „die auf die Bearbeitung der Umweltanforderungen spezialisiert" (Kühl 2009, S. 5) sind. Die Organisationen bilden so die inkonsistenten Anforderungen der institutionellen Umwelt intern ab, was dazu führt, dass Organisationen keine Rationalisierung mehr in Hinblick auf nur ein Problem vornehmen können (vgl. Kühl 2009, S. 5). Die formalen Regeln und Strukturen der Organisation sind aufgrund der Komplexität der Organisationen nicht identisch mit den tatsächlichen Abläufen in der Organisation. So lasse sich beispielsweise nicht über die Organisationsstrukturen determinieren, welche Entscheidungen in einer Organisation getroffen werden. Hochstandardisierte Entscheidungsabläufe könnten allenfalls in Teilbereichen der Organisation ausgebildet werden, wenn andere Organisationsteile die Aufgabe übernähmen, die Anforderungen in eindeutige Anweisungen zu übersetzen (vgl. Kühl 2009, S. 6). Diese Rationalitätslücken, so Kühl, äußerten sich in „einer Vielzahl von Dilemmata, Widersprüche[n] und Paradoxien", die durch Führungskräfte und BeraterInnen bearbeitet aber nicht gelöst werden könnten (vgl. Kühl 2009, S. 7). Die Steuerbarkeit von Organisationen ist damit grundsätzlich begrenzt. Dennoch orientieren sich Wandelprojekte an der Vorstellung, dass organisationaler Wandel planbar sei (vgl. Kühl 2009, S. 9). Kühl führt dies unter anderem darauf zurück, dass sich BeraterInnen wie Führungskräfte selbst in einem rationalistischen Paradigma bewegen und ihr Vorgehen in und für Organisationen unterschiedliche Funktionen übernimmt. Die Definition von Zielen und Soll-Zuständen fungiert z. B. als Motor für Veränderungsprozesse und greift die wahrgenommenen Probleme des Managements oder anderer Gruppen auf oder soll diese für angenommene Probleme sensibilisieren. Durch den Abgleich des Soll-Zustandes mit dem IST-Zustands sollen Anknüpfungspunkte zur Erreichung des Soll-Zustandes erkannt werden (vgl. auch Schreyögg 1998, Kapitel 7.3.3 zu Ansätzen der Organisationsentwicklung). Eine weitere Funktion der Veränderungsprojekte bestehe darin, sich über den gegenwärtigen Zustand der Organisation auszutauschen.

Organisationen zeichnen sich dadurch aus, dass sie Handlungsmuster über einen langen Zeitraum stabil reproduzieren können - im Unterschied zu anderen Interaktionsformen in anderen Kontexten wie z. B. im Freundeskreis. Dies gelingt Organisationen nur, so Kühl, weil sie durch ihre Regeln und Strukturen Entscheidungsprämissen schaffen, die bestimmte Handlungen/Entscheidungen wahrscheinlicher machen als andere, wenngleich sie diese nicht determinieren können. Durch diese Entscheidungsprämissen werden Deutungsmuster und Handlungsweisen aus vielen anderen möglichen selektiert. Alternative Deutungen, Verfahrensweisen etc., werden ausgeblendet (vgl. Kühl 2009, S. 16). Eine „soziologische Beratung" (Kühl 2009) müsse darauf reflektieren, dass die jeweils skizzierten Entwürfe der besseren Organisation – die Sollzustände – auch nicht aus dem Dilemma der Rationalisierungslücken herausführen können. Eine soziologische Beratung setzte daran an, die in der Organisation ausgeblendeten Konflikte, Widersprüche oder alternativen Vorgehensweisen sichtbar zu machen. Es könne in der Diagnose und Entwicklung von Lösungsansätzen nicht um die Bestimmung der objektiven Wirklichkeit gehen und um richtige oder falsche Entscheidungen (vgl. Kühl 2009, S. 18). Vielmehr ginge es darum, „[i]n der Problemdefinitions- und Diagnosephase (...), die Widersprüchlichkeiten, Paradoxien, Interessensgegensätze sich entfalten zu lassen" (Kühl 2009, S. 17). Die Interventionen oder einzelnen Strategien, die im Veränderungsprozess entwickelt werden, können lediglich als Experimente begriffen und erprobt werden (vgl. Kühl 2009, S. 19).

Dies schränkt die Reichweite von Gender Mainstreaming und anderen organisationsbezogenen Veränderungsstrategien ein. Es ist fraglich, ob Gender Mainstreaming „als pervasives Konzept überhaupt möglich ist" (Müller 2010, S. 53). Müller stellt vor allem auf den Unterschied zwischen Formalstruktur und Aktivitätsstruktur in Organisationen ab – als einen Unterschied zwischen Darstellung und Handeln, den sie mit dem neo-institutionalistischen Ansatz erklärt. Sie argumentiert, dass Organisationen sowohl nach außen als auch nach innen Legitimität gewinnen müssen. Da die Anforderungen der verschiedenen internen wie externen institutionellen Umwelten jedoch unterschiedlich sein und sich widersprechen können, muss die Erfüllung der verschiedenen Ansprüche durch verschiedene Einheiten der Organisation geleistet werden. Damit der Anschein, die Anforderungen auch umzusetzen, aufrecht erhalten werden kann, müssen die einzelnen Bereiche der Organisation voneinander – wenigstens formal – abgeschottet sein. Dies wird als Entkopplung bezeichnet. Müller argumentiert in diesem Zusammenhang mit den vermuteten hohen Kosten, wenn z. B. Gleichstellungsstrategien in allen Bereichen der Organisation gegen die Interessen und Widerstände der internen Umwelten der Organisation - z. B. männliche Mitarbeiter - durchgesetzt würde (vgl. Müller 2010, S. 43). Walgenbach und Meyer haben darauf hingewiesen, dass eine solche Begründung von Entkopplung letztlich einem rationalistischen Verständnis von Organisationen entspräche. Die neo-institutionalistischen Ansätze gingen jedoch gerade davon aus, dass es sich bei den Plänen und Vorgehensweisen und Managementstrategien um Rationalitäts*mythen* handle. Mythos deshalb, weil Rationalität selbst in der modernen Gesellschaft wichtigste Grundlage für Legitimität sei. Wer Zugang zu Ressourcen haben möchte und als legitim anerkannt werden will, muss vor allem rational *erscheinen*. Mythos auch deshalb, weil gar nicht überprüft werde und
überprüft werden könne, dass eine bestimmte Art zu produzieren tatsächlich die effektivste und effizienteste ist. Die Verbreitung von neuen Praktiken (Lean Produktion, Total Qualitiy Management, New Public Management etc.) erfolge durch Nachahmung, weil Organisationen andere relevante Organisationen als erfolgreicher oder effizienter wahrnehmen - nicht weil überprüfbar wäre, dass sie es wirklich sind.

Die Übernahme von Modellen oder Vorgehensweisen setzt voraus, dass sich die Organisationen als ähnlich wahrnehmen - dass sie ein ähnliches Problem haben, welches sich folglich mit derselben Lösung beseitigen lässt (vgl. Walgenbach und Meyer 2008, S.99 f). Eine der Voraussetzungen für eine Übernahme von Elementen oder Managementpraktiken sind sogenannte „Theoretisierungen".

> „‚Theoretisierung' (theorization) - ganz allgemein definiert als ‚strategy for making sense of the world'„ (Walgenbach und Meyer 2008, S. 99).

Mit den Theoretisierungen werden erst Zusammenhänge und soziale Beziehungen hergestellt und konstruiert. Die Modellierung von Ursache-Wirkungs-Beziehungen sind Teil solcher Theoretisierungen. Sie liefern den Rahmen, vor dem Organisationen sich und ihre zu lösenden Probleme als ähnlich begreifen können und der definiert, mit welchen Mitteln sich diese Probleme (vermeintlich) lösen lassen.

> „Den Kern vieler Organisations- und Managementkonzepte bilden Aussagen über die Art und Weise, in der ähnliche Organisationen in gleicher Weise auf vergleichbare Situationen reagieren (...). [Sie] spezifizieren und erklären (...) die Charakteristika und Qualitäten der Praktik selbst und damit verbunden die Definition jener „Probleme", für die sie eine taugliche Lösung darstellen [können]. Durch das Theoretisieren werden (...) auch die mit einer neuen Praktik verbundenen Wirkungen [konstruiert]" (Walgenbach uns Meyer 2008, S. 100).

WissenschaftlerInnen, UnternehmensberaterInnen, Berufsverbände und anderen Professionen kommt in dem Prozess der Herstellung und Verbreitung solcher Zurechnungen eine wesentliche Rolle zu.

> „[T]he professions rule by controlling belief systems. Their primary weapons are ideas. They exercise control by defining reality – by devising ontological frameworks, proposing distinctions, creating typifications, and fabricating principles or guidelines for action." (Walgenbach und Meyer 2008, S. 100)

Bisher fehlen jedoch solche Modelle zur Umsetzung von Gender Mainstreaming, die die jeweils fachspezifischen Aspekte mit den gleichstellungspolitischen Anforderungen verbinden und handlungsleitende Vorgehensmodelle, Ursache-Wirkungsbeziehungen etc. bereitstellen (vgl. Stiegler 2005, S. 41).

> „Problematisch ist, dass es bisher noch nicht genügend gendersensibles Fachwissen gibt. Das ist mit ein Grund für das Scheitern von Gender-Mainstreaming-Ansätzen. Die Umsetzung des Konzeptes in den Organisationen verstärkt die Nachfrage nach diesem Fachwissen. Dies könnte zur Heraus-

forderung für die Geschlechterforschung in den verschiedenen Disziplinen werden." (Stiegler 2005, S. 41)

Vor diesem Hintergrund hat die Festlegung von Zielen im Gender Mainstreaming zunächst die Funktion, überhaupt ein Problem und Handlungsbedarf sichtbar zu machen. Eine erfolgreiche Eins-zu-Eins-Umsetzung gleichstellungspolitischer Ansprüche ist jedoch nicht wahrscheinlich. Darauf hat auch Ursula Müller verwiesen, die anhand der neo-insitutionalisitischen Organisationsansätze rekonstruiert, wie es dazu kommt, dass Gleichstellungsstrategien nur in einzelnen Bereichen einer Organisation umgesetzt werden (vgl. Müller 2010, S. 43).

Einen ähnlichen Ansatz, wenngleich die Autorinnen ihn nicht mit Rationalitätslücken begründen, verfolgt eine Gruppe amerikanischer Forscherinnen. Anknüpfend an den Ansatz der *gendered organizations* (siehe Abschnitt 3.4) fragen Meyerson und Kolb , wie es gelingen kann, Organisationen „more gender equitable" (Meyerson und Kolb 2000, S. 553) zu gestalten. Die Autorinnen gehen davon aus, dass sich organisationaler Wandel durch kleine Anpassungsschritte, die durch Aktionsforschung gemeinsam mit allen Beteiligten entwickelt werden, vollziehen kann (vgl. Meyerson und Kolb 2000; Meyerson, Fletcher und Joyce 2000; Andresen 2002, S.44). Die Forscherinnen bestätigen die enormen Schwierigkeiten akademisches Geschlechterwissen für die Praxis zu übersetzen und mit den dortigen Handlungsanforderungen zu verbinden. Dies bezieht sich sowohl auf die Vermittlung der komplexen Zusammenhänge als auch auf die Legitimation des Vorhabens, Organisationen geschlechtergerechter zu gestalten. Für ihren Ansatz sind zwei Punkte zentral:

- Analyse der Prozesse und Praxen in und von Organisation, über die sich eine Benachteiligung von Frauen herstellt.
- Da diese jedoch mit den allgemeinen Zielen der Organisation verknüpft sind, muss eine „dual agenda" verfolgt werden. Das heißt, es müssen (mindestens) sowohl Gleichstellungsinteressen als auch ökonomische Interessen (z. B. effiziente Arbeitsorganisation) verfolgt werden.

Meyerson und Flechter schlagen eine „Strategie der kleinen Gewinne" vor, die über kleine Veränderungen in der betrieblicher Praxis nach und nach die in den Routinen und Strukturen eingelassenen diskriminierenden Mechanismen abbauen. Die Strategie der »kleinen Gewinne« basiert auf Diagnose, Dialog und Ausprobieren. Dabei knüpfen sie an den wahrgenommenen Problemen der Organisation an (vgl. Meyerson und Flechter 2000, S. 131). Die Ergebnisse der „kleinen Veränderungen" führen nach Angaben der Autorinnen auch zu einer Verbesserung der Effektivität und Leistung. Sie grenzen sich explizit von Ansätzen ab, die eine Anpassung der Frauen fokussieren oder die für Frauen besondere Karrierewege und Arbeitsbereiche schaffen oder mehr Wertschätzung für Unterschiedlichkeit einfordern. Sie schlagen stattdessen einen vierten Weg vor, der Gleichstellung mit Effektivität verknüpft. Sie gehen dabei davon aus, dass Geschlechterungleichheit in den kulturellen Mustern und demzufolge in organisationalen Systemen verankert ist. Ihnen zufolge können sich diese bestehenden Systeme nur über eine Veränderung der konkreten, alltäglichen Praktiken wandeln. Ihre Strategie setzt an Stellen der Organisation an, an denen ein Problem wahrgenommen wird, das sich in den üblichen Indikatoren (Fehlzeiten, Fluktuation, Produktivitätskennzahlen) äußert. Dass es ein Problem gibt, etwas als Problem wahrgenommen wird, ist der erste Schritt der Strategie - oder deren Voraussetzung. Im zweiten Schritt startet eine Diagnose, die mit einem Dialog verbunden ist, der die Organisationskultur und die alltägliche Arbeitspraxis und deren Auswirkungen auf Effektivität thematisiert. Dieser wird in kleinen Gruppen mit Betroffenen geführt. Im nächsten Schritt werden von der Gruppe entwickelte Veränderungen ausprobiert. Zentral für den Erfolg ist die gemeinsame Definition und Benennung des Problems, was Meyerson/Flechter in Anlehnung an Betty Friedan als „problem with no name" (Meyerson und Flechter 2000, S. 128[23]) bezeichnen. Dadurch, dass die diskriminierende Praktik als durch die Organisationsmitglieder wahrgenommenes Problem einen Namen erhält, geht es in den Diskurs der Organisation ein und reflektiert die Praktiken der Organisation. So konnte in einer Organisation die hohe Fluktuation von weiblichen Beschäftigten darauf zurückgeführt werden, dass es einen unklaren und wenig disziplinierten Umgang mit Zeit in der Organisation gab. Deadlines wurden oft nicht eingehalten, Termine überzogen oder kurzfristig verschoben etc., so dass es zu wenig planbaren Abläufen kam und einer nicht funktional erforderlichen Ausdehnung der Arbeitszeiten.

> *„[A]s we began talking to people, it became clear that it had something to do with the lack of clarity and discipline around time. Then the question was raised, Did that lack of clarity affect men and women differently? The answer was a resounding yes. After discussing and testing the idea further, executives started using the phrase "unbounded time" to refer to meeting overruns, last-minute schedule changes, and tardiness. The term struck a chord; it quickly circulated throughout the company and sparked widespread conversation about how meeting overload and lax scheduling damaged everyone's productivity and creativity.*
>
> *At that point, the president could have asked the company's female managers to become more available (assimilation). He could have mandated that all meetings take place between nine and five (accommodation). Or he could have suggested that female employees work together in projects*

---

[23] "The Problem that has no name", so Betty Friedan 1963, bezieht sich auf das "Frauenproblem". Angesichts des Wohlstands vieler (Weißer) Mittelschichtsfrauen sowie der Zuerkennung des Wahlrechts für Frauen seit 1920 scheine es keine benennbaren Probleme mehr zu geben." (Jungwirth 2007, S.223)

and at times that played to their unique strengths (celebration). Instead, he and a few other senior managers quietly began to model a more disciplined use of time, and even discouraged people who suggested last-minute or late-night meetings." (Meyerson und Fletcher 2000, S. 132)

Das Benennen des Problems der „ungebundenen Zeit" hat dazu beigetragen, die Normen der Kultur zu verändern und die Mitglieder darauf aufmerksam zu machen, wenn die Organisation in alte Muster zurückzufallen drohte, die Geschlechterungleichheit unterstützen.

Den Erfolg der Strategie führen Meyerson und Fletcher darauf zurück, dass

- sie den Praktiken und Annahmen in der Organisation einen Namen gibt, die ansonsten so selbstverständlich sind, dass sie nicht hinerfragt werden. Dadurch ermöglicht sie, ein gemeinsames Verständnis des Problems und der Zusammenhänge zu entwickeln,

- sie Veränderungen im Verhalten mit Veränderungen im Verständnis (Wissen) kombiniert und die kleinen Veränderungen in den Zusammenhang des Systems stellt,

- kleine Veränderungen weitere Veränderungen nach sich ziehen, die das Systems verändern,

- sie den Änderungsbedarf in der Organisation sehen und nicht bei den Frauen (oder anderen Gruppen) (Meyerson und Flechtcher 2000, S. 135 f).

Die im folgenden Abschnitt dargestellte Konzeption betrieblicher Gesundheitsförderung ist eine Konstruktion, die einen solchen Deutungsrahmen skizziert, der definiert, welches Problem in der Organisation gelöst werden soll und mit welchen Mitteln dies geschehen kann. Die vorliegende Konzeption ist aus der Beratungsarbeit und Zusammenarbeit mit den Kolleginnen und Kollegen des Instituts für interdisziplinäre Arbeitswissenschaften entstanden. Die Grundzüge unseres Verständnisses von Betrieblicher Gesundheitsförderung als Aushandlungsprozess sind in dem Lehrbuch Betriebliche Gesundheitsförderung (Faller 2010) veröffentlicht sowie in einer durch die Hans-Böcker-Stiftung geförderten Publikation zur Sensibilisierungs- und Konzeptionsphase für Betriebliches Gesundheitsmanagement (vgl. Pieck 2012), die vor allem den Verständigungsprozess betrieblicher Akteure zu Beginn eines solchen Prozesses systematisiert.

4. Gender Mainstreaming in der betrieblichen Gesundheitsförderung und Organisationsentwicklung

Betriebliche Gesundheitsförderung, wie eingangs beschrieben, meint die Förderung und den Schutz der Gesundheit und des Wohlbefindens durch die Gestaltung der „Bedingungen von Arbeit und daran angrenzender Lebensbereiche" (Kuhn, 2010, S. 22) im Setting Betrieb. In der hier vorliegenden Arbeit wird betriebliche Gesundheitsförderung als Organisationsentwicklung gefasst, die Faller als gesundheitsförderliche Organisationsentwicklung bezeichnet (vgl. Faller 2010 a, S. 25). Sie zielt auf die „Veränderung der Organisation durch Etablierung neuer Strukturen und Prozesse unter dem Leitbild von Gesundheit auf der Basis eines breiten Konsens und diskursiver Prozesse auf allen Ebenen" (Faller 2010 a, S. 25). Elementar für Konzepte betrieblicher Gesundheitsförderung sind die folgenden Aspekte:

Beteiligungsorientierung: Die subjektiven Belastungserfahrungen und Bewältigungsmöglichkeiten der Betroffenen werden berücksichtigt; Befähigung, auf die Bedingungen der Gesundheit Einfluss zu nehmen und die eigene Gesundheit zu gestalten; Beteiligung der Betroffenen an der Zielsetzung und an Entscheidungen; Schaffen von Strukturen und Verfahren, die auch benachteiligten und von Entscheidungen anderer abhängigen Gruppen erlauben, ihre Bedürfnisse zu artikulieren und aktiv Einfluss zu nehmen.

Ressourcenorientierung: Betriebliche Gesundheitsförderung knüpft am Konzept der Salutogenese (Antonovsky 1997) an, und setzt an den vorhandenen Kompetenzen und der Stärkung gesundheitsförderlicher Ressourcen von Personen und Organisationen an Konzeption der betrieblichen *Gesundheitsförderung als Aushandlungsprozess*, der die unterschiedlichen Interessenlagen und Zugänge zum Thema Gesundheit nicht ausblendet, sondern zum Ausgangspunkt des Entwicklungsprozesses macht (vgl. Faller 2010 a, S. 29).

Gesundheitsförderliche Organisationsentwicklung zielt auf die „Veränderung interner Strukturen, Prozesse und Kommunikationsroutinen unter Beteiligung aller betrieblichen Bereiche und Ebenen" (Faller 2010 a, S. 30) hin zu einem gesundheitsförderlichen Betrieb. Es geht also um die Veränderung des Systems selbst, was die grundlegende Bereitschaft aller Beteiligten auf sämtlichen Hierarchieebenen voraussetzt, sich selbst zu verändern und Veränderungen zuzulassen. Management und betriebliche Akteure sind damit konfrontiert, dass sich der Veränderungsprozess wie alle Entwicklungsprozesse in sozialen Systemen nur begrenzt steuern lässt und daher ergebnisoffen anzugehen ist (vgl. Kühl 2009, S. 2)[24]. Welche Veränderungen als sinnvoll erachtet werden und

---

[24] zu einer soziologischen Beratungstheorie, die die Widersprüchlichkeiten und Ambiguitäten in Organisationen als auch vereinfachende Selbstbeschreibungen in ihren Funktionalitäten erklären kann (vgl. Kühl 2009, S. 2)

sich realisieren lassen, ist erst das Ergebnis des Analyse- und Aushandlungsprozesses. Gleichwohl bedarf es eines Verfahrensmodells und eines Deutungsrahmens, die es den Beteiligten in der Organisation erlauben, ihre Wahrnehmung zu fokussieren und alternative Routinen und Prozese zu entwickeln. Sichtbare Unterstützung seitens der Organisationsleitung und die Klärung von Zuständigkeit sowie Bereitstellung von Ressourcen weisen das Veränderungsprojekt als legitimes Anliegen der Organisation aus. Ziele, die zu Beginn eines Projektes seitens der Leitung definiert werden, geben den Rahmen vor, was legitimer Weise im Rahmes des Projektes bearbeitet werden kann und soll. Sie schränken einerseits Möglichkeiten ein, gleichzeitig stellen sie den Rahmen her, indem Alternativen ausgehandelt werden können (vgl. Pieck 2010).

4.1. PARTIZIPATION UND BETEILIGUNG

Wesentliches Element der gesundheitsförderlichen Organisationsentwicklung ist die Beteiligung der betroffenen Personen. Beteiligung kann in unterschiedlichen Abstufungen und in verschiedenen Formen erfolgen. Laut Stark (vgl. 2004 a) erfolgt Beteiligung in der betrieblichen Gesundheitsförderung häufig in Form von Teilnahmen an Angeboten und Programmen, die von ExpertInnen entworfen wurden, oder durch Information der Beschäftigten über Gesundheit, Gesundheitsförderung etc. Beteiligung im Sinne der gesundheitsförderlichen Organisationsentwicklung muss darüber weit hinausgehen. Partizipative Prozesse umfassen dabei drei wesentliche Aspekte, wie sie Stark exemplarisch entlang der Erfahrungen und Formen der BürgerInnenbeteiligung beschreibt.

1. Die Vorstellungen und Visionen der Menschen über ihr eigenes Leben, ihre soziale Umwelt und (Arbeits-) Situationen sind ernst zu nehmen. Partizipative Arbeit bedeutet vor allem, dass die Betroffenen Phantasie und Utopien über die Gestaltung von Lebensräumen entwickeln, oder wie im Kontext der betrieblichen Gesundheitsförderung über die Gestaltung von Arbeit. Dies setzt voraus, dass Rahmenbedingungen und Methodiken so gestaltet sind, dass sie dies auch ermöglichen. Dazu gehören Methoden wie Zukunftswerkstätten, Gesundheitszirkel, Arbeitsmittel (wie Moderationswände, Karten, Stifte) und angemessene Räumlichkeiten (vgl. Stark 2004a, S. 3).

2. Partizipation ist auch „Einmischung in traditionelle Felder der Gestaltung unserer Lebenswelt, d. h. auch in die Felder der Macht" (Stark 2004a, S. 3). Partizipation ist damit ein demokratisches Element. Dies bedeutet für die gesundheitsförderliche Organisationsentwicklung vor allem die Teilhabe an der Planung der Prozesse sowie an der Definition von Zielen.

3. Partizipation enthält ein reaktives Element „der Kontrolle von ExpertInnen, Verwaltung und PolitikerInnen" (Stark 2004a, S. 3), welches eine der Grundlagen der

Einwirkungs- und Gestaltungsmöglichkeiten darstellt. Diese Form der Partizipation wird häufig über Gremien institutionalisiert. Dieses Element Partizipation findet sich in der Beteiligung von MitarbeiterInnen und Interessenvertretung in Steuerungs- oder Lenkungsgruppen sowie in den ausführenden Projektgruppen der gesundheitsförderlichen Organisationsentwicklung. Darüber hinaus verfügen die Interessenvertretungen über Mitbestimmungsrechte und -pflichten, die ebenfalls eine Form der Teilhabe sind.[25]

In der Betrieblichen Gesundheitsförderung lässt sich Beteiligung unterschiedlich realisieren:

- Beteiligung der Beschäftigten in den Steuerungs- und Projektgremien als *repräsentative Beteiligung*[26]. Die Beschäftigten oder ihre Delegierten entscheiden mit über die Ziele und Vorgehensweisen im Projekt. Dies setzt voraus, dass die Beschäftigten in diesen Gremien auch eine Stimme in den Abstimmungs- und Entscheidungsprozessen haben.

- *Direkte Beteiligung der MitarbeiterInnen*

  - in der Ermittlung des Handlungsbedarfes. Wo bestehen aus Sicht der Beschäftigten belastende Arbeitsbedingungen? Die Ermittlung des Handlungsbedarfs kann mit unterschiedliche Instrumenten erfolgen. Häufig werden MitarbeiterInnenbefragungen oder Workshopverfahren eingesetzt.

  - bei der Analyse von belastenden Arbeitssituationen und der Entwicklung von Lösungsvorschlägen. Hier sind die Beschäftigten selbst diejenigen, die Lösungen entwickeln und nicht ExpertInnen oder zentrale Projektgruppen.

  - in der Umsetzung von Lösungsideen und Veränderungsvorschlägen.

  - in der Evaluation und Kontrolle der Maßnahmen und deren Umsetzung.

  > *„Ohne solche Prozesse, die in einem definierten Rahmen reale Mitgestaltungsmöglichkeiten eröffnen, ist das persönliche Engagement und die Übernahme von Eigenverantwortung der betroffenen Mitarbeiter allerdings nicht zu haben." (Wimmer 1999, zit. n. Faller 2010 a, S. 31)*

---

[25] Behrens und Kädtler definieren Teilhabe und Partizipation als allgemeine Begriffe für die Berücksichtigung von Beschäftigteninteressen. Unter Beteiligung verstehen sie „die positive Aufnahme von Vorschlägen und Konzepten des Betriebsrats" (Behrens und Kädtler 2008, S. 77). Unter Mitbestimmung hingegen verstehen sie nur solche Teilhabeformen, die auf dem Mitbestimmungsrecht des Betriebsverfassungsgesetzes basieren.

[26] Unter repräsentativer Beteiligung verstehe ich, dass die Beschäftigten VertreterInnen wählen oder beauftragen, die ihre Interessen vertreten.

4.2. Entwicklung eines Vorgehensmodells

Betriebliche Gesundheitsförderung ist zunächst eine Anforderung aus der institutionellen Umwelt der Organisationen. Unternehmen wie öffentliche Verwaltungen sind gesetzlich dazu verpflichtet, die Gesundheit ihrer MitarbeiterInnen zu schützen und zu fördern (Arbeitsschutzgesetz §2 und §4). Sie sind aufgefordert, Arbeit auf der Basis arbeitswissenschaftlicher Erkenntnisse menschengerecht zu gestalten. Dies lässt sich in zwei handlungsleitende Perspektiven oder Ziellinien eines Lernprozesses in der Organisation herunterbrechen:

1. gesundheitlich relevante Belastungen in den Arbeitsbedingungen zu reduzieren

2. gesundheitsfördernde Faktoren in der Arbeit zu stärken.

Arbeitsbelastungen können in den Umgebungsbedingungen liegen, in der Aufgabe selbst begründet sein oder sich aus den Aufgaben übergreifenden Strukturen, Regeln und Formen der Zusammenarbeit ergeben. Gesundheitsförderliche Potenziale liegen in den Aufgaben, wenn diese als motivierend, herausfordernd und Sinn stiftend erlebt werden, in der Unterstützung durch Kolleg/innen und Vorgesetzte sowie in der Möglichkeit sich einzubringen und über Handlungs- und Entscheidungsspielräume zu verfügen. Darüber hinaus spielt die Kompetenz des Einzelnen, die Anforderungen der Arbeit bewältigen zu können, eine wesentliche Rolle (vgl. Bertelsmann Stiftung/Hans-Böckler-Stiftung 2002, S. 32). Betriebliche Gesundheitsförderung sollte dementsprechend so gestaltet sein, dass sie sowohl die Arbeitsbedingungen verbessert als auch die (Gesundheits-)Kompetenzen der Beschäftigten fördert. Dazu einige Anmerkungen vorweg:

- Gesundheit am Arbeitsplatz wird maßgeblich in und durch Organisationen bestimmt. Diese beeinflussen sowohl das Verständnis der MitarbeiterInnen von Gesundheit, als auch den Umgang mit der eigenen Gesundheit (vgl. Grossmann und Scala 1994, S. 16). Das Handlungsfeld erstreckt sich damit auf die Strukturen und Regeln der Organisation, welche die arbeitsbezogenen Verhaltensweisen der Beschäftigten prägen. Damit ist die Organisation der Adressat der gesundheitsförderlichen Organisationsentwicklung (vgl. Badura/Hehlmann 2003) und weniger einzelne Personen und deren (persönliches) Gesundheitsverhalten.

- Neben der Reduktion von Belastungen geht es auch um die Entwicklung von situativen Gesundheitsressourcen wie Handlungs- und Entscheidungsspielräumen, sozialer Unterstützung sowie Möglichkeiten zur Beteiligung.

- Ein besonderes Augenmerk legt diese Arbeit auf psychische Belastungen[27], deren Diagnose und zielgerichtete Bearbeitung in der Praxis immer noch weiträumig umgangen werden (vgl. Langhoff und Satzer 2008, S. 2).

- Gesundheitsförderung zielt darüber hinaus auf die Entwicklung von Gesundheitskompetenz der Individuen[28], wie sie in ressourcenorientierten Ansätzen gefordert wird (vgl. Stark 2004 b). Neben der Herstellung von Strukturen und Regeln, die gesundheitsförderliches Handeln ermöglichen, braucht es daher Angebote zur Unterstützung der Beschäftigten zur Bewältigung von aufgabenbezogenen Anforderungen und beim Umgang mit Belastungen.

Um dies erreichen zu können, muss der Entwicklungsprozess in ein Interventions- oder Veränderungsdesign übersetzt werden.

Bei der Organisationsentwicklung stehen die Strukturen, Regeln und Entscheidungsprozesse als Rahmenbedingungen, die ein alternatives (gesünderes) Verhalten der Personen fördern oder eher einschränken, im Mittelpunkt. Dies bedeutet nicht, dass die Mitglieder der Organisation ausgeblendet würden. Vielmehr sind Strukturen, Regeln und handelnde Personen aufeinander bezogen. Die intendierte Veränderung der Organisation sollte vor allem die enormen Beharrungstendenzen, die in ihnen liegen, berücksichtigen. Ohne diese zu beeinflussen lässt sich die Wahrnehmung von und der Umgang mit Gesundheit in Organisationen nicht nachhaltig umgestalten. Diese Ausrichtung setzt einen Akzent gegen eine einseitige Delegation der Verantwortung für Gesundheit an die betroffenen Personen (vgl. Becker et al. 2009, S. 10), wie sie derzeit auf politischer Ebene immer wieder zur Diskussion steht. Die Verantwortung für die Entwicklung gesundheitsförderliche Arbeitsbedingungen liegt vielmehr nach den in Kapitel eins bereits erwähnten gesetzlichen Regeln des Arbeitsschutzes (ArbSchG) konsequent auf Seiten des Arbeitgebers. Die Beschäftigten haben allerdings die Pflicht, daran mitzuwirken. Voraussetzung für eine effektive gesundheitsförderliche Organisationsentwicklung sind entsprechende Ressourcen und Strukturen, die von der Organisation zur Verfügung gestellt werden müssen, die es beiden Seiten ermöglichen ihren Pflichten wirksam nachzukommen.

---

27 Definition nach der DIN EN ISO 10075 - 1 (1a): Psychische Belastung ist die Gesamtheit aller erfassbaren Einflüsse, die von außen auf den Menschen zukommen und psychisch auf ihn einwirken.

28 Die Notwendigkeit zur Entwicklung von Gesundheitskompetenz lässt sich als Teil des Empowerment-Prozesses aus der Ottawa Charta ableiten. Dort heißt es, dass „alle Menschen befähigt werden, ihr größtmögliches Gesundheitspotential zu verwirklichen. (...) Menschen können ihr Gesundheitspotential nur dann weitestgehend entfalten, wenn sie auf die Faktoren, die ihre Gesundheit beeinflussen, auch Einfluß nehmen können. Dies gilt für Frauen ebenso wie für Männer." (Ottawa Charta 1986) Gesundheitskompetenz wird hier „als umfassendes Konzept verstanden, das es dem Individuum erlaubt sich mithilfe seines sozialen Umfeldes im und außerhalb des Gesundheitssystems gesundheitsbewusst zu verhalten bzw. die gesellschaftliche und politische Umwelt so zu beeinflussen, dass gesundheitsbewusstes Verhalten möglich ist." (Bundesamt für Gesundheit 2006, S. 1)

Das Vorgehensmodell, mit dem die betriebliche Gesundheitsförderung im Betrieb bzw. in der Verwaltung realisiert werden soll, ist in der Abbildung 4 grafisch dargestellt und teilt sich in eine Sensibilisierungs- und Konzeptionsphase auf sowie in die Durchführung eines Projektes in Anlehnung an ein Prozessmodell zur Durchführung von Veränderungsprojekten (Pieck 2010). Grundlage der Sensibilisierungs- und Konzeptionsphase ist die Annahme dass Alltagstheorien, professionelle Zugänge und Interessen, die Wahrnehmung und Definition des „Problems" (Gesundheit) und dessen mögliche Bearbeitung präformieren. Die Sensibilisierungs- und Konzeptionsphase soll die betrieblichen Akteure durch eine systematische Reflexion ihrer Ausgangslage und wahrgenommenen Handlungsbedarfe unterstützen, ein eigenes Steuerungsmodell für den Veränderungsprozess ihrer Organisation zu entwickeln (vgl. Pieck 2010). In dieser Phase werden die Ziele und der Deutungsrahmen erarbeitet, vor deren Hintergrund das weitere Vorgehen legitimiert wird. Dabei wird auch thematisiert, wessen Interessen in dem Prozess zum Tragen kommen (sollen). In der betrieblichen Praxis überwiegt oft eine Deutungsfolie, die Gesundheit auf individuelles Verhalten zurückführt und in Kombination mit Schlagwörtern der Eigenverantwortung tendenziell verhaltensbezogene Maßnahmen fördert und gesundheitsbeeinträchtigende Faktoren in der Organisation vernachlässigt. Der Veränderungsprozess beginnt bereits mit der Aushandlung der Interpretationsfolie, die den Rahmen möglicher und unmöglicher (illegitimer) Veränderungen eingrenzt.

Abbildung 4: Kern- und Supportprozesse der betrieblichen Gesundheitsförderung

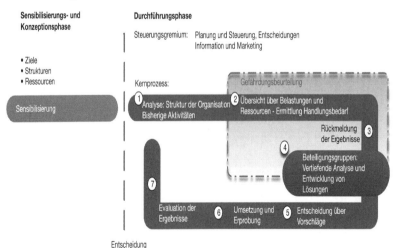

Quelle: eigene Abbildung

In Abbildung 4 sind sieben Punkte markiert, die den Kernprozess in seine zentralen Schritte zergliedert, die unverzichtbare Elemente der betrieblichen Gesundheitsförderung darstellen, und in ein Vorgehensmodell (vgl. Badura und Hehlmann 2003) übersetzt.

Der Kernprozess ist als Kreislaufmodell beschrieben[29], das sich in Diagnose, Maßnahmenentwicklung, Umsetzung und Kontrolle untergliedert. Diese sollen im folgenden etwas genauer ausgeführt werden. Was Inhalt der jeweiligen Schritten ist und welche Instrumente genutzt werden, ist Gegenstand einer vorherigen Konzeptionsphase. Diese, so unser Eindruck aus der Beratung und Begleitung vieler Dienststellen des Landes Niedersachsen als auch von Unternehmen, wird oft noch zu wenig systematisiert durchgeführt. In der Vorbereitung von Gesundheitsmanagmentprojekten oder Gesundheitsförderungsprojekten wird wenig Zeit darauf verwand, die dem Vorgehen zugrunde liegenden Annahmen zu verdeutlichen und zu reflektieren. Für geplante Aktivitäten ist deshalb oft nicht klar, mit welchem Ziel sie durchgeführt werden und welche Funktion sie im Rahmen eines Konzepts betrieblicher Gesundheitsförderung haben. Die oben schon benannte Beobachtung, dass Unternehmen in ihrer Praxis der betrieblichen Gesundheitsförderung vorwiegend Seminare und Schulungen für ihre MitarbeiterInnen anbieten, lässt sich als Form der Nachahmung interpretieren. Es werden Maßnahmen übernommen, die einzelne Akteure als Beispiele guter Praxis wahrnehmen und losgelöst von ihrem Kontext, in dem sie als gute Praxis gelten, in ihrer Organisation umsetzen wollen. Die Hoffnung ist, dass das, was sich woanders bewährt hat, auch in der eignen Organisation funktioniert und dass man sich den Entwicklungsprozess dieser Maßnahmen „sparen" kann. Letzteres lässt sich an einem Beispiel illustrieren: In Gesundheitszirkeln wird häufig thematisiert, dass die Kommunikation wenig wertschätzend sei. Es werden häufig Lösungsvorschläge entwickelt, die beschreiben, wie künftig besser kommuniziert wird. Die an dem Gesundheitszirkel beteiligten Personen haben einen Prozess des Austauschs durchlaufen und haben sich - idealer Weise - darauf geeinigt, was sie als angemessene Kommunikation bewerten wollen und darauf, wie sie sich künftig verhalten wollen. Das Ergebnis dieses Prozesses wird in der Regel als Vereinbarung für alle Beteiligten sichtbar beispielsweise auf einem Flipchart dokumentiert. Die Ergebnisdokumentationen solcher Gesundheitszirkel ähneln sich. Was nicht auf dem Flipchart sichtbar wird, ist der Aushandlungs-, Verständigungs- und Einigungsprozess der Beteiligten, ohne den das Flipchartpaier wertlos ist. Bei der Übernahme solcher Maßnahmen wird oft nicht der Prozess kopiert, sondern das Flipchart. Das Flipchart wird abgeschrieben und in die Räume anderer Teams an die Wand gehängt - und dort von den MitarbeiterInnen verspottet. Die KopiererInnen hatten sich erhofft, Zeit und Geld sparen zu können, weil sich die

---

[29] Ähnlich wie sie im Public Health Action Cycle (Kolip 2008, S. 32) oder in Managementverfahren (Elke und Zimolong 2000, S. 115) Verwendung finden.

Maßnahmen (die auf dem Flipchart festgehaltenen Ergebnisse) ähneln. Hierin äußert sich meines Erachtens auch ein mangelndes Verständnis für soziale Prozesse. Nachahmung und Entkopplung sind möglicherweise auch das Ergebnis von Aktionismus, von fehlendem Wissen und Know-how über die Gestaltung von Veränderungsprozessen und über die den Gegenstand der Veränderung betreffende Zusammenhänge - hier die Zusammenhänge von Arbeit und Gesundheit und Geschlecht und Formen der Intervention in solche Zusammenhänge. Die Sensibilisierungs- und Konzeptionsphase[30] (vgl. Pieck 2012) hat die Aufgabe, diese Zusammenhänge zu erhellen und auszuloten, welcher handlungsorientierende Rahmen im jeweiligen organisationalen/betrieblichen Kontext durchsetzbar ist. Betriebliche Gesundheitsförderung ist ein *Aushandlungsprozess*. Ein Aspekt dieses Aushandlungsprozesses ist der kognitive Deutungsrahmen, der eingrenzt und aufzeigt, was legitimer Weise Gegenstand der betrieblichen Gesundheitsförderung ist. In der Sensibilisierungs- und Konzeptionsphase wird dieser Deutungsrahmen verhandelt. Das sichtbare Ergebnis eines solchen Prozesses sind die definierten Ziele des Projektes, die Definition wesentlicher Schritte im Vorgehen - die Skizze eines Vorgehensmodells -, in denen sich die Vorstellungen über angemessenes Vorgehen widerspiegeln, die Festlegung, wie und woran der Erfolg gemessen werden soll und Regelungen über die Art der Steuerung des Prozesses. Die Sensibilisierungs- und Konzeptionsphase zielt darauf ab, den Prozess der Aushandlung zu systematisieren und die Beteiligten dabei zu unterstützen, sich eine gemeinsames Verständnis davon zu erarbeiten, was sie mit betrieblicher Gesundheitsförderung erreichen wollen und können.

4.3. STEUERUNG BETRIEBLICHER GESUNDHEITSFÖRDERUNG

Gesundheitsförderliche Organisationsentwicklung erfordert die Steuerung und aktive Gestaltung des Veränderungsprozesses durch die Organisationsleitung, die dabei zugleich die Möglichkeiten zur Partizipation und zu Aushandlungsprozessen mit den Beteiligten schaffen muss. Dies umfasst das Definieren und Festlegen von Zielen, die Auswahl von Methoden, Vorgehensweisen, das Treffen von Entscheidungen, die Bereitstellung von Ressourcen (Zeit, Räumlichkeiten, professionelle Begleitung/Moderation, Fachberatung etc.) und nicht zuletzt die Verständigung auf eine gemeinsame Vorgehensweise. Steuerung beinhaltet die Planung und Vorbereitung der einzelnen Schritte und deren Beobachtung und Nachjustierung. Grossmann und Scala (1994) gehen davon aus, das Veränderungen von Organisationen einen Lernprozess der Organisation erfordern. Dieser vollzieht sich über Projekte, in denen die individuellen Erfahrungen

---

[30] Die Entwicklung einer Sensibilisierungs- und Konzeptionshase geht auf eine gemeinsame Auswertung der Projektbegleitung und Beratung in der Niedersächsischen Landesverwaltung mit Claudia Bindl zurück.

der beteiligten Akteure mit den Strukturen, Prozessen und Routinen der Organisation verknüpft werden.

„Organisationsentwicklung beinhaltet immer die Kombination von Lernprozessen der involvierten Personen und die Veränderung von Strukturen" (Grossmann und Scala 1994, S. 54).

Sie schlagen vor, „Gesundheit durch Projekte zu fördern" (Grossmann/Scala 1994). Durch die Projektorganisation (Struktur und formaler Aufbau des Projektes, Auftrag, Befugnisse) werden die Voraussetzung geschaffen, unter denen Neues erprobt werden kann (Grossmann und Scala 1994, S. 58). Die Projektorganisation schafft Strukturen, die es den Beteiligten ermöglichen, außerhalb der üblichen Routinen und „Dienstwege" der Organisation die durchgeführten Interventionen zu beobachten, zu reflektieren und zu verarbeiten (Grossmann uns Scala 1994, S. 77). Innerhalb der Alltagsorganisation ist dies kaum möglich, da deren Strukturen und Regeln Gegenstand des Veränderungsprojektes sind.

Durch die Projektorganisation (Zusammensetzung der Projekt- oder Steuerungsgruppe) soll ermöglicht werden, Top-down- und Bottom-up-Prozesse miteinander zu verbinden und die Bearbeitung der unterschiedlichen Sichtweisen und ggf. (Ziel-) Konflikten zu ermöglichen (vgl. Grossmann und Scala 1994, S. 60). Die Steuerungsgruppe hat die Funktion, den Prozess zu steuern und ist dabei gleichzeitig über die Rollen der Mitglieder (z. B. Führungskraft, Betriebsärztin, Personalrätin etc.) Teil des Projektgegenstandes. Das bedeutet, auch in der Steuerungsgruppe geht es um die Aushandlung neuer Rollen, Erwartungen, Regeln und Entscheidungen mit den Beteiligten (Grossman und Scala 1994, S. 55 ff). Sie werden in diesem Gremium im laufenden Prozess erprobt und ausgehandelt. Damit es im Verlaufe des gesamten Prozesses auch zu einer Auseinandersetzung mit unterschiedlichen Interessen und Perspektiven kommen kann, empfehlen wir, das Steuerungsgremium so zu besetzen, dass die unterschiedlichen Sichtweisen zum Tragen kommen können und in dem Gremium getroffene Entscheidungen auch umgesetzt werden können. „Organisationen entwickeln sich über Entscheidungen, und ohne die Einbindung der Entscheidungsebene kann sich in unserem Verständnis auch nichts verändern" (Grossmann und Scala 1994, S. 60). Für die Gestaltung der Projektorganisation bedeutet dies, dass die Entscheidungsebene, die Interessenvertretungen als auch die Fachkräfte oder Expertinnen[31] vertreten sein müssen. Bei der Entwicklung und Gestaltung konkreter Veränderungen in den jeweiligen Arbeitsroutinen und Abläufen in den jeweils betroffenen Organisationseinheiten sind

---

[31] Meiner Einschätzung nach gibt es keine über diese Minimaldefinition hinausgehende zwingende Zusammensetzung der Steuerungs- und Projektgruppen. Unter ExpertInnen fallen die klassischen Akteure des Arbeits- und Gesundheitsschutzes wie Sicherheitsbeauftragte, Fachkräfte für Arbeitssicherheit, Suchtbeauftragte, SozialberaterInnen sowie Personal- und OrganisationsentwicklerInnen, KoordinatorInnen.

es die Beschäftigten, die zu beteiligen sind. Sowohl Personen als auch soziale Systeme entwickeln sich durch Veränderungen der professionellen Rollen. Gesundheitsförderliche Organisationsentwicklung ist als ein Aushandlungsprozess zu gestalten und die Interessen der unterschiedlichen Akteure und Gruppen sind zum Ausgangspunkt zu machen, dafür ist es notwendig die entsprechenden „Freiräume" (vgl. Becker et al. 2009) zu schaffen, die es den Betroffenen überhaupt erst ermöglichen, sich gestaltend zu einzubringen.

Damit hat die Steuerungsgruppe die Aufgabe, die Ziele des Gesundheitsmanagements/der gesundheitsförderlichen Organisationsentwicklung zu setzen und Handlungsschritte zu übersetzen. Die Ziele sind dabei erstes Ergebnis eines Aushandlungsprozesses unterschiedlicher Beteiligter im Betrieb. Dies bedeutet auch, dass sich das Thema Gesundheit im Betrieb nicht externalisieren lässt. Nur die betrieblichen Akteure selbst können Ziele setzen und konkretisieren; Vorgehen und Auswertung sowie die Bewertung von Ergebnissen kann nur sinnvoll durch sie erfolgen.

4.4. Der Kernprozess betrieblicher Gesundheitsförderung

Zu Beginn oder in der Planungsphase wird empfohlen, eine Strukturanalyse (1) durchzuführen (vgl. Pieck 2010). Diese bildet ab, welche Tätigkeiten in der Organisation von wem ausgeübt werden und erlaubt erste Hypothesen zu möglichen Handlungsbedarfen. Wo liegen aufgabenbedingte Belastungen vor? Gibt es besonders gefährdete Personengruppen, die mit besonderen Konstellationen von Belastungen und Ressourcen konfrontiert sind (Teilzeit/Vollzeit, Altersstruktur, Frauen/Männer; vgl. dazu Pieck 2008; 2009)? Krankenstandsanalysen können dazu ebenso wie Gefährdungsbeurteilungen herangezogen werden und Hinweise auf Handlungsbedarfe liefern. Die Strukturanalyse der Organisation und Tätigkeitsbereiche ist zudem wichtig, um Vergleichseinheiten[32] bilden zu können. Daran schließt die Analyse der Belastungen und Ressourcen (2) an. Ziel dieser Analyse ist die Ermittlung von Handlungsbedarfen. Hierfür ist es notwendig, die einzelnen Tätigkeitsbereiche sowie Gruppen zu definieren, die ähnlichen Belastungen ausgesetzt sind und über ähnliche (zumindest situative) Ressourcen verfügen, und deren Arbeitsbedingungen von denselben Faktoren (z. B. Vorgesetzten) bestimmt werden. Die Ermittlung der Belastungen ist gesetzlich vorgeschrieben über die Verpflichtung zur Gefährdungsbeurteilung (Arbeitsschutzgesetz §§ 5 und 6). Diese kann mit unterschiedlichen Verfahren und durch unterschiedliche Akteure durchgeführt werden. Neben der Gefährdungsbeurteilung durch Expert/innen[33] kön-

---

[32] Diese dienen zur Bestimmung eines relativen Handlungsbedarfes durch Vergleich von Einheiten.

[33] ExpertInnenzentrierte Verfahren sind insbesondere für die Ermittlung sicherheits-technischer Gefährdungen und für Einflussfaktoren, die sich aufgrund eindeutiger Ursache-Wirkungszusammenhänge normieren lassen, etabliert.

nen die bedingungsbezogenen und personenbezogenen Faktoren auch durch Befragungen (z. B. mit standardisiertem Fragebogen) erhoben werden (vgl. Ducki, 2000 b). Letztere entsprechen dem Beteiligungsgrundsatz und beziehen die subjektive Beurteilung der Arbeitssituation/-bedingungen seitens der Beschäftigten mit ein (vgl. Ducki 2000 b). Sie leisten einen Beitrag zur Diskursivierung der Bedürfnisse und Interessen der Beschäftigten (-gruppen) und machen sie zum Gegenstand des Aushandlungsprozesses (vgl. Bamberg et al. 2011 zu gängigen Instrumenten). Die erhobenen Daten fungieren als Grundlage für die Entscheidungsfindung über das weitere Vorgehen und zugleich als Legitimation dieser Entscheidung gegenüber unterschiedlichen Erwartungen und Interessengruppen.

Im weiteren Verlauf des Prozesses werden die Ergebnisse, ihre Bewertung und Schlussfolgerungen der Steuerungsgruppe an die Beschäftigten zurückgespiegelt (3). Ziel dieses Schrittes ist, die Beschäftigten über den gegenwärtigen Stand zu informieren und Transparenz herstellen. Wesentlich ist hierbei die Zuspitzung der Ergebnisse auf Themen und die davon betroffenen Personengruppen. Diese Zuspitzung auf Themen kann sowohl Belastungsschwerpunkte der betroffenen Gruppen zusammenfassen oder pointieren, als auch die Entwicklung gesundheitsförderliche Ressourcen betonen. Sie erleichtert es den TeilnehmerInnen in den noch einzurichtenden Beteiligungsgruppen sich zu fokussieren und ergebnisorientiert zu arbeiten.

Werden standardisierte Fragebögen als Analyseinstrument eingesetzt, ist die Anonymität der Befragten zu gewährleisten. Dies führt meist dazu, dass die Handlungsbedarfe nicht zielgruppenspezifisch ermitteln werden können. So werden beispielsweise kleinere Abteilungen in der Auswertung zusammengefasst. In der Rückmeldung der Ergebnisse an die MitarbeiterInnen durch die Steuerungsgruppe geht es somit um einen zweiseitigen Kommunikationsprozess, in dem die Mitglieder der Steuerungsgruppe eine direkte Rückmeldung der Beschäftigten über Prioritäten und Motivation erhält, wo genau mit einer Beteiligungsgruppe (z. B. Gesundheitszirkel) interveniert werden soll. Für die Durchführung solcher Rückmeldungen eignen sich u.a. Workshopformate, die die Beteiligten priorisieren lassen, zu welchen Aspekten ihrer Arbeit sie sich Änderungen wünschen (vgl. Nieder 2006; Wienemann 2010). Diese Workshops können bereits - hypothesengeleitet - mit den jeweiligen Zielgruppen durchgeführt werden, um den Handlungsbedarf und die Änderungsbereitschaft zu ermitteln und ggf. auch mit den Betroffenen zu diskutieren. Die darauf folgenden Beteiligungsgruppen haben insbesondere die Funktion, die hinter quantitativen Befragungsergebnissen stehenden Probleme oder auch Ressourcen zu ermitteln und zu analysieren. Gleichzeitig dienen sie der Aushandlung von Lösungs- oder Verbesserungsmöglichkeiten, die der Steuerungsgruppe zur Entscheidung und Begleitung in der Umsetzung präsentiert werden. In den Beteiligungsgruppen (4) werden die vielfältigen Belastungen und Ressourcen in ihren *Wechselwirkungen und Konstellationen* in den Blick genommen. Mit Hilfe einer fachkundigen Moderation können die Beteiligten komplexe Arbeits- und Lebenssituationen bearbeiten und angemessene Lösungsvorschläge entwickeln. Dabei kann sowohl das Wissen von ExpertInnen z. B., wie den Sicherheitsfachkräften zu Sicherheitsstandards oder der Gestaltung von Schichtdienstmodellen als auch das Erfahrungswissen der MitarbeiterInnen einfließen und die jeweiligen Interessenkonflikte und Widersprüchlichkeiten unterschiedlicher Anforderungen und Lebensbereiche bearbeitet werden. Dabei findet ein Aushandlungs- und Verständigungsprozess darüber statt, was eigentlich das Problem ist und wie es zur Verbesserung der Situation aller „gelöst" werden kann[34].

Die in den Beteiligungsgruppen erarbeiteten Ergebnisse können teilweise in eigener Regie durch die Betroffenen und deren Vorgesetzte direkt umgesetzt werden. Die Präsentation der Ergebnisse an eine Steuerungsgruppe dient weniger der „Genehmigung" der einzelnen Maßnahmen, sondern der Absicherung der Ergebnisse und der Unterstützung in der Umsetzung. Durch die Dokumentation der Vereinbarungen oder Maßnahmen an die Steuerungsgruppe und die spätere Evaluation der Maßnahmen wird die Verbindlichkeit und Legitimität der Maßnahmen erhöht. Diese Funktion, Verbindlichkeit herzustellen, wird vor allem dann relevant, wenn in in einzelnen Fällen Führungskräfte nicht bereit sind, sich auf Lösungsvorschläge einzulassen. Durch die Rückkopplung an das Steuerungsgremium soll ermöglicht werden, dass Interessenkonflikte und Blockaden thematisiert werden und erneut legitimiert werden muss, warum es z. B. die vereinbarten Besprechungstermine nicht eingehalten werden. Der Steuerungsgruppe kommt in Schritt (5) die Funktion zu, über die Vorschläge mit weiteren Akteuren und Betroffenen zu verhandeln. An diesem Punkt wird sichtbar, ob die bis dahin ausgehandelten Ziele von allen anerkannt werden und die Vereinbarungen tatsächlich verbindlich sind. Die Vorschläge werden anschließend (Schritt 6) in den Organisations-/Tätigkeitsbereichen umgesetzt und erprobt. Eine Überprüfung des Erfolges (Schritt 7) kann beispielsweise durch eine bereichsbezogene Befragung erfolgen oder durch eine Nachhermessung der Effekte im Workshopverfahren (vgl. Fritz 2008). Beide Instrumente befragen die Betroffenen nach der Verringerung der Belastungen bzw. nach der Stärkung ihrer Ressourcen entlang der zuvor definierten Probleme und Lösungen.

Die so erhobenen Daten fließen zurück in die Steuerungsgruppe und sind Teil des Managementprozesses. Als Monitoring geben sie Auskunft über den Erfolg bzw. das Ergebnis der Interventionen.

---

[34] Die eigentliche Intervention liegt in der Konstruktion/Re-/Dekonstruktion von Wahrnehmungen und Alltagstheorien, die präformieren, was als belastende Arbeitsbedingungen wahrgenommen wird und ob und wie etwas verändert werden kann.

Der hier beschriebene Kernprozess wird begleitet und unterstützt durch die zuvor schon skizzierten Entscheidungsverläufe und -regeln, die Lenkung durch die Steuerungsgruppe sowie eine ausführliche Information und Kommunikation. Der letztgenannte Supportprozess wird häufig unterschätzt und meistens auf Printmedien und Intranetauftritte reduziert. Entscheidend ist hier die klare und zielgerichtete und vor allem direkte Kommunikation mit den Beschäftigten.

Neben dem Kernprozess zur Intervention in die Organisation umfasst eine systematische betriebliche Gesundheitsförderung auch die Vernetzung und Koordination der verschiedenen Akteure. Dies erfordert, mit den Akteuren an ihren professionellen Rollen und Aufgaben zu arbeiten (vgl. Wattendorff 1999), um eine gemeinsame Strategie zu ermöglichen. In vielen Fällen ist das bereits Teil der Sensibilisierungsphase, in der die Struktur der Gesundheitsförderung und die Ziele verhandelt werden. Die Integration der Akteure in eine systematische Gesundheitsförderung ist mitunter eine schwierige Aufgabe, da eine Veränderung in der betrieblichen Gesundheitspolitik die bisherige Arbeit und Rollen der Beteiligten tangiert und sie mit neuen Erwartungen konfrontiert. Hinzu kommt, dass dem professionellen Selbstverständnis der Akteure ein je unterschiedliches Verständnis von Gesundheit/Krankheit, Organisationen und dem Zusammenhang von Arbeit und Gesundheit zugrunde liegt. Darüber hinaus werden ihr Status und ihre Integration in der Organisation neu verhandelt (vgl. Lenhardt 2010). Damit sind die üblichen Akteure in der Gesundheitsförderung nicht notwendiger Weise die Motoren der Entwicklung. Bei einer Neuausrichtung der betrieblichen Gesundheitsförderung als Organisationsentwicklung rücken zudem die Führungskräfte explizit als Akteure des Gesundheitsmanagements in das Zentrum der Aufmerksamkeit. Wenn Gesundheit durch eine Veränderung der Strukturen und Regeln der Organisation gefördert werden soll, setzt dies zwangsläufig bei den Entscheidungen an, die in der Organisation durch Führungskräfte getroffen werden. Damit ist eine Delegation der Aufgabe Gesundheit an einzelne Akteure nicht zielführend. Gesundheitsförderung im hier skizzierten Ansatz erfordert die zielgerichtete und gesteuerte Kooperation sämtlicher Akteure vor allem mit und durch Führungskräfte (vgl. Nieder 2010).

4.5. Integration der Geschlechterperspektive

Um Gender Mainstreaming in der Betrieblichen Gesundheitsförderung zu berücksichtigen wurde in den vorangegangenen Kapiteln herausgearbeitet, dass es aus der fachlichen Perspektive des Gesundheitsschutzes erforderlich ist, die Konstellationen von Belastungen und Ressourcen in den Blick zu nehmen. Diese sind aufgrund der nach wie vor bestehenden geschlechtlichen Arbeitsteilung für Frauen und Männer unterschiedlich.

Frauen und Männer verrichten unterschiedliche Tätigkeiten mit denen aufgabenimmanent unterschiedliche Anforderungen und damit auch Belastungen verbunden sind, die bisher nicht in gleicher Weise durch die Instrumente der betrieblichen Gesundheitsförderung oder des Arbeitsschutzes erfasst werden.

Darüber hinaus verfügen Frauen und Männer durch ihre unterschiedliche Positionierung in der betrieblichen Hierarchie auch über unterschiedliche Ressourcen wie Handlungs- und Entscheidungsspielräume. Diese sind für die Bewältigung von Anforderungen und damit für mögliche gesundheitlicher Auswirkungen zentral. Dies spricht dafür, grundsätzlich nach Konstellationen von Belastungen und Ressourcen zu schauen. Der Arbeits- und Gesundheitsschutz ist bisher überwiegend auf die Erwerbsarbeit fokussiert. Die ungleiche Verteilung der Haus- und Familienarbeit auf Frauen und Männer führt aber zu unterschiedlichen Gesamtbelastungen und unterschiedlichen Bewältigungsmöglichkeiten, die in einer auf die Erwerbsarbeit und den Betrieb begrenzten Analyse und Maßnahmenentwicklung nicht berücksichtigt werden.

Darüber hinaus sind Frauen und Männer mit Geschlechtsrollenerwartungen konfrontiert, die sich darauf auswirken, welche Belastungen wahrgenommen werden und welche Ressourcen zur Verfügung gestellt werden. Zudem sind mit Geschlechterstereotypen und der Konstruktion von Weiblichkeit und Männlichkeit Gesundheitsgefahren verbunden wie sexuelle Belästigung und Gewalt.

Eine zentrale Anforderung an eine Geschlecht reflektierende betriebliche Gesundheitsförderung ist folglich, Belastungen und Ressourcen in ihren Konstellationen in Beruf *und* Familie [35] in den Blick zu nehmen. Das heißt, es müssen die tatsächlichen Belastungen und Ressourcen in der Erwerbsarbeit analysiert werden. Darüber hinaus muss die Gesamtbelastung in Beruf und Familie berücksichtigt werden, ebenso wie die damit zusammenhängende Verteilung von Ressourcen.

Dies soll vor allem über die Beteiligung von Frauen in der Projektorganisation und durch die Ermutigung, ihre Themen während des Prozesses zu formulieren, geleistet werden. Bisher sind Frauen im Arbeits- und Gesundheitsschutz unterrepräsentiert. Sie sind kaum in den Entscheidungsgremien vertreten und die überwiegende Mehrheit der Sicherheitsfachkräfte (Sicherheitsfachkräfte und Sicherheitsbeauftragte) sind Männer - auch in Berufen, in denen überwiegend Frauen arbeiten (Fokuhl 2009, S. 43), was zu einer Marginalisierung ihrer Interessen und ihrer Bedürfnisse beiträgt. Um dem entgegenzuwirken, wird vorgeschlagen, Projektgremien paritätisch zu besetzen und

---

[35] Ich bleibe bei dem Begriffspaar Beruf und Familie, damit nicht mit einem allgemeinen Verweis auf Privatleben, in dem Hobbys, ehrenamtliches Engagement, Sport etc. der gleiche Stellenwert eingeräumt wird, wie Haus- und Familienarbeit. Die Diskriminierung von Frauen ergibt sich nicht aus den extravaganten Freizeitansprüchen der Frauen, die durch die viele Erwerbsarbeit eingeschränkt sind, sondern aus der einseitigen Übertragung gesellschaftlich notwendiger unentgeltlicher Arbeit an Frauen, die über Familienzugehörigkeit organisiert werden.

Frauen konsequent in den Prozessen des Projektes/der betrieblichen Gesundheitsförderung zu beteiligen. Ein zweiter Ansatzpunkt ist die explizite Berücksichtigung von Themen, die bereits als typische Belastungen von Frauen bekannt sind wie sexuelle Belästigung und Vereinbarkeit von Beruf und Familie sowie der Einsatz geschechtersensibler Instrumente - soweit diese schon vorliegen.

Abbildung 5: Integration von Gender Mainstreaming in die Gestaltung der Kern- und Supportprozesse der gesundheitsförderlichen Organisationsentwicklung

Quelle: eigene Abbildung

1. Durch die Beteiligung von Frauen in den Steuerungsgremien soll die Marginalisierung ihrer Interessen und Bedürfnisse vermieden werden. Frauen sind so an Entscheidungsprozessen, an der Definition von Zielen und der Festlegung von Kriterien beteiligt.

2. In der Analyse der betrieblichen Strukturen und einer darauf basierenden Hypothesenbildung ist zu prüfen, ob eine geschlechtstypische Arbeitsteilung vorliegt - es sind die tatsächlich durchgeführten Aufgaben zugrunde zu legen. In der Analyse ist die Verteilung von Frauen und Männern für Arbeits- und Tätigkeitsbereiche aufzuschlüsseln sowie auf Hierarchieebenen und Beschäftigungsverhältnisse (Vollzeit/Teilzeit - befristet/unbefristet). In der Strukturanalyse und Planung des Vorgehens werden alle Tätigkeits- und Arbeitsfelder berücksichtigt, wenngleich in der

betrieblichen Praxis aufgrund begrenzter Ressourcen eine Bearbeitung oft nur nacheinander erfolgen kann[36].

3. In der Auswahl der Instrumente und der Definition des Vorgehens in den Schritten der Strukturanalyse, Hypothesenbildung und in der Durchführung des Screenings sind alle wesentlichen Belastungen zu berücksichtigen. Es darf keinen generellen Ausschluss psychosozialer Belastungen aus der Analyse geben. Die Konstellationen von Belastungen und Ressourcen in Beruf und Familie sind systematisch in den Blick zu nehmen und in der Entwicklung und Umsetzung von Lösungen zu berücksichtigen.

4. Die von Lösungsvorschlägen betroffenen Frauen (und Männer) sind in die Beurteilung der Wirkungen (Evaluation) einzubeziehen. Dies geschieht beispielsweise durch Befragung der betroffenen Frauen und Männer, um die Umsetzung von Maßnahmen zu kontrollieren und gegebenenfalls Anpassungen vorzunehmen.

Für die sogenannte „Gleichstellungsverträglichkeitsprüfung" (Cordes 2004, S. 717), die als ein Aspekt von Gender Mainstreaming benannt wird, gibt es bisher kaum Empfehlungen, die sich auf die Überprüfung der möglichen Auswirkungen der Maßnahmen der betrieblichen Gesundheitsförderung auf die Gleichstellung der Geschlechter beziehen. Ich schlage vor, eine solche Verträglichkeitsprüfung entlang der Gendering-Prozesse (siehe Abschnitt 3.4) in Organisationen vorzunehmen. Entlang der Gendering-Prozesse kann rekonstruiert werden, wie die Benachteiligung von Frauen durch Praktiken der Organisation reproduziert wird. Die in den Gendering-Prozessen vollzogene Trennung der Geschlechter und die damit verbundene Reproduktion einer hierarchisierenden Zweigeschlechtlichkeit reproduziert nicht nur eine Benachteiligung von Frauen, sondern wirkt sich auch auf die Konstellationen von Belastungen und Ressourcen von Frauen und Männern aus. Um den Zusammenhang von Gendering-Prozessen und deren Auswirkungen auf Gleichstellung und auf die Konstellationen von Belastungen und Ressourcen darzustellen, möchte ich drei Aspekte der Gendering-Prozesse in den Blick nehmen, die sich meines Erachtens im Rahmen des oben beschriebenen Modells betrieblicher Gesundheitsförderung einbinden und bearbeiten lassen. Dies sind die Geschlechtertrennung, Herstellung und Darstellung von Weiblichkeit und Männlichkeit in der Organisation und die Orientierung am männlichen „Normalarbeitsverhältnis" und den damit verknüpften traditionellen Lebensmodellen. Letzteres beinhaltet vor alle die Ausblendung (und Abwertung) familiarer Verpflich-

---

[36] Im Rahmen der Priorisierung von Handlungsbedarfen werden oft Personengruppen vernachlässigt, deren Arbeitsbereiche durch abweichende Merkmale gegenüber den restlichen Arbeitsbereichen gekennzeichnet sind. Dies ist z. B. der Fall bei Schulsekretärinnen und Schulhausmeistern, die ihren Arbeits*platz* an der Schule (Kommune) haben, aber beim Landkreis eingestellt sind und jeweils vereinzelt an unterschiedlichen Standorten arbeiten. Hier ist eine Intervention in die Alltagspraktiken und in die Zusammenarbeit mit DirektorInnen und dem Kollegium im Umgang mit Schulsekretärinnen durch die Arbeitgeberin deutlich schwieriger.

tungen in den fundamentalen Prozessen der Organisation. Wie diese Prozesse vermittelt sind und sich wechselseitig stabilisieren, ist im Abschnitt 3 erläutert worden. An dieser Stelle sollen die Gendering-Prozesse mit allgemeinen gleichstellungsrelevanten Handlungsfeldern im Betrieb und Themen der Betrieblichen Gesundheitsfeldern verbunden werden. Die einzelnen Vermittlungen zwischen den unterschiedlichen Prozessen und deren Ergebnissen können nicht mit abgebildet werden. Die Abbildung 6 stellt schematisch dar, wie sich Gendering-Prozess in der Organisation in gleichstellungsrelevanten Phänomenen niederschlagen und wie sich diese auf die Konstellationen von Belastungen und Ressourcen auswirken. Die Zuordnung der unterschiedlichen Belastungen und Ressourcen zu gleichstellungsrelevanten Erscheinungsformen der Gendering-Prozesse ist nicht überschneidungsfrei. So ist beispielsweise sexuelle Belästigung sowohl mit der Stellung in der Hierarchie verknüpft als auch mit Sexismus.

Abbildung 6: Gendering-Prozesse in Organisationen und deren möglichen Auswirkungen auf die Konstellationen von Belastungen und Ressourcen in Beruf und Familie für Frauen und Männer

Gendering-Prozess in Organisationen

- Geschlechtertrennung
- Herstellung und Unterscheidung von Männlichkeit und Weiblichkeit, Abwertung des Weiblichen/von Frauen
- Orientierung am "männlichen Normalarbeitsverhältnis" und traditionellen Lebensmodellen, Ausblendung (und Abwertung) familiarer Verpflichtungen in den fundamentalen Prozessen der Organisation

Gleichstellungsrelevante Erscheinungsformen in der Organisation	Auswirkungen auf die Konstellationen von Belastungen und Ressourcen
• geschlechtstypisierende Arbeitsteilung • horizontale und Vertikale Segregation	• tätigkeitsspezifische Belastungen • Positionsspezifische Belastungen und Ressourcen; sexuelle Belästigung - sowohl tätigkeitsbezogen als positionsbezogen
• Sexismus, Abwertung von Frauen/ der von ihnen ausgeführten Tätigkeiten • männerbündische Strukturen/Ausgrenzung von Frauen • androzentrische Unternehmens-/Abteilungskultur	• mangelnde/fehlende Anerkennung, Abwertung, Kränkung • Geschlechtsrollenkonflikte • gender bias in der Wahrnehmung von Belastungen und Ressourcen • Ausblendung/Bagatellisierung von Belastungen (Beanspruchungen) • eingeschränkter Zugang zu Ressourcen • riskante Verhaltensweisen
• Gleichheitsnorm/-diskurs • Unterbewertung von Tätigkeiten, die überwiegend von Frauen ausgeführt werden, • Teilzeitarbeit überwiegend für Frauen (Arbeitszeitregime) fehlende Aufstiegschancen für Frauen	• Mehrfachbelastungen /unterschiedliche Konstellationen von Belastungen und Ressourcen in Beruf und Familie (mit ausstehendem Forschungsbedarf) • Abwertung und mangelnde Anerkennung • einseitige Festlegung auf einen Lebensbereich (Entfremdung, Erfolgsdruck, Fehlen einer Alternativrolle) • Stress durch mangelnde Vereinbarkeit von Beruf und Familie - z.B. Arbeitszeitkonflikte • geringere Exposition z.B. bei Teilzeit

Quelle: eigene Abbildung

Die Abschätzung möglicher Folgen der Maßnahmen, die im Rahmen der betrieblichen Gesundheitsförderung entwickelt wurden, auf die Gleichstellung der Geschlechter lässt sich anhand der oben dargestellten Verknüpfung von Gendering-Prozessen in der Organisation beleuchten. Als Beispiel kann hier nochmals Teilzeit und Vereinbarkeit von Beruf und Familie genannt werden. Oft ist Teilzeit für Frauen die einzige Möglichkeit, Kinderbetreuung und Erwerbstätigkeit unter einen Hut zu bekommen. Gleichzeitig wird Teilzeit jedoch überwiegend von Frauen in Anspruch genommen und aus anderen Gründen als bei Männern (vgl. Müller 2000, S. 49 für die Polizei). Wenn Teilzeit angeboten wird, müssten ebenfalls Maßnahmen entwickelt werden, die eine mittelbare Diskriminierung der Frauen wegen Teilzeit ausschließen - z. B. schlechter Beurteilungen und Aufstiegschancen, oder die Organisation setzt sich für Kinderbetreuungsplätze ein (eigene Kindertagesstätte, Backup-Betreuung etc.). Belastungen im Zusammenhang von Kinderbetreuung entstehen auch durch Konflikte zwischen KollegInnen mit Kindern und denen die keine Kinder haben. Ein ähnlicher Konflikt entsteht, wenn es um die Betreuung und Pflege Angehöriger geht. Werden diese Konflikte im Rahmen der betrieblichen Gesundheitsförderung überhaupt thematisiert? Wenn diese Themen bearbeitet werden, bleiben sie jedoch gleichzeitig in der Zuständigkeit von Frauen - ohne das im Betrieb darauf reflektiert wird, wie an dieser Verantwortlichkeit für Haus- und Familienarbeit anknüpfende Abwertungen und Benachteiligungen vermieden werden.

Eine Geschlecht reflektierende Vorgehensweise im Betrieb müsste erstens ermöglichen, eine große Bandbreite möglicher Konstellationen von Belastungen und Ressourcen zu bearbeiten. Zum zweiten müssten Berührungspunkte mit den gleichstellungsrelevanten Handlungsfeldern erkannt und berücksichtigt werden. Im empirischen Teil wird untersucht, welche Vorstellungen und Vorgehensmodelle von Gender Mainstreaming bestehen und wie diese im Rahmen von Gesundheitsmanagement-Projekten umgesetzt wurden. Dem wird das Vorgehen im jeweiligen Projekt gegenübergestellt und untersucht, ob die Akteure in ihren Projekten das Prinzip der Beteiligung umgesetzt haben und ob sie den Kernprozess realisieren konnten. Abschließend wird analysiert, welche Konstellationen von Belastungen und Ressourcen thematisiert und bearbeitet wurden und ob gleichstellungsrelevante Aspekte erkannt wurden.

FALLSTUDIEN

5. Anlage der empirischen Untersuchung

5.1. KONTEXT DER UNTERSUCHUNG

Das Land Niedersachsen hat Ende der 1990er Jahre ein Konzept zur Personalentwicklung vorgelegt, in dem Gesundheitsförderung als Bestandteil der Personalentwicklung definiert wurde. In einer interministeriellen Arbeitsgruppe wurde 1999 ein Konzept zur Reduktion von Fehlzeiten und der Frühpensionierungen entwickelt, aus dem im Jahr 2000 der Leitfaden zur Umsetzung von Gesundheitsmanagement in den Dienststellen das Landes Niedersachsen hervorging (veröffentlicht: Nds. MI 2002). Der Kabinettsbeschluss der Landesregierung vom 19.11.2002 sowie einer Vereinbarung nach § 81 NPersVG erklären den Leitfaden und die dort definierten Vorgehensweisen und Qualitätskriterien zur verbindlichen Grundlage für die Implementierung von Gesundheitsmanagement. Ab 2003 wurde eine landesweite Steuerungsgruppe eingerichtet, die die Einführung von Gesundheitsmanagement fachlich begleiten sollte und der es oblag, Dienststellen durch Fördermittel und Beratung bei der Einführung zu unterstützen. Für die Vergabe der Fördermittel wurde ein Antragsverfahren entwickelt, das die Dienststellen dazu aufforderte, explizit auf die im Leitfaden definierten Kriterien — darunter Gender Mainstreaming, siehe weiter unten — einzugehen. Parallel zur finanziellen Förderung wurden die Projekte durch einen vom Ministerium für Inneres und Sport finanzierten Beratungsservice unterstützt, der die Dienststellen fachlich bei der Einführung beriet. Dieser wurde von der Landesvereinigung für Gesundheit Niedersachsen e.V. und dem Weiterbildungsstudium Arbeitswissenschaft (heute Institut für interdisziplinäre Arbeitswissenschaft) der Leibniz Universität Hannover durchgeführt.

Der Leitfaden der niedersächsischen Landesverwaltung greift Gender Mainstreaming explizit als Prinzip auf und versucht, dieses auf das betriebliche Gesundheitsmanagement zu übertragen. Er weist auf die Bedeutung von Mehrfachbelastungen durch Familie und Beruf hin, auf widersprüchliche Anforderungen, die an Frauen (und erziehende Männer) in Familie und Beruf gestellt werden, sowie auf Ausblendungen und Bagatellisierungen von Belastungen, die typisch für frauen- oder männerdominierte Berufe sind. Damit zielt der Leitfaden auf die unterschiedlichen Lebens- und Arbeitsbedingungen von Frauen und Männern, die noch immer durch eine geschlechtliche Arbeitsteilung, damit verbundene Zuschreibungen und Erwartungen und spezifische Belastungen und Ressourcen gekennzeichnet sind. Im Leitfaden werden folgende Ziele für die Umsetzung von Gender Mainstreaming im Gesundheitsmanagement genannt:

"Gesundheitsmanagement [muss, NP] (...) spezifische Belastungen von Frauen und Männern identifizieren und abbauen. Daneben hat Gesundheitsmanagement Prozesse zu unterstützen, die darauf abzielen, die geschlechtliche Arbeitsteilung aufzuheben und damit Belastungen zu reduzieren:

2. Die Vereinbarkeit von Familie und Beruf ist weiter zu erleichtern. Dabei ist ein Leitbild weiter zu entwickeln, dass [sic] auch Männer darin unterstützt, die Erwerbstätigkeit zugunsten von Familienpflichten zeitweise zu unterbrechen oder zu reduzieren. Denn Studien zu quantitativen und qualitativen Mehrfachbelastungen aus jüngerer Zeit kommen zu dem Ergebnis, dass die verschiedenen Rollen der Frau auch positive gesundheitliche Effekte haben. Belastungssituationen können abgepuffert und positive Ressourcen wechselseitig gestärkt werden.

3. Voraussetzungen für den gleichberechtigten Zugang [zu] allen Tätigkeiten – ohne geschlechterstereotype Einordnungen – schaffen

4. Festgestellten Unterbewertungen von Tätigkeiten in eher frauendominanten Arbeitsbereichen ist entgegen zu wirken

5. Frauen erhalten Zugang zu Aufstiegsmöglichkeiten und werden aktiv in ihrer Karriere unterstützt (z. B. durch Mentoring-Programme im Rahmen von Personalentwicklung)" (Nds. MI 2002, 10)

Diese Ziele gehen auf Belastungen ein, die sich aus der „Vereinbarkeitsproblematik" ergeben – für Frauen wie Männer, die care work in der Familie übernehmen. Damit ist in dem niedersächsischen Konzept der Zusammenhang von Arbeits- und Lebensbedingungen Gegenstand des Gesundheitsmanagements und fällt auch in den Verantwortungsbereich der Dienststellen. Sie sind aufgefordert, die möglicherweise belastenden oder überfordernden *Konstellationen*[37] von Arbeitsbedingungen im Beruf und in der Familie abzubauen und gesundheitsförderliche Konstellationen der Vereinbarkeit von Beruf und Familie – auch für Männer – zu fördern. Darüber hinaus soll Gesundheitsmanagement Prozesse unterstützen, die helfen, bestehende Diskriminierungsmechanismen abzubauen. Für die Projektorganisation empfiehlt der Leitfaden die geschlechterparitätische Zusammensetzung der Steuerungsgruppe, um die Unterrepräsentanz von Frauen in Entscheidungspositionen auszugleichen und bessere Vorraussetzungen dafür zu schaffen, dass für Frauen relevante Themen auch eingebracht werden können. Auf Zuschreibungen essentieller Unterschiede zwischen Frauen und Männern, z. B. im Kommunikationsverhalten, wird verzichtet.

---

37 Dies sind z. B. ungünstige Lage und Dauer von Arbeitszeiten, hohe Anforderungen an die Flexibilität der ArbeitnehmerInnen ohne Möglichkeit der Mitgestaltung etc.

In der Auswertung der Förderanträge der Projekte sowie der Durchführung von Evaluationsworkshops in den einzelnen Projekten war auffällig geworden, wie wenig sich Projektbeteiligte systematisch auf Gender Mainstreaming bezogen. Gleichzeitig ergab die Evaluation der einzelnen Projekte, die gemeinsam mit den Steuerungsgruppen der Projekte in einem Workshopverfahren durchgeführt wurde, dass Projekte, die einen partizipativen Prozess implementiert hatten, beachtliche Ergebnisse in Hinblick auf die Gestaltung gleichstellungsrelevanter Faktoren erzielt hatten. Dies regte zu der hier vorliegenden Studie an, den Zusammenhang zwischen beteiligungsorientiertem Vorgehen und der Umsetzung von Gender Mainstreaming näher zu untersuchen.

5.2. Fragestellung und Methodik

Im ersten Teil dieser Arbeit ist dargelegt worden, wie eine Integration von Gender Mainstreaming in gesundheitsförderliche Organisationsentwicklung aussehen kann. Dabei ist als wesentliches Element herausgestellt worden, dass die geschlechtstypischen Belastungen und Ressourcen in Beruf und Familie in den Blick genommen und bearbeitet werden müssten. Des Weiteren ist Partizipation als wesentliches Kriterium für die Integration benannt worden, da dies zum einen der Unterrepräsentanz der Frauen in den Entscheidungsebenen entgegenwirkt und zum anderen ermöglicht, Belastungen und Ressourcen in ihrem Kontext zu analysieren.

Im empirischen Teil der Arbeit sollte untersucht werden, ob bzw. welches Vorgehensmodell den Entscheidungen der steuernden Akteure in der gesundheitsförderlichen Organisationsentwicklung (im Kontext der hier untersuchten Projekte ist von Gesundheitsmanagement die Rede) zugrunde lag. Die Ausgangsthese der Arbeit war, dass den Akteuren weder ein explizites Konzept von Gender Mainstreaming im Sinne des in Kapitel vier skizzierten Vorgehensmodells noch Fachkenntnisse aus der Geschlechterforschung zur Verfügung standen bzw. dass auf bestehende Ansätze nicht zurückgegriffen wurde. Demgegenüber stand den Akteuren ein Leitfaden zur Umsetzung von Gesundheitsmanagement zur Verfügung, der im Wesentlichen auf ein beteiligungsorientiertes Verfahren zur Verbesserung der Arbeitsbedingungen fokussiert. Die untersuchten Projekte haben sich auch auf diesen bezogen und ihre Handlungen mehr oder weniger stringent auf die Analyse von Belastungen und Ressourcen fokussiert. Die zweite Annahme war, dass die Qualität des beteiligungsorientierten Prozesses (Analyse der Belastungen und Ressourcen und Entwicklung von Maßnahmen durch die Betroffenen) erheblich dazu beiträgt, die geschlechtstypischen Konstellationen von Belastungen und Ressourcen in Beruf und Familie in den Blick zu nehmen und Lösungsansätze zu entwickeln und umzusetzen zu können. Die Studie untersuchte, unter welchen Bedingungen und in welchen Konstellationen es gelang, Gender Mainstreaming in der betrieblichen Gesundheitsförderung umzusetzen und wie weitreichend und in welcher Qualität Gender Mainstreaming es umgesetzt wurde.

Im Zentrum der Untersuchung stehen das Wissen und Know-how der beteiligten steuernden Akteure in den Projekten. Im theoretisch-konzeptioneller Teil dieser Arbeit ist herausgearbeitet worden, dass Gender Mainstreaming eine Top-Down-Strategie darstellt und als eine Form der Organisationsentwicklung zu konzipieren ist. Dies erfordert die Steuerung des Organisationsentwicklungsprozesses. Was unter Gender Mainstreaming zu verstehen ist, wie es im Gesundheitsmanagement zur Anwendung kommt, welche Ziele verfolgt werden sollen und durch welches Vorgehen diese erreicht werden sollen, ist im Rahmen von Projekten Aufgabe eines Steuerungsgremiums. Damit rückten die Mitglieder der Steuerungsgruppen des jeweiligen Projektes in den Fokus. Sie haben die Aufgabe, die Ziele des Projektes zu konkretisieren und in Teilziele und Arbeitsschritte zu übersetzen. Dies tun sie auf der Grundlage ihres eigenen Wissens und der ihnen zur Verfügung stehenden Kompetenzen und in ihrer jeweiligen Rolle (z. B. als Gleichstellungsbeauftragte). Was im Rahmen der Projekte thematisiert, bearbeitet und umgesetzt wird, ist zudem Ergebnis von Aushandlungsprozessen. Teil dieses Prozesses ist die Entwicklung eines gemeinsamen (oder eben auch nicht, wie die Fallstudien zeigen werden) Verständnisses des eigenen Projektes und des zu bearbeitenden Gegenstands. Das jeweilige implizite oder explizite Verständnis von Gesundheitsmanagement bzw. betrieblicher Gesundheitsförderung und von Gender Mainstreaming wirkt handlungsorientierend und bildet die Grundlage für die Konzeption, Planung und Steuerung der Projekte.

> *„Menschen handeln aufgrund der Bedeutungen, die sie ihrer Umwelt zuweisen, diese Bedeutungen entstehen und verändern sich in sozialer Interaktion, sie werden mit anderen Menschen ‚ausgehandelt'"* (Mayring 1993, S. 29).

Dem entsprechend sollte das vorherrschende Verständnis von Gesundheitsmanagement in der Steuerungsgruppe und bei den EntscheidungsträgerInnen untersucht werden, welches die Auswahl von Instrumenten und Vorgehensweisen beeinflusst.

Im Verlaufe des Projektes zeigte sich, dass neben einem grundsätzlichen Verständnis von Gesundheitsmanagement und dessen allgemeinen Zielen auch spezifisches Wissen und Know-how benötigt wird, um die einzelnen Schritte durchführen zu können, wie etwa die Durchführung und Auswertung von Personalbefragungen oder die Kompetenz, Gesundheitszirkel zu moderieren. Die fachlich-methodisch angemessene Durchführung eines partizipativen Prozesses ist ein zentraler Faktor für den Abbau von Belastungen und der Förderung von Ressourcen – vor allem für eine geschlechtergerechte betriebliche Gesundheitsförderung. Der partizipative Prozess selbst kann geschlechtergerecht durchgeführt werden und zu geschlechtergerechte(re)n Ergebnissen führen, ohne dass dies den Akteuren vorher bewusst war oder von ihnen geplant wurde. Der *methodischen* Gestaltung der Prozesse scheint im Gesundheitsmanagement eine eigenständige Rolle zuzukommen. Im Rahmen der Auswertung der Daten soll untersucht werden, welchen Beitrag ein partizipativer Prozess im Hinblick auf die geschlechtergerechte betriebliche Gesundheitsförderung leisten kann.

Für die Untersuchung der Zusammenhänge zwischen handlungsleitendem Wissen, Interessen der Akteure, verfügbarem Know-how, Ressourcen, dem Erreichen gleichstellungsrelevanter Ziele und Ergebnissen ist es erforderlich, die jeweiligen Vorstellungen der Beteiligten über Gesundheitsmanagement und Gender Mainstreaming zu rekonstruieren. Diese werden mit den Handlungen und Entscheidungen im Projekt abgeglichen sowie mit den Ergebnissen des Projektes. Die Rekonstruktion der Projekte und ihrer Ergebnisse erfolgt über die Analyse von Kommunikation, sei es in Form offizieller Dokumente, in Gruppendiskussionen oder Interviews. Damit erfolgt nur eine Annäherung an das, was in den Projekten „wirklich" vonstatten ging. Die vorliegende Untersuchung befasst sich mit der Steuerung, Planung und Durchführung des Projektes und ist daher auf die Wahrnehmungen, Deutungen und Bewertungen der Steuernden gerichtet – welche Vorstellungen und Konstrukte leiten ihr Handeln im Projektkontext an, wie interpretieren sie einzelne Vorgehensweisen und Ergebnisse im Projekt? Wie erfahren sie überhaupt von den Ergebnissen im Projekt? Es geht um ihr Wissen, ihre Interessen und Motive, aber auch um ihre Kompetenzen und Möglichkeiten, ein solches Projekt überhaupt zu steuern. Die Wahrnehmung der betroffenen MitarbeiterInnen, die in Gesundheitszirkeln mitgewirkt haben und die unmittelbar oder mittelbar von Maßnahmen betroffen waren, steht hier nicht im Fokus. Für die Beurteilung der Ergebnisse wären deren Einschätzungen interessant gewesen, diese wurden jedoch nicht systematisch im Verlauf der Projekte erhoben.

5.3. FALLSTUDIE ALS FORSCHUNGSMETHODE

Der Erfolg von Projekten, die die Veränderung der Organisation zum Inhalt haben, ist von den jeweils spezifischen Kontexten abhängig, in denen sie stattfinden. Diese lassen sich am ehesten in Fallstudien rekonstruieren. Fallstudien ermöglichen es, „den Fall in seiner Ganzheit und Komplexität zu erhalten, um so zu genaueren und tiefgreifenden Ergebnissen zu gelangen" (Mayring 1996, 29). Sie haben zum Ziel, die betriebliche/organisationale Realität möglichst genau und umfassend zu rekonstruieren. Dies entspricht dem Zeil der oben dargelegten Fragestellung, das Handeln (Entscheiden) der Akteure nachzuvollziehen und herauszuarbeiten, *wie* Gender Mainstreaming im Gesundheitsmanagement umgesetzt wurde, und zu beleuchten, welche Bedeutung die Gestaltung partizipativer Prozesse dabei hat. Nach Yin (2009) bieten sich Fallstudien an, wenn Wie- und Warum-Fragen im Zentrum des Erkenntnisinteresses stehen. Nach seiner Definition ist eine Fallstudie eine empirische, vertiefende Untersuchung zeitgenössischer Phänomene in ihren realen Kontexten („real-life context" im Unterschied zu Laborexperimenten), in denen insbesondere die Abgrenzung zwischen Phänomen und Kontext nicht ohne weiteres zu erkennen ist (vgl. Yin 2009, S. 15 f). Dies führt dazu, dass erheblich mehr Variablen zu berücksichtigen sind, als sie in kontrollierten Experimenten in ihren Abhängigkeiten voneinander untersucht werden können. Fallstudien als Forschungsmethode beziehen sich auf unterschiedliche Quellen, die in einem triangulierendem Verfahren aufeinander bezogen werden müssen. Die Datensammlung und Auswertung erfolgt entlang theoretischer Annahmen (vgl. Yin 2009, S. 16 f). Werden mehrere Fälle untersucht, wird zunächst die jeweils innere Logik des Einzelfalls herausgearbeitet, die für das Verständnis des Falls notwendig ist. In der fallübergreifenden Auswertung können dann Gemeinsamkeiten und Unterschiede bezogen auf die Fragestellung herausgearbeitet werden (Kutzner 2012, 207).

5.4. FALLKONSTRUKTION

Ausgehend von Fragestellung der Arbeit bezieht sich das Erkenntnisinteresse auf das in Organisationen durchgeführte Gesundheitsmanagement. Wie dieses aussieht, was es beinhaltet, welche Ziele verfolgt werden und welche Ergebnisse angestrebt und (nicht) erreicht werden, hängt von den jeweils spezifischen Rahmenbedingungen und Kontexten in der Organisation ab. Um Zusammenhänge zwischen Vorgehensmodellen von Gesundheitsmanagement, der Konzeption und Umsetzung von Gender Mainstreaming, Steuerungsaktivitäten der Akteure und partizipativen Prozessen im Gesundheitsmanagement untersuchen zu können, wurden entsprechende Fälle ausgewählt:

Als Fälle wurden Gesundheitsmanagement-*Projekte* in der niedersächsischen Landesverwaltung ausgewählt, da diese aufgrund ihrer Einbettung in einen gemeinsamen, übergeordneten Kontext vergleichbar waren. Die Projekte basierten – zumindest dem Anspruch nach – auf einem gemeinsamen Grundkonzept, dem Leitfaden des Landes zur Einführung von Gesundheitsmanagement und einem Kabinettsbeschluss zu diesem Thema. Der Leitfaden und der Kabinettsbeschluss waren Grundlage eines Förderverfahrens, an dem alle untersuchten Projekte teilgenommen hatten.

Damit konnte von einem grundlegend ähnlichen Verständnis von Gesundheitsmanagement ausgegangen werden, welches sich an den Prinzipien Beteiligung und Ganzheitlichkeit orientierte. Alle Projekte waren im Rahmen der Förderbedingungen angehalten, Gender Mainstreaming als fünftes Prinzip anzuwenden. Das den Projekten zugrunde gelegte konzeptionelle Grundverständnis ist eine Voraussetzung für die Validität der Untersuchung. Denn die Auswertung der Fälle ist theoriegeleitet – sie basiert auf dem in Kapitel vier ausgearbeiteten Verständnis von Gesundheitsmanagement als einer gesundheitsförderlichen Organisationsentwicklung. Fälle, in denen ein grundsätzlich anderes Verständnis von Gesundheitsmanagement vertreten würde, ließen sich im Rahmen dieser Untersuchung nicht sinnvoll analysieren.

Unterscheiden sollten sich die Fälle jedoch hinsichtlich ihres konkreten Projektverlaufes, ihrer Ergebnisse und in der Wahrnehmung und Umsetzung von Gender Mainstreaming seitens der Akteure. In der Tabelle sind die wesentlichen Merkmale der untersuchten Fälle dargestellt.

Tabelle 3: Auswahl der Fälle

Fall	Genderrelevante Ergebnisse	Selbsteinschätzung	Reflektiertes Gender-Wissen	Beteiligungsprozess
Krankenhaus	hoch	niedrig	mittel/niedrig	hoch, teilweise niedrig
Gerichtsbarkeit	mittel/niedrig	mittel	niedrig	hoch, teilweise niedrig
Aufsichtsbehörde	niedrig	hoch	hoch	niedrig

5.5. FORSCHUNGSDESIGN

Zur Vorbereitung der Fallstudie wurden mögliche Fälle im Feld Gesundheitsmanagement im Öffentlichen Dienst in der niedersächsischen Landesverwaltung untersucht. Der Zugang zum Feld war grundsätzlich durch die Beteiligung des Instituts für interdisziplinäre Arbeitswissenschaft gegeben, das die Konzeption und Einführung von Gesundheitsmanagement in der Landesverwaltung begleitet hatte. Die Auswahl der Fälle erfolgte auf der Grundlage einer Analyse von Gesundheitsmanagement-Projekten. Hierzu wurden Projektanträge, projektinterne Dokumentationen sowie die Ergebnisse von Evaluationsworkshops herangezogen (vgl. Abbildung 7, die das gesamte Forschungsdesign schematisch darstellt).

Abbildung 7: Forschungsdesign

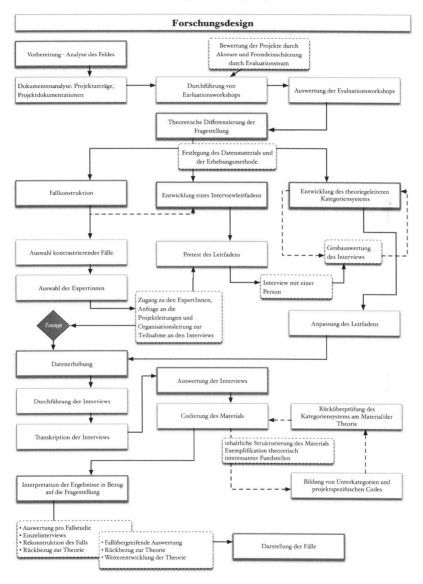

Quelle: eigene Abbildung

Als Datenmaterial für die Fallstudien wurden Projektanträge, Projektdokumentationen und Interviews mit Projektbeteiligten festgelegt. Entlang der theoretischen Fragestellung und der daraus abgeleiteten Fallkonstruktion wurden der Interviewleitfaden und das Kategoriensystem zur Auswertung der Interviews entwickelt. Letzteres wurde ihm Rahmen der qualitativen Inhaltsanalyse in Anlehnung an Mayring (1993) im weiteren Verlauf des Forschungsprozesses am Material überprüft und weiterentwickelt.

5.5.1. Auswahl des Materials - Erhebungsmethode

Eine kontinuierliche Begleitung der Projekte und die Erhebung von Daten im laufenden Prozess der Projekte wäre wünschenswert gewesen. Dies konnte im Rahmen dieser Untersuchung aufgrund der begrenzten Ressourcen jedoch nur eingeschränkt erfolgen. Gleichwohl konnten unterschiedliche Datenquellen und Methoden herangezogen werden, um durch eine Triangulation der Erhebungsmethoden unterschiedliche Perspektiven auf den Gegenstand zu ermöglichen (vgl. Wilz und Peppermeier 2012, 192). Durch eine Dokumentenanalyse konnten die institutionellen Rahmenbedingungen der Projekte (rechtliche Grundlagen, Fördermittel, Richtlinien) sowie das Grundverständnis der Projektbeteiligten zu Beginn der Projekte ermittelt werden. Der Verlauf der Projekte und deren Ergebnisse wurden anhand von Projektdokumentationen und später anhand der Schilderungen in den Interviews rekonstruiert. In einem eintägigen Evaluationsworkshop mit Mitgliedern der Steuerungs-/Projektgruppen am Ende der Projektlaufzeit bzw. des ersten Projektzyklus konnten diese Daten durch Einschätzungen der Beteiligten über den Projektverlauf und sein Ergebnisse ergänzt werden. Für eine Analyse der handlungsorientierenden Wissensbestände wurden leitfadengestützte Interviews mit Mitgliedern der Steuerungsgruppen sowie deren BeraterInnen durchgeführt.

5.5.2. Zugang zum Feld - Auswahl der InterviewpartnerInnen

Bei der Auswahl der Interviewten wurde darauf geachtet, dass die unterschiedlichen Perspektiven von Leitung/Management und MitarbeiterInnen vertreten sind. Hierfür wurde jeweils eine Vertretung der Hausleitung interviewt und wenn möglich eine weitere Führungskraft. Für die MitarbeiterInnen wurde deren Interessenvertretung, d.h. ein Mitglied des Personalrates, befragt. Für die Analyse der konzeptionellen Ausrichtung in der Steuerungsgruppe wurde jeweils die BeraterIn bzw. die Projektleitung interviewt. Die Gleichstellungs- oder Frauenbeauftragte bzw. die jeweilige Person, die als Vertretung des Gleichstellungsbüros *wahrgenommen* wurde, wurde als Expertin für Gleichstellungsfragen interviewt.

Tabelle 4: Übersicht der Interviews

Interviewte Personen	Erwartete Expertise zu den Perspektiven:			
	Gleichstellungsperspektive	Konzeption des Projektes/Koordination	Managementperspektive/Führungskräfte	Beschäftigten Perspektive
Krankenhaus				
Leitung			x	
Personalrat		x		x
KoordinatorIn		x		
BeraterIn		x		
Moderation	x			
Gerichtsbarkeit				
Leitung			x	
Projektleitung		x	x	
Frauenbeauftragte	x			
Personalrat			x	x
Aufsichtsbehörde				
Leitung			x	
Führungskraft				
Personalrat		x		x
Gleichstellungsbeauftragte	x			x
BeraterIn		x		

Die in Frage kommenden Personen waren aus der Vorbereitungsphase und den Evaluationsworkshops persönlich bekannt, so dass der Zugang zu den gewünschten Personen mit den entsprechenden Funktionen im Projekt gegeben war. Über den Personalrat oder die Projektleitung wurde angefragt, ob die Organisation und die gewünschten Personen an der Fallstudie teilnehmen können. Mit den Leitungen/Projektleitungen wurden dann die Termine für die Interviews vereinbart. Alle angefragten Projekte und InterviewpartnerInnen wurden genehmigt und haben an der Studie teilgenommen.

Der bereits bestehende Zugang zum Feld hat in dieser Untersuchung eine primäre Selektion (Flick 2005, S. 298) der InterviewpartnerInnen ermöglicht. Die Kenntnis des

Feldes und der zu untersuchenden Fälle und der beteiligten Personen war, neben den Vorteilen für die Planung und Konkretisierung des Forschungsprozesses, gleichzeitig auch ein Erschwernis. Sie erforderte von der Interviewerin, sich den Fällen und Personen gegenüber unwissend zu machen, auf Distanz zu gehen. Dies konnte durch die Ausarbeitung der theoretischen Aspekte und Fragestellungen geleistet werden. Zudem unterstützte die Trennung der einzelnen Forschungsschritte in Erhebung, Transkription, Codierung und theoriegeleitete Interpretation diese Distanzierung. Die Nähe zum untersuchten Feld gebot dennoch einen respektvoll-vorsichtigen Umgang mit den InterviewpartnerInnen. In der Interviewsituation war es nach Einschätzung der Autorin zentral, das Interview als ein interessiert nachfragendes Gespräch zu führen - und nicht als „abfragend" wahrgenommen zu werden. Dies hatte Auswirkungen auf die Gestaltung des Interviewleitfadens. Die nahe liegende Frage: „Was verstehen Sie unter Gender Mainstreaming?", wurde beispielsweise *nicht* gestellt, da die Einschätzung vorlag, dass die Frage in dieser direkten Form als „Prüfungsfrage" aufgefasst würde und die Beteiligten kompromittieren könnte.

5.5.3. Aufbau der Interviews

Der Interview-Leitfaden war so aufgebaut, dass zunächst nach der Entstehung und den Zielen des Projektes gefragt wurde. Anschließend wurden die Interviewten aufgefordert, den Projektverlauf zu schildern und anzugeben, welche Meilensteine und wichtigen Entscheidungen es gegeben hat. In diesem Abschnitt wurde nicht direkt nach Gender Mainstreaming oder Geschlechterkonflikten gefragt. Sollte Gender Mainstreaming systematisch umgesetzt worden sein, müsste dies in den Beschreibungen der Ziele, der Meilensteine, des Vorgehens oder der Entscheidungen benannt werden. (Dies ist in der Regel nicht der Fall.) Gleichwohl werden in diesem Abschnitt Fragen gestellt, die darauf abzielen, Vorgehensweisen sichtbar zu machen, die für die Umsetzung von Gender Mainstreaming von Belang sind, aber nicht als solche erkannt wurden. So wird in Bezug auf die Diagnose/Mitarbeiterbefragungen nach den Inhalten und der Auswertung gefragt, z. B. danach, ob nach Geschlecht ausgewertet wurde. Im Fragekomplex „Ziele" wurde danach gefragt, ob und in wiefern die Zielvorgaben im Kabinettsbeschluss eine Rolle gespielt haben. Da dieser Beschluss Grundlage für die Einführung und Förderung der Projekte war und dort Gender Mainstreaming als Prinzip formuliert wurde, wäre zu erwarten gewesen, dass sich die interviewten AkteurInnen zu diesem Thema äußern.

Erst nach der ausführlichen Beschreibung des Projektes wurden die Interviewten gefragt, wie das Prinzip Gender Mainstreaming im Projekt umgesetzt wurde. Erwartungsgemäß schätzten die Interviewten die Umsetzung eher unzureichend ein. An dieser Stelle waren im Leitfaden ebenfalls vertiefende Nachfragen vorgesehen, die mögliche Operationalisierungen von Gender Mainstreaming abfragen. Mit ihnen wurde erhoben, ob und wie mögliche Zielgruppen definiert wurden, ob eine entsprechende Analyse gemacht wurde etc. Die Antworten decken sich teils mit den im Verlauf geschilderten Antworten, wobei die meisten Befragten hier erstmals Bezüge zum Gender Mainstreaming herstellten.

Abschließend wurden die interviewten Mitglieder der Lenkungs-/Steuerungsgruppen befragt, ob Gender Mainstreaming für sie persönlich eine Rolle spielte.

5.5.4. AUSWERTUNG DER INTERVIEWS

Die Auswertung erfolgte an der Theorie orientiert und sah zunächst die Anwendung übergeordneter Kategorien zur Strukturierung des Materials vor. Gleichzeitig sollte das Kategoriensystem offen gegenüber dem Material bleiben, um spezifische Themen, Konstellationen und Rahmenbedingungen der Fälle, die für ihr Verständnis zentral sind, aufnehmen zu können. So wurden in der Rückkopplung des Materials an die Theorie Anpassungen der Codes vorgenommen und Unterkategorien gebildet. In der Auswertung erster Interviews wurde z. B. deutlich, dass jedes Projekt einen roten Faden in den Erzählungen der beteiligten InterviewpartnerInnen aufwies, der ergänzend im Kategoriensystem zu erfassen war.

Die Interviews wurden fallweise nach den übergeordneten Kategorien Projektverlauf, Belastungen und Ressourcen betroffener Personengruppen, Maßnahmen, Schilderungen von geschlechtstypischen Belastungen und Ressourcen so wie nach Aussagen zum Verständnis von Gender Mainstreaming codiert. Die Unterkategorien für Belastungen und Ressourcen sind der jeweiligen Fallstudie angepasst, da sich die Codes z. B. auf Teilprojekte und für den Fall spezifische Berufsgruppen beziehen. Für jede Fallstudie wurde der Projektverlauf auf der Grundlage der übergreifenden Auswertung der zugehörigen Interviews rekonstruiert. Hierbei wurden auch projektspezifische Themen und Konstellationen herausgearbeitet, die die Besonderheiten des Falls erklären oder bestimmte Aspekte der Fragestellung besonders deutlich zum Vorschein brachten.

Zur Rekonstruktion des Projektverlaufs zählte auch die Identifikation der im Gesundheitsprojekt ermittelten Belastungen und Ressourcen, deren Weiterbearbeitung im Prozess, die Ermittlung zugehöriger Maßnahmen und die Identifikation der betroffenen Personengruppen nach Geschlecht und Tätigkeitsbereich/Berufsgruppe. Es wurde untersucht, ob die Interviewten in ihren Schilderungen von Belastungen und Ressourcen Bezüge zu Gender Mainstreaming oder Gleichstellungsaspekten herstellen. Ebenfalls analysiert wurde, ob – unabhängig von der Wahrnehmung der Interviewten – genderrelevante Aspekte thematisiert und bearbeitet wurden.

Dem Projektverlauf und seinen Ergebnissen wurde das jeweilige Verständnis der Projektbeteiligten von Gender Mainstreaming und dessen (fehlende) Konzeptualisierung sowie das methodische Vorgehen im Projekt und die Projektsteuerung gegenüber gestellt.

5.5.5. Anmerkung zur Darstellung der Fallstudien

Die Darstellung der Fallstudien beinhaltet eine Projektbeschreibung, eine Darstellung des vorherrschenden Verständnisses von Gender Mainstreaming sowie der Ergebnisse des Kernprozesses – welche Belastungen wurden erhoben, wer war davon betroffen und welche Maßnahmen wurden entwickelt und umgesetzt. Die Schwerpunktsetzung in der Darstellung der Fallstudien sowie die Reihenfolge der Punkte unterscheiden sich jedoch. Die drei Fallstudien lassen sich jeweils unterschiedlich charakterisieren. In der ersten Fallstudie (Krankenhaus) wird vor allem die Bedeutung von Zielen und der methodischen Gestaltung und der Steuerung des Gesundheitsmanagement-Prozesses deutlich. Dort verwischen sich die Ziele und damit die Orientierung im Projekt durch eine Verzahnung mit einem auf Kundenzufriedenheit orientierten Projekt. In der Darstellung findet sich daher ein zusätzlicher Abschnitt zu Zielen und Projektsteuerung. Eine Auseinandersetzung mit Gender Mainstreaming erfolgte nicht systematisch und das zutage getretene Verständnis ist eher differenzorientiert. Die Steuerung ist stark auf eine Person konzentriert. Das Gesundheitsmanagement-Projekt als beteiligungsorientiertes Verfahren wird von der Leitung aktiv unterstützt.

Die zweite Fallstudie (Gerichtsbarkeit) hingegen zeichnet sich durch eine höhere Professionalisierung, stärkere interne Unterstützung durch eine Fachabteilung und eine externe Beratung aus. Das beteiligungsorientierte Verfahren wird auch hier von der Leitung getragen. Die Steuerung des Prozesses ist stärker vergemeinschaftet als in der ersten Fallstudie. Gender Mainstreaming spielt in dieser Projektgruppe eine deutlich prominentere Rolle. Die Beteiligten stellen Verbindungen zwischen den erhobenen Belastungen und entwickelten Maßnahmen mit Gender Mainstreaming her. Einzelne Fragmente des Konzepts tauchen bereits in der Konzeption und Durchführung des Projektes auf. Das Verständnis von Gender Mainstreaming ist unterschiedlich, zum Teil werden strukturelle Aspekte der Geschlechterungleichheit gesehen. Es besteht eine höhere Sensibilität für soziale Ungleichheiten und hierarchische Strukturen und die damit verbundene Arbeitsteilung. Da in diesem Projekt die Verknüpfung von Genderaspekten mit den Vorgehensweisen, den geschilderten Belastungen und Ressourcen sowie den entwickelten Maßnahmen besonders deutlich wird, wird abweichend von der ersten Fallstudie das Verständnis von Gender Mainstreaming vorangestellt. Die Belastungen und Interventionen werden anschließend dargestellt, allerdings nicht nach Personengruppen und Tätigkeitsbereichen, sondern in ihrem Bezug zur Genderthematik.

Die Dritte Fallstudie (Aufsichtsbehörde) zeichnet sich dadurch aus, dass sowohl der Berater als auch einzelne Mitglieder der Steuerungsgruppe über einschlägige Kenntnisse zu mittelbarer Diskriminierung verfügen und sich für eine systematische Umsetzung von Gender Mainstreaming stark machen. Dem steht jedoch ein Grundkonflikt gegenüber, der immer wieder die Beteiligungsorientierung des Projektes in Frage stellt. Damit wird auch die erfolgreiche Durchführung des Kernprozesses erschwert. Diese Fallstudie zeigt besonders deutlich die Bedeutung eines partizipativen Vorgehens, ohne welches Belastungen nicht reduziert werden und Genderaspekte kaum bearbeitet werden können. Die Verknüpfung von Belastungs- und Ressourcenkonstellationen mit Gender-Aspekten wird in dieser Studie nicht nacheinander dargestellt, sondern entlang der Interventionsversuche.

In der Darstellung der Interviewpassagen werden die Personen möglichst entsprechend ihrer Funktion im Projekt kenntlich gemacht – als Beraterin, Leitung oder Frauenbeauftragte oder Personalratsmitglied. Um die Anonymität der Beteiligen zu wahren, wurden jedoch Angaben zu Geschlecht oder Funktion so variiert, dass Rückschlüsse auf die Person nicht möglich sind.

6. Gesundheitsmanagement in der Gerichtsbarkeit
„Den Masterplan im Kopf"

6.1. PROJEKTBESCHREIBUNG

Im Rahmen der Verwaltungsmodernisierung der Landesverwaltung Niedersachsen sind seit den 90er Jahren vor Beginn des Projektes weitreichende Umstrukturierungen vorgenommen worden, die auf eine Modernisierung und eine verbesserte Leistungsfähigkeit der Gerichtsbarkeit abzielten. Ein zentraler Aspekt der Modernisierung bestand in der Neugestaltung der Ausbildung und Aufgaben der Jusitzfachangestellten. Diese wurden an die Aufgaben der BeamtInnen angepasst und auf die neuen Anforderungen durch Informations- und Kommunikationstechnologien und an die Büroorganisation ausgerichtet. Diese Erweiterung der Aufgaben ging einher mit einer Höherbewertung der Tätigkeiten. Die getrennt organisierten Bereiche der Justizfachangestellten (Kanzleien mit überwiegender Schreibtätigkeit) wurden mit denen der BeamtInnen zu Serviceeinheiten zusammengefasst. Die Hauptbeschäftigtengruppen am Gericht sind die Angestellten und BeamtInnen in den Serviceeinheiten, die allgemeine Verwaltung/Verwaltungsleitung, die Wachtmeister/Hausmeister und die RichterInnen.

Im Zuge der Modernisierung der Gerichtsbarkeit wurden neue Steuerungsinstrumente eingeführt, zu denen auch die Durchführung von Benchmarkings zählen. Dem hier untersuchten Projekt ist ein solches Benchmarking-Projekt vorausgegangen. Das Vergleichsprojekt umfasste Kennzahlen zur Arbeitsbelastung und Arbeitsleistung einzelner Gerichte, Krankenstände, Mitarbeiterzufriedenheit und Kundenzufriedenheit. Im Gesundheitsmanagement-Projekt wurde auf dieses Projekt Bezug genommen. Aus den Ergebnissen des Vergleichsprojektes wurden unterschiedliche Handlungsschwerpunkte und Ziele für das Gesundheitsmanagement abgeleitet.

Das Benchmarking-Projekt selbst zielt auf die Verbesserung der Organisation und Leistungsfähigkeit der Gerichte. Im Rahmen dieser Ziele wird ein Zusammenhang zwischen Krankenständen, Mitarbeiterzufriedenheit und der Leistungsfähigkeit der Organisation angenommen. Die Mitarbeiterorientierung, wie sie in einer Reihe von Management- und Steuerungskonzepten konzipiert ist (Balanced Score Card, Qualitätsmanagement etc.), dient dazu, Schwachpunkte in der Arbeitsorganisation und in Abläufen zu erkennen, Qualität zu verbessern und die Leistungsfähigkeit der Organisation und der MitarbeiterInnen zu erhalten und zu verbessern. Die MitarbeiterInnen werden im Rahmen dieser Steuerungssysteme als unverzichtbare Ressource und Grundlage der Organisation thematisiert, ohne die die Aufgabe der Organisation nicht zu erfüllen ist. Daten zur Mitarbeiterzufriedenheit oder Arbeitszufriedenheit lassen sich als Hinweise auf mögliche Fehlbelastungen oder mangelnde personelle und organisationale Gesundheitsressourcen lesen, die sich auf Krankenstände auswirken können und eine Einschränkung/Verletzung der „Humanressourcen" bedeuten. Die Gesundheit und Leistungsfähigkeit (und den Leistungswillen) der Beschäftigten zu erhalten, hat im Diskurs des öffentlichen Dienstes einen hohen Stellenwert, da die Erfahrung vorherrscht, dass Personal bis zur Verrentung in der Organisation verbleibt und dass Kosten für Frühverrentungen ebenfalls im Budget der öffentlichen Hand verbleiben.

Der Fokus auf „Humanressourcen" und Mitarbeiterorientierung in den Steuerungsmodellen bot den Akteuren eine Möglichkeit, in diesem Projekt an laufende Prozesse anzuknüpfen - auf der konzeptionell-praktischen Ebene der Durchführung von Projekten als auch auf der legitimatorischen Ebene. Die Akteure in diesem Projekt knüpften explizit an die Modernisierungsprozesse und ein bestehendes Benchmarking-Projekt an. Dies führte jedoch auch zu methodischen Schwierigkeiten und Zielkonflikten im Projekt, da sich die Handlungsorientierung im Projekt aus unterschiedlichen Zielen speiste, die im Verlauf des Projektes nicht immer transparent waren und somit auch nicht als Zielkonflikte reflektiert wurden. Prominentes Beispiel war in diesem Projekt die Umsetzung von Kundenwünschen, die aus Sicht der MitarbeiterInnen zu Mehrarbeit bzw. zu ungeliebten Aufgaben und Konflikten führten. Das Gesundheitsmanagement knüpfte vor allem an den Ergebnissen der Personalbefragung und der Erhebung der Krankenstände aus dem Benchmarking-Projekt an, um den Handlungsbedarf im Projekt zu ermitteln. Geschäftsführung und Personalvertretung (in Teilen) schätzten die Arbeitsbelastung im Gericht im Vergleich zu anderen Gerichten und in Bezug auf die Stellenausstattung als relativ ausgewogen ein, da sie im Vergleich zu anderen Gerichten einen relativ hohen Stellenschlüssel hätten.

Handlungsschwerpunkte im Projekt

Handlungsschwerpunkte wurden in den Bereichen Wachtmeisterei/Hausmeister und in den Serviceeinheiten ermittelt. Der Verwaltungsbereich hatte keine Priorität. Die Richterschaft blieb weitgehend aus dem Projekt ausgeklammert, was die Befragten mit der richterlichen Unabhängigkeit begründeten.

In den Handlungsschwerpunkten wurden Workshops mit den Betroffenen durchgeführt, um deren Belastungen zu ermitteln und Verbesserungsvorschläge zu entwickeln.

- Mit den Wachtmeistern und Hausmeistern wurde ein Workshop zur Analyse ihrer Belastungen und Entwicklung von Verbesserungsvorschlägen durchgeführt. Anschließend gab es einen zweiten Workshoptermin mit den Führungskräften.

- Ein weiterer Workshop wurde mit Vertreterinnen der Serviceeinheiten aus verschiednen Senaten des Gerichts durchgeführt. Ein zweiter vertiefender Workshop mit Vertreterinnen der Serviceeinheiten konnte wegen mangelnder Teilnahme nicht durchgeführt werden.

Durchgeführte Einzelmaßnahmen

Neben den Workshops zur Analyse der Arbeitsbelastungen und Entwicklung von Verbesserungsvorschlägen wurden eine Reihe von Einzelmaßnahmen durchgeführt:

- Rückenschule
- Apfeltag
- Walking Treff
- Ruheraum

- Massagen
- Grippeschutzimpfung
- Vorträge
- rauchfreies Gebäude

nicht angenommen:
- Eltern-Kind-Zimmer/ Mutter-Kind-Zimmer

Parallel zur Durchführung des Gesundheitsmanagements wurde die Funktionszeit im Gericht eingeführt. Diese wird zum Teil mit Gesundheitsmanagement in Verbindung gebracht.

Das Projekt wurde durch eine Steuerungsgruppe gesteuert, in der u.a. Geschäftsführung, Frauenbeauftragte und eine Koordinationsbeauftragte, der Vertreter des Richterrats und ein Mitglied des Personalrates vertreten waren. Die Leitung oblag der Geschäftsführung des Hauses. Diese war der treibende Motor für das Projekt und hatte „den Masterplan im Kopf". Eine kontinuierliche Begleitung der Steuerungsgruppe durch externe BeraterInnen erfolgte nicht. Aus den Interviews wird deutlich, dass die konzeptionelle Arbeit und Planung der einzelnen Schritte maßgeblich durch die Geschäftsführung erfolgten. Die Aktivitäten im Projekt stehen und fallen mit der Geschäftsführung des Projektes. Ein Teil der Mitglieder der Steuerungsgruppe gibt an, bis zum Schluss keinen roten Faden erkannt zu haben. Es gab kein gemeinsames Bild vom Gesundheitsmanagement. Mehre Mitglieder der Steuerungsgruppe beklagten die mangelnde Transparenz über das Vorgehen und den Stand des Projektes in der Steuerungsgruppe wie gegenüber der Belegschaft. Die Dokumentation der Workshops erfolgte uneinheitlich und der Umgang mit den Ergebnissen blieb zum Teil unklar. Eine systematische Überprüfung der Ergebnisse und Umsetzung der Maßnahmen sowie deren systematische Nachsteuerung erfolgte nicht.

6.2. ZIELE ALS HANDLUNGSLEITENDER FOKUS

In Kapitel drei ist im Abschnitt „Anmerkungen zur Planbarkeit von Veränderungsprozessen" argumentiert worden, dass organisationaler Wandel durch einen kollektiven Austausch über den aktuellen Systemzustand der Organisation und die Konstruktion eines möglichen Soll-Zustandes initiiert wird. Seine Steuerung erfolgt durch die Konzeption und Umsetzung eines Vorgehensmodells. Wichtig ist dabei die Verknüpfung von Veränderungen im Verhalten mit Veränderungen des Verständnisses des Problems. Das Vorgehensmodell selbst beinhaltet dabei sowohl die Konstruktion des Problems, der relevanten Zusammenhänge/Ursache-Wirkungsbeziehungen als auch Vorstellungen darüber, *wie* in diesen Zusammenhang (mit welchen Instrumenten und Verfahren) *interveniert* werden kann. In dieser Fallstudie wird exemplarisch sichtbar, welche Rolle methodische Kompetenzen, Know-how und Fachwissen für die Gestaltung von Veränderungsprozessen spielen. Die Mitglieder der Steuerungsgruppe benötigen Kompetenzen und Wissen über Projektmanagement (Funktion von Zielen, Modelle der Systematisierung von Zielen, Methoden zur Entwicklung von Zielen in Gruppen etc.), Kenntnisse über Organisationen als soziale Systeme und Ansätze zur Intervention sowie Fachwissen über den Zusammenhang von Arbeit und Gesundheit. Sie brauchen dieses Wissen, um Ziele und Vorgehensweisen im Projekt legitimieren zu können und um einschätzen zu können, welche Vorgehensweisen und Methoden angemessen und zielführend sind.

Die Definition von Zielen hängt davon ab, welche Zusammenhänge unterstellt und welche (und wessen) Interessen vertreten werden. Es ist anzunehmen, dass die Entwicklung von Zielen Zeit in Anspruch nehmen muss und eine gemeinsame Qualifizierung der Beteiligten voraussetzt. Der „theoretischen" Konstruktion des Gesundheitsmanagements kommt dabei eine besondere Bedeutung zu, da sie spezifische Weichenstellungen für spätere Aushandlungsprozesse legt.

Als Ziele des Projektes benennen die Akteure insbesondere die Erhöhung der Mitarbeiterzufriedenheit, Senkung der Krankenstände (in auffälligen Bereichen), Verbesserung der Arbeitsabläufe (Arbeitsweisen), der Arbeitsbedingungen, Stressabbau, Förderung von Wohlbefinden und Gesundheit (mit Verweis auf den Leitfaden des Landes) und möglichst viele MitarbeiterInnen zu erreichen. Einig sind sich die interviewten Akteure, dass man sich auf die Reduzierung der Krankenstände und die Förderung der Mitarbeiterzufriedenheit verständigt habe, letztlich auch auf der Grundlage der vorliegenden Zahlen aus dem Benchmarking-Projekt. Man einigte sich darauf, Gruppen zu identifizieren, in denen es eine hohe Unzufriedenheit und/oder hohe Krankenstände gibt, und dort Gesundheitszirkel einzusetzen. Handlungsbedarf entsteht dort, „wo der Schuh drückt". Eine solche Einigung setzt voraus, dass die Beteiligten in der Steuerungsgruppe die von den Beschäftigten artikulierten Belastungen legitimerweise im Gesundheitsmanagement thematisiert werden dürfen und als Ausdruck ihrer Interessen auch verhandelt werden. Des Weiteren setzt sie voraus ein entsprechendes Verständnis von Gesundheitsmanagement voraus, in dem z. B. alltägliche Ärgernisse als gesundheitsrelevante Einflussfaktoren anerkannt werden und beteiligungsorientierte Instrumente adäquate Mittel zu deren Bearbeitung darstellen.

Dies hängt maßgeblich davon ab, wie die Betroffenen den Zusammenhang von Arbeit und Gesundheit begreifen. Denn je nach unterstelltem Zusammenhang fallen auch die daraus abzuleitenden Interventionsmöglichkeiten unterschiedlich aus.

Den Beteiligten fiel es schwer, ein systematisiertes und gemeinsames Verständnis zu entwickeln, wie Gesundheitsmanagement durch Ziele gesteuert werden soll. Exemplarisch formuliert ein Mitglied der Steuerungsgruppe, wie schwierig es war, im Gesundheitsmanagement Ziele zu formulieren und diese in ein angemessenes Vorgehen zu übersetzen.

Mitglied der Steuerungsgruppe: „[...] Ja dann haben wir uns über den Ablauf Gedanken gemacht, wie [...] es war eigentlich so rege hin und her. Erstmal so auch die Ziele versuchen zu erfassen. Am Anfang weiß ich das war so richtig so wie so'n Gespinst so, dass man gar nicht wusste, was will ich denn jetzt eigentlich erreichen und vor allem, wie komm' ich denn jetzt dahin. Also das war sehr verwirrend am Anfang und ich denke mal deswegen haben wir auch sehr lange gebraucht, weil unterschiedliche Meinungen auch gekommen sind, dass man eben erst so Ziele vor Augen hat und dann eigentlich noch gar nicht weiß, ist es denn jetzt auch wirklich das Ziel. Können wir denn das Ziel vorgeben oder soll es nicht jemand anders, wo der Schuh eben drückt, das Ziel vorgeben. Und vor allen Dingen, wie soll der Ablauf sein? Kann ich den Ablauf jetzt auch vorgeben, oder müssen nicht den Ablauf die anderen vorgeben, die eigentlich das Ziel dann steuern sollen. Dass die den Ablauf vorgeben. Also das war am Anfang endlos lange Diskussion. Also ich denke, das hat das auch am Anfang unwahrscheinlich in die Länge gezogen, wo wir dann auch nach Monaten festgestellt, jetzt müssen wir erst mal was tun, sonst kriegen wir auch die Mitarbeiter nicht ins Boot mit rein. Also irgendwo so'n bisschen Futter erst mal geben. Dass die, ja/"

Interviewerin: „Wie, wie sind Sie da rausgekommen, aus diesem Zielebrei?"

Mitglied der Steuerungsgruppe: "Ja wir haben uns dann wieder an diesem [Benchmarking-Projekt], an diesen Zahlen festgeklammert und haben dann geguckt, dass der Krankenstand in den Serviceeinheiten am höchsten ist, im Angestelltenbereich, und haben dann hier hausintern noch mal so'n bisschen das erforscht und haben versucht nachzuvollziehen, wo es denn noch Probleme geben könnte. Wir haben festgestellt, dass es in der Gruppe der Wachtmeister auch einen Konflikt gibt, was eigentlich für uns, oder für jeden im Haus eigentlich offensichtlich ist, dass es da Probleme geben könnte, die wir durch Bildung eines Gesundheitszirkels dann minimieren können, die Probleme oder halt ein Ziel, was die [MitarbeiterInnen, NP] vorgeben, stecken können. [...] Also wir haben das dann so in dieser Ar-

beitsgruppe halt oder Gesundheitszirkel, wir sind dann letzten Endes zu der Einigung gekommen, dass wir diese Gesundheitszirkel so bilden, dass wir die Personenkreise festlegen, aus denen sie bestehen sollen. Nämlich a) Wachtmeister, b) Serviceeinheiten, Nachfragen in der Verwaltung, da gab's, so viel ich weiß, keine Resonanz. "

Die Formulierung „*oder soll es nicht jemand anders, äh wo der Schuh eben drückt, das Ziel vorgeben*", deutet auf eine fehlende Systematisierung von Zielen hin. Eine mögliche Systematisierung von Zielen im Projektmanagement ist die Unterscheidung von Projektzielen, die eine handlungsleitende Orientierung geben und in Konfliktfällen ermöglichen sollen, zwischen dem Projekt dienlichen – also zielführenden – Maßnahmen und solchen, die anderen Zielen dienen, zu unterscheiden. Mitarbeiterzufriedenheit war in dieser Fallstudie eines der Projektziele. Dieses Ziel müsste jedoch operationalisiert werden – woran wollen die Projektakteure Mitarbeiterzufriedenheit erkennen? Die Formulierung, „wo der Schuh drückt" entspricht einer solchen Operationalisierung. Um herauszufinden, wo „der Schuh drückt", wurden die Beschäftigen befragt und die Analyse der Krankenstände herangezogen. Mit der Durchführung der Bestandsaufnahme werden Prozessziele erreicht. Die Projektziele, die gezwungener maßen allgemein gehalten sind, stehen im obigen Zitat auf der gleichen Ebene wie Prozessziele.

Des Weiteren verschwimmen im obigen Zitat die Art und Funktion der Beteiligung der Beschäftigten. Auf der Ebene der Steuerungsgruppe verhandeln Leitung und Interessenvertretungen über die Projektziele auf der Grundlage der angenommenen Zusammenhänge von Arbeit, Gesundheit und Leistungsfähigkeit der Organisation. Auf der Ebene der Gesundheitszirkel sind die Beschäftigten in die Diagnose der Ursachen von Unzufriedenheit/Fehlbelastungen etc., deren Bewertung und Priorisierung und in die Entwicklung von Lösungs-/Verbesserungsideen eingebunden. Sie konkretisieren die Projektziele „*oder halt n' Ziel dann, was die vorgeben, stecken können*", indem sie herausarbeiten, worin z. B. ihre Unzufriedenheit besteht.

Im nächsten Abschnitt, „*Und vor allen Dingen, wie soll der Ablauf sein? Kann ich den Ablauf jetzt auch vorgeben, oder müssen nicht den Ablauf die anderen vorgeben, die eigentlich äh, ja das, das Ziel dann steuern sollen. Dass die den Ablauf vorgeben. Also das war am Anfang eine endlos lange Diskussion.*", offenbart Ähnliches:

Das Analysieren von Arbeitsbedingungen und das Erarbeiten von Lösungsvorschlägen ist gedanklich auf derselben Ebene angesiedelt wie die Gestaltung des Projektverlaufes insgesamt. Dies deutet auf eine fehlende Systematik für die Gestaltung von Organisationsentwicklungsprojekten hin. So gibt die Frauenbeauftragte an anderer Stelle des Interviews an, dass ihr der rote Faden des Projektes über den gesamten Verlauf des Projektes gefehlt habe. Erst in der Rückschau des Evaluationsworkshops habe sie diesen erkannt. Die Steuerung des Projektes erfolgte maßgeblich durch die Geschäftsführung, diese hatte den „Masterplan im Kopf". Ein gemeinsames Verständnis der Steuerungsgruppe von Gesundheitsmanagement stellte sich nach Aussage der Beteiligten erst im Nachhinein, in der Reflexion des Prozesses her. Diese Entwicklung und das sich erst im Nachhinein einstellende Verständnis dokumentiert den Lernprozess der Beteiligten im Projekt. Es wird auch deutlich, wie hoch die Anforderungen sind, die an betriebliche Akteure gestellt werden, die solche Prozesse begleiten sollen.

In weiteren Interviewabschnitten wird deutlich, dass die Ziele des Projektes häufig mit den einzelnen Maßnahmen des Projektes gleichgesetzt werden, wie Vergünstigungen fürs Fitnessstudio, Massagen am Arbeitsplatz etc.

> *Interviewerin: „Mh, und in der Steuerungsgruppe selbst, gab's da mal äh Ziele, wo sie sich nicht einigen konnten?"*
>
> *Personalrat: „Hooh, da muss ich mal überlegen. Ja, es gibt schon einige Dinge, wo man einfach gesagt hat, das müssen wir den Leuten schon selbst überlassen [...]. Mit dem Kochkurs, dass einige gesagt haben, da müssen wir mal sehen, dass man gesünder kocht, und auch einige gesagt haben, also das/ wir haben jetzt hier oben mit den Massagen, wie haben das andere da gemacht und, dass die Leute auch irgendwie selbst privat dafür sorgen sollen, und nicht noch dass hier in der Dienststelle denn gesagt wird, und das kostet ja auch denn letzten Endes alles Geld und es steht ja nur ein bestimmter Betrag zur Verfügung, den man hat und das haben wir fallen lassen. Weil letzten Endes auch in der Steuerungsgruppe wir gesagt haben, das ist zur Zeit nicht realisierbar."*

In den angeführten Beispielen wird die Massage zum Ziel des Projektes, es bleibt unklar, was denn mit den Massagen erreicht werden soll. Die Interviewpassage verdeutlicht auch, dass es bei der Aushandlung von „Zielen" (was in der vorgeschlagenen Systematik Maßnahmen sind) auch immer wieder um die Herstellung von Zusammenhängen geht: Jemand hat den Vorschlag eingebracht, Massagen am Arbeitsplatz anzubieten, um damit die Mitarbeiterzufriedenheit zu erhöhen, oder deren Gesundheit? Oder gar um Ursachen für Unzufriedenheit abzubauen? Am Beispiel des Kochkurses wird zweierlei deutlich: a) Gesundheit wird mit gesunder Ernährung in Verbindung gebracht und b) wie sich jemand ernährt, ist nicht Sache der Organisation, das müsse man den Leuten schon selbst überlassen. Innerhalb dieser Zurechnungen von Zusammenhängen und Verantwortlichkeiten auf der mikropolitischen Ebene einer Organisation wird auch über den betrieblichen Umgang mit Gesundheit mitentschieden. Die Konstruktion des Zusammenhangs von Arbeit und Gesundheit entscheidet mit darüber, ob eine betriebliche Strategie verfolgt wird, die Entstehung und den Erhalt von Gesundheit in die Verantwortung der Einzelnen verlegt oder ob die Akteure systematisch an betrieblichen Praktiken, Strukturen und Arbeitsbedingungen ansetzen, die gesundheitliche Risiken beinhalten.

Der Projektleiter formuliert mit den Projektzielen auch sein zugrunde liegendes Verständnis vom Zusammenhang von Arbeit und Gesundheit und die damit zusammenhängende Interventionsstrategie des Gesundheitsmanagements:

> Projektleiter: „Ziel des Projektes war es, die Mitarbeiterzufriedenheit zu fördern. Das ist erst mal ein sehr schwammiges Ziel, aber es ging darum die Krankenstände in ganz bestimmten Bereichen zu senken, zum Beispiel in dem Bereich der Kolleginnen der Serviceeinheiten, da haben wir anhand der Krankenstandserhebungen sehen können, dass die erheblich über dem Durchschnitt liegt und da wollten wir was tun. Wir wollten allerdings die Mitarbeiterzufriedenheit insgesamt fördern, Stressabbau sollte eine Rolle spielen dabei, also schon mal zu gucken, wo liegen die Ursachen dafür, dass diese Fehlzeiten da sind und hatten so das Thema zum Beispiel Stressbewältigung. Und es war das Ziel einfach für die Mitarbeiter und Mitarbeiterinnen was zu tun, aber nicht nur, sondern eben halt auch für die Dienststelle die Krankenstände zu senken."

Der Projektleiter verfolgt als Ziel die Senkung der Krankenstände und Förderung der Mitarbeiterzufriedenheit. Für ihn hat das auch etwas mit Stress zu tun. Stress taucht hier als eine Ursache für Fehlzeiten auf. Als mögliche Maßnahme zum Abbau von Stress nennt er Stressbewältigung, was sich sowohl auf die Kompetenzen und persönlichen Ressourcen der MitarbeiterInnen beziehen kann, mit Stress besser umgehen zu können, als auch auf die Möglichkeit abzielen kann, die Entstehungsbedingungen von Stress durch psychosoziale Belastungen zu analysieren und Maßnahen zur Reduzierung der Belastungsfaktoren zu ergreifen. Weiter führt er aus:

> Projektleiter: „Ja wir mussten zunächst einmal klären, was soll dieses Gesundheitsmanagement überhaupt sein. Also da denke ich, hatten wir unterschiedliche Wissensstände auch, auch nach dieser Veranstaltung, dass die Mitglieder der Steuerungsgruppe auch, dass denen klar war, es geht nicht um das Ziel wir machen drei Rückenschulen im Jahr und wir machen zwei Apfeltage im Jahr und wenn wir das erreicht haben, wenn wir dieses Ziel erreicht haben, haben wir unser Ziel erreicht. Sondern dass es eben halt darum geht, Verhalten und Verhältnisse zu verändern, sondern insbesondere auch die Verhältnisse zu verändern und nachdem das so auch verinnerlicht war, es dauert erstmal 'ne ganze Zeit, neh, was soll damit überhaupt verfolgt werden, da waren wir uns sehr schnell einig und es gab keine weiteren Ziele. Daran an diesem, ja Überziel, würd' ich mal sagen, ausgerichtet, konnten wir eigentlich das Ganze gut bewerkstelligen."

Er betont in diesem Abschnitt die Absicht, im betrieblichen Gesundheitsmanagement vor allem die Verhältnisse zu beleuchten. Sowohl seine Ausführungen als auch die tatsächlich durchgeführte Vorgehensweise zeigen, dass in diesem Projekt weniger die einzelnen Personen mit ihren individuellen Kompetenzen oder ihr Gesundheitszustand im Vordergrund standen, sondern die Arbeit und Bedingungen, unter denen sie ausgeführt wird. Seine Schilderung ähnelt zudem der Schilderung der Frauenbeauftragten an anderer Stelle, dass über diesen Punkt, was denn Ziele des Gesundheitsmanagements sind, lange gerungen wurde und dass das Durchführen von Rückenschulen an sich schon als Ziel verstanden wurde und nicht als Maßnahme zur Erreichung eines Ziels. Es wird deutlich, das mit dem zugrunde liegendem Vorgehensmodell des Gesundheitsmanagements darüber mitentschieden wird, was im Rahmen von Gesundheitsmanagement thematisiert werden kann. Die Frauenbeauftragte formuliert ebenfalls, dass die Arbeitsbedingungen stimmen müssen und Faktoren, die etwas mit dem „Sich-hier-Wohlfühlen-Können" zentrale Aspekte des Gesundheitsmanagements sind. Im Projekt bemühe man sich darum, den Weg dahin zu begleiten. Sie formuliert, dass es auch sein könne, dass Personen aus dem Privaten etwas mitbringen, worauf die Organisation schlecht Einfluss nehmen könne. „Aber das, was wir hier tun können, das wollen wir auch tun." (Frauenbeauftragte)

Mit der Fokussierung auf Arbeitsbedingungen sind zum Teil sehr unterschiedliche Dinge gemeint. Die Nennungen reichen von Problemen und Konflikten am Arbeitsplatz, Vereinbarkeit von Beruf und Familie, Nichtraucherschutz bis hin zu Massagen am Arbeitsplatz.

6.3. Belastungen und Interventionen

Im Projekt standen vor allem zwei Bereiche im Fokus, in denen die Akteure Handlungsbedarf sahen: Serviceeinheiten und Wachtmeister/Hausmeister. Dabei dienten die Ergebnisse der Mitarbeiterbefragung und erhöhte Fehlzeiten in den Organisationseinheiten als Indikator für Handlungsbedarf.

Zu Verbesserung der Arbeitsbedingungen und der Arbeitszufriedenheit wurden Gesundheitszirkel eingerichtet (die als Workshops durchgeführt wurden), in denen die Beschäftigten dazu befragt wurden, „wo der Schuh drückt" und in denen nach Lösungen für die identifizierten Probleme gesucht wurde.

6.3.1. Belastungen der Wachtmeister/des Hausmeisters:

Hauptaufgabe der Wachtmeister ist der Sicherheits- und Ordnungsdienstes in den Justizgebäuden, die Vorführung von Gefangenen sowie die Durchführung von Eingangskontrollen. Darüber hinaus sind die Wachtmeister mit allgemeinen Aufgaben der

Hausverwaltung vertraut, zu der Aktentransporte, Hausmeistertätigkeiten, kleinere Reparaturarbeiten sowie Archivverwaltung zählen.

Als wesentliche Belastungen[38] der Wachtmeister/Hausmeister, die im Rahmen der beteiligungsorientierten Analyse ermittelt wurden, nennen die Interviewten:

- mangelnde Wertschätzung und Anerkennung im Haus
- Aktentransport
- Zusammenarbeit mit der Führungskraft
- Konflikte untereinander

Mangelnde Wertschätzung

Das Thema mangelnde Wertschätzung hängt den Schilderungen der Interviewten zufolge vor allem mit der hierarchischen Stellung der Wacht- und Hausmeister im Gericht zusammen. Einhelliges Bild der Befragten ist, dass die Wachtmeister die unterste Hierarchieebene im Gericht einnehmen und sich auch so behandelt fühlen. Die Leitungsspitze des Hauses formuliert dies wie folgt:

> *Leitungskraft 1: „Ja, also, was jetzt nun unsere beiden Workshops betrifft, das ist ja relativ homogen die einzelne Gruppe, ne? Die Gruppe der Wachtmeister, das sind eben die Wachtmeister. Ehm. Muss man sagen, das ist aber auch zum Ausdruck gekommen, in der Hierarchie sind die Wachtmeister am unteren Ende. Die beschweren sich immer, dass sie auch so behandelt werden."*

> *Leitungskraft 2: „[4 Sekunden Pause] Also 'ne ganz wichtige Entscheidung war für uns im Bereich der Wachtmeisterei alles das aufzunehmen, was die an Vorschlägen gebracht haben, dahinter stand der Wunsch, denen das Gefühl zu geben, ihr seid zwar das Ende der Hierarchiekette hier im Hause, aber nicht das, was man eben oft vermittelt hat, so äh ihr seid der Mülleimer. Also dieses/ äh/ dieses Bewusstsein zu verstärken auch im, im Hause, ich denke, das war eine wichtige Entscheidung, dass wir/dass die Steuerungsgruppe da dran geblieben ist."*

Die als geringschätzig empfundene Behandlung der Wachtmeister äußert sich vor allem darin, dass den Wachtmeistern Tätigkeiten zugewiesen werden, deren Ausführung sie ablehnen. Dabei handelt es sich um Aufforderungen, offen stehende Klotüren zu schließen, für Kläger Kaffee zu kochen, benutzte Decken aus dem Ruheraum mitzunehmen etc. Vor allem die Formulierung „Mülleimer" weist darauf hin, dass es sich um Resttätigkeiten handelt, die sonst niemand machen will. Der Grund ist darin zu ver-

---

[38] im umgangssprachlichen Sinne als belastend empfundene Tätigkeiten, Situationen, Umgangsweisen

muten, dass es sich um abgewertete Tätigkeiten handelt, was die Assoziation mit „Müll", wie auch „Klo"türen nahe legt. Die Wachtmeister reagieren darauf mit Äußerungen (nach Angabe der Interviewten) wie „immer müssen wir alles [machen]". Am deutlichsten illustriert dies das Beispiel „Klotüren schließen". Die Wachtmeister sollten aufgefordert werden, bei ihrem Rundgang offen stehende Klotüren zu schließen:

> *Persoanalrat: „(...) Letztens war so 'ne Sache, die, irgendjemand aus der Steuerungsgruppe ist auch so – ob's nun da hingehört oder nicht – dass so'n paar Toilettentüren, sowohl bei den Frauen als auch bei den Männern, immer auf stehen, offen stehen, nie zu gemacht werden. Ziehen mal zu und immer wieder/ gibt welche die machen/ die lassen die Türen auf. Ja, der Chef, zu mir: "Sagen sie mal den Wachtmeistern, wenn die ihre Rundgänge fahren, die möchten die Türen zumachen." Wenn ich denen sagen würde "Ihr müsst die Toilettentüren zumachen", dann würden die sagen "was sollen wir denn noch alles machen?! [...] Ich sach' irgendwo wird's 'ne Möglichkeit geben. Und das Geld haben wir aufgetrieben, dann sind Türschließer drangekommen, da brauchen die nicht wieder die Tür zuzumachen. Kostet zwar Geld, aber ich seh' dann nicht ein, irgendwie dann, dass die dann, ich sach' ma' so, alles machen müssen (hm) oder fast alles und dass man sagt, na ja, dann könnte man genauso sagen, das können andere, die können die Tür doch auch zumachen, ne? Ja das sind solche Dinge, denk ich manchmal dann eben: ja gut, hast noch mal hingekriegt (...)"*

Der Personalrat antizipiert in seiner Schilderung die Ablehnung der Wachtmeister, eine solche Aufgabe übernehmen zu müssen. Die Erfahrungen der Wachtmeister, „am unteren Ende der Hierarchie" zu stehen, führt zu einer Abwehr, die in einem (beinahe infantilen) „immer wir" zum Ausdruck kommt. Er sucht eine alternative Lösung, die im Ergebnis für geschlossene Türen sorgt, ohne das Schließen von Klo(!)türen zu einer neuen formal angewiesenen Aufgabe der Wachtmeister machen zu müssen.

Dieses Muster „immer wir" kommt im Zusammenhang mit weiteren Beispielen zum Tragen. Im Rahmen von Kundenbefragungen wünschten sich KlägerInnen Getränke während der Wartezeiten. Das Aufstellen von Automaten lohne sich aber aufgrund der zu geringen erwarteten Umsätze nicht. So wurden die Wachtmeister beauftragt, Kaffee zu kochen und im Warteraum Kaffeekannen aufzustellen und diese nachzufüllen. Diese Tätigkeit wird ähnlich wie das Schließen von Klotüren als zusätzliche Aufgabe („was sollen wir den noch alles machen"), die zudem doch die „Damen" aus den Serviceeinheiten übernehmen könnten, als Degradierung empfunden.

An der geschilderten Auseinandersetzung um die neue Aufgabe „Kaffee kochen für KlägerInnen" wird deutlich, dass über solche Tätigkeiten auch um symbolische Anerkennung im Hause gefochten wird:

Personalrat: "Ja, folgendes. Aus dieser Mitarbeiterbefragung, (...) da hieß es unter anderem, es wäre nett so'n Kaffee/ so'n Cola-Automaten (...) viele wollen natürlich so, und dann hat Lechler gesagt, ‚So, wir müssen allmählich mal gucken, müssen mal diese Zettel aufarbeiten, was können wir denn machen?' (...) Und da hab ich gesagt, ‚Ja, wir müssen mal gucken.' Da hat er gesagt, ‚Ja, meinst du, die würden Kaffee kochen?' Ich sag, ‚Rainer, von freiwillig kochen die kein Kaffee. Das machen die nicht. Aus bestimmten Gründen.' Dann hat er gesagt, ‚Könntet ihr im Personalrat mal da drüber, über diese Sache sprechen?' Haben wir im Personalrat drüber gesprochen. Muss natürlich dies sagen, innerhalb des Personalrates, sind alles Mädels, gestandene Frauen und die alle in Serviceeinheiten arbeiten und dann waren einige da, die gesagt haben, ‚Also ich würde gerne, wenn ich Sitzung habe, Kaffee kochen.' So, und dann sagen/haben die natürlich gesagt, die andern denn, die dann in anderen Serviceein/in andern Senaten sind, ‚Mh, ich würd's nicht machen.' Also wir haben zehn Senate, denn hab ich zu Sabine gesagt, ‚Frag mal bitte oben nach.' Dann hat die gefragt, oh Gott oh Gott. Da haben, obwohl es eine sehr gute Kraft ist, hat sie gesagt, ‚Ich hätte mir die Zeit genommen und hätte Kaffee gekocht, aber andere haben gesagt, na dann scheint die ja nichts zu tun haben, wenn sie noch für ihre Kläger Kaffee kocht.' Ist in sofern, haben wir drüber gesprochen, ist die Sache für uns gestorben, dass Serviceeinheiten das machen. Darauf hin war unser 14-tägiges Gespräch [mit den Wachtmeistern, NP], (...) haben wir drüber gesprochen, da sagt der Lechler, ‚ja so und so und so, äh dann könnt ich mir vorstellen, dass hier in der Wachtmeisterei denn Kaffee gekocht werden würde.' Und dann hab ich gesagt, gut ich äh bitte den Wachtmeister und war auch damals, hat mich eigentlich gewundert. Ich war danach wieder im Personalrat zusammen und hab gesagt, [Einatmen] ‚kein Widerstand'. Da haben die Mädels gesagt, ‚Das verstehen wir gar nicht, das da'/ich sage, ‚Es kam keine Gegenstimme', das war, das war im Mai."

Einige Monate Später soll das Kaffeekochen auch umgesetzt werden. Die Geschäftsführung sucht die Wachtmeisterei auf:

Personalrat: "Wachtmeisterei, so, dann woll' n wir mal die Probe. ‚Wieso wir, warum wir. Das war nich' beschlossen!' Ich sag, ‚Leute, was is' denn dabei, wenn wir Kaffee kochen?' Dann kam das so hoch. Was spricht dagegen? ‚Ja, wir müssen alles', sagt er. ‚Ihr müsst gar nicht alles machen. Es geht nur morgens diese sechs, also einmal Wasser rein kippen, sechs Minuten läuft durch, Punkt. Der da vorne sitzt, der sitzt den ganzen Tag sitzt der da im Raum drin, in dem, in der Halle drin'. Ich sag, ‚Denn kann der doch mal aufstehen, kann gucken, ist noch Kaffee drin', und so weiter. ‚Das ist doch im Grunde genommen, das is'n Service, das sind wir den Leuten ein/

> *einfach schuldig sind wir das.' (...) und ich hab auch gesagt, ‚lass uns doch erst mal den Versuch machen, wir wissen doch gar nicht, vielleicht lässt es sich ja nicht durchführen, aus irgendwelchen Gründen und dann ist die Sache gestorben.' Aber ich sag von vornherein, es ist halt so. ‚Warum wir?', neh. Und es, am Montag wird es nun gemacht. (...) Das ist ein Probelauf jetzt, und von mir aus gesehen, Zeit ist da. Das wissen wir auch. Ich (...) weiß auch, was sie zu tun haben, wann sie was zu tun haben, ich weiß auch wann sie rumsitzen."*

Seitens des Vorgesetzten wurde richtig eingeschätzt, dass der Vorschlag, den Wachtmeistern das Kaffeekochen zu übertragen, von diesen abgelehnt werden würde. Also ergeht die Anfrage an den Personalrat, das Gremium möge prüfen, wer diese Aufgabe übernehmen könnte. Im Personalrat sind überwiegend die Serviceeinheiten vertreten, in denen fast ausschließlich Frauen arbeiten. Einige der Frauen äußern spontan, diese Aufgabe übernehmen zu können und zu wollen. Dies wird jedoch von den Kolleginnen abgelehnt, weil der Eindruck entstehen könne, man habe wohl bisher nichts zu tun gehabt. Die Zuweisung, wie auch die Art der Zuweisung neuer/weiterer Aufgaben scheint hier Status generierende Funktion zu haben. In der Frage, wer wem welche Tätigkeiten zuweisen darf, ist ein deutlicher Ausdruck von Hierarchie. Der geringe Status der Wachtmeister wird in der Alltagspraxis der Organisation permanent hergestellt und bestätigt, indem „alle anderen" den Wachtmeistern Tätigkeiten auftragen können, die sonst keiner machen möchte. Einzig die Wachtmeister können sich am Ende nicht wehren und müssen eine zusätzliche Aufgabe ausführen. Der Personalsratsvertreter versucht nun scheinbar beteiligungsorientiert den Wachtmeistern die neue Aufgabe schmackhaft zu machen. Dieser Versuch scheitert jedoch. Letztlich bezieht er sich ebenfalls auf die Argumentation, die Wachtmeister haben noch genügend Zeit dafür, er wisse ja, „wann sie rumsitzen".

Die Übertragung weiterer Tätigkeiten, die gering geschätzt werden, also nicht zu einer Statusaufwertung führen, wird zudem als Entwertung der bisherigen Arbeit gedeutet: Wer noch Zeit hat, Kaffee zu kochen, hatte bisher nicht genug zu tun.

Zuweisung von Tätigkeiten und Geschlechtsrollenkonflikte

Beim Thema Kaffeekochen kommt ein geschlechtlich konnotierter Unterton zum Vorschein:

> *Frauenbeauftragte: „(...) aber der Kaffee muss ja auch irgendwie gekocht werden. Den dürfen jetzt auch die Wachtmeister kochen. Darüber haben sich die Wachtmeister tierisch aufgeregt und haben gesagt, wir sind ja hier nicht zum Kaffeekochen angestellt. Also so war dieser Transport mit den Decken eigentlich nur das I-Tüpfelchen obendrauf. Äh, sie hatten sich im Vorfeld wohl mokiert, dass sie jetzt dass noch obendrauf bekommen ha-*

ben, wenn Sitzungsdienst ist, sollen sie auch noch Kaffee kochen. Also sie sind hier keine Kaffeekochdamen, das fällt nicht in ihren Aufgabenbereich, das sollen doch die Protokollführerinnen machen."

Kaffeekochen wird hier als Frauenarbeit begriffen und damit mit dem Selbstbild als Mann unvereinbar. Der Versuch, diese Aufgabe den Protokollführerinnen zu übertragen, ist am Widerstand der Frauen gescheitert. Allerdings ist in der Schilderung weiter oben seitens der Frauen kein Argument ins Feld geführt worden, das sei Männerarbeit, dafür sei man nicht zuständig. Die geschlechtliche Konnotation wirkt als zusätzliche Abwertung in nur einer Richtung: wenn das Kaffeekochen als Frauenarbeit angesehen wird. Bilder tradierter geschlechtlicher Arbeitsteilung werden hier - erfolglos - ins Feld geführt, um die Arbeitsteilung zu rechtfertigen bzw. um Aufgaben abzuwehren.

Abwertung oder geringe Wertschätzung kann in diesem Fall auch als eine Form von Geschlechtsrollenkonflikt interpretiert werden, in dem die zugewiesene Tätigkeit dem eigenen Bild von weiblichen - also nicht von Männern zu verrichtenden - Tätigkeiten entspricht. Als weiblich interpretierte Tätigkeiten ausüben zu sollen, ist für diese Männer dann eine Abwertung.

Zielkonflikte

Mit Geschlechtsrollenkonflikten ist ein mögliches Spannungsfeld im Gesundheitsmanagement zu benennen: Die Aufforderung etwas zu tun, was die eigenen Vorstellung von Männlichkeit unterläuft, kann für die Betroffenen als Abwertung oder Kränkung empfunden werden. Eine solche Belastung durch Geschlechtrollenkonflikte lässt sich aus einer Gleichstellungsperspektive nicht reduzieren, indem eine geschlechtstypisierende Arbeitsteilung oder eine sexistische Begründung der Arbeitsteilung aufrecht erhalten bleibt. In dem hier geschilderten Fall ist dies auch nicht geschehen. Allerdings ist der Geschlechtsrollenkonflikt „Kaffeekochen" auch nicht als Belastung der Wachtmeister und nach dem Prinzip der Beteiligung bearbeitet worden. Vielmehr ist das Kaffeekochen als neue Anforderung an die Wachtmeister herangetragen und im Rahmen des Gesundheitsmanagements bearbeitet worden, wie die Frage der Klotüren. Die dahinter liegende Orientierung war aber die Kundenorientierung, nicht eine Belastungsreduzierung oder Stärkung der Gesundheitsressourcen. Man hat lediglich versucht, unter Beteiligung der Betroffenen und am Ende gegen deren ausdrücklichen Willen, den Service am Kunden zu verbessern (das Kaffeekochen musste schriftlich angeordnet werden). Durch die Verbindung des Gesundheitsmanagements mit dem Benchmarking-Projekt und der damit einhergehenden Leistungsoptimierung und Kundenorientierung vermischen sich die Zieldimensionen, ohne dass dies hinreichend reflektiert und methodisch berücksichtigt wurde. Zu der Thematik der offen stehenden Klotüren merkt der Personalrat noch an, dass dies nicht ins Gesundheitsmanagement gehöre. Diese Frage taucht beim Kaffeekochen nicht mehr auf. Die Frauenbeauftragte merkt an, dass es durch das Gesundheitsmanagement noch schlimmer geworden sei. Die Wachtmeister müssten nun auch noch Kaffee kochen. Die dahinter stehende Steuerungsproblematik aufgrund zweier teilweise gegeneinander laufender Ziele bleibt dabei verborgen. Die Thematik der geringen Wertschätzung wurde aus Sicht der Befragten bearbeitet, indem man versucht hat, die Vorschläge der Wachtmeister umzusetzen. Eine weitere Form des Umgangs mit der Wertschätzungsthematik innerhalb des Projektes bestand darin, gemeinsam mit den Wachtmeistern zu erörtern, welche belastenden Tätigkeiten Wacht- und Hausmeister *nicht* mehr ausführen müssen. So wurden z. B. körperlich anstrengende Aufgaben wie Schneeschippen an externe Firmen vergeben. Vermutlich wurde auch das ernsthafte Bemühen der Führungskräfte, die Arbeitsbedingungen zu verbessern, selbst als wertschätzend empfunden.

Als kulturelles Muster der Statusdifferenzierung und Abgrenzung der Beschäftigtengruppen untereinander (wozu auch die RichterInnen zählen) über (informelle) Weisungsbefugnis und Zuweisung von Tätigkeiten wurde das Thema Wertschätzung nicht bearbeitet. Die neue Serviceorientierung und die daraus entstehenden Aufgaben, aus Sicht der Organisation durchaus sinnvoll und legitim, werden so als Abwertung wahrgenommen.

Aktentransport
Der Aktentransport stellt eine weitere Belastung der Wachtmeister dar. Der Aktenabtrag erfolgt mehrmals am Tag. Die Wachtmeister organisieren die Archivierung der Akten und deren Transport innerhalb des Hauses. Als belastend beschreiben die Wachtmeister Störungen beim Transport der Akten. So fallen große Akten oft auseinander und müssen eingesammelt und neu sortiert werden. Besondere Inhalte von Akten wie Röntgenbilder lassen sich schlecht transportieren, da diese beim Transport wegrutschen und so ganze Aktenberge vom Wagen fallen. Für diese Art von Störungen wurden pragmatische Lösungen gefunden wie die Anschaffung von Gurtbändern, die umfangreiche Akten zusammenhalten.

Schwieriger gestalten sich Lösungen, die von der Mitarbeit der RichterInnen abhängen, die sich bisher als Beschäftigtengruppe am Gericht wenig in solche Prozesse einbringen. So bleibt es bei Einzelabsprachen, ob z. B. Röntgenaufnahmen mitgebracht werden müssen oder ob es reicht, einen Teil der Akte vorzulegen oder ob einzelne RichterInnen zum Abzeichnen von Dokumenten die Akte im Archiv einsehen, statt sie vorlegen zu lassen. Die fehlende Bereitschaft von RichterInnen, sich in solche Projekte aktiv einzubringen, stellt eins der Hindernisse dar, Belastungen der unterschiedlichen Personengruppen bei Gericht zu bearbeiten und zu reduzieren.

Information und Kommunikation, Zusammenarbeit mit der Führungskraft, Konflikte untereinander

Eine weitere Unzufriedenheit seitens der Wachtmeister wurde zum Thema Information und Kommunikation mit der Führungskraft beschrieben. So beklagten sich die Wachtmeister/Hausmeister darüber, dass sie nicht informiert wurden, ob und wann Handwerker erwartet werden, um z. B. die anstehenden Vorbereitungen zu treffen oder die Handwerker einweisen zu können. Aber auch wechselseitige Erwartungen an Verhaltensweisen und Umgangsformen waren Gegenstand des Workshops. Als Lösungen wird eine regelmäßige (14-tägig) Besprechung durchgeführt und wichtige Termine und Informationen werden in einer Pendelmappe festgehalten. Für den Umgang miteinander wurden gemeinsam Regeln aufgestellt.

6.3.2. BELASTUNGEN UND INTERVENTIONEN IM BEREICH SERVICEEINHEITEN

Im Bereich der Serviceeinheiten scheint es im Projektverlauf weitaus schwieriger gewesen zu sein, die bestehenden Belastungen und Ressourcen zu identifizieren und gemeinsam an Lösungs- bzw. Verbesserungsideen zu arbeiten. Im Verlauf des Projektes wurde ein Workshop mit Vertreterinnen[39] der Serviceeinheiten aus zehn Senaten durchgeführt.

Als Belastungen[40] der Serviceeinheiten werden beschrieben:

- Zusammenarbeit mit den RichterInnen

  - Mangelnde Handlungs- und Entscheidungsspielräume

  - Protokollführung bei Verhandlungen

- Arbeitsverdichtung - fehlende Aufstockungen im Folgedienst

- Gerechte Arbeitsverteilung in Zusammenhang mit befristeten Arbeitsverhältnissen und Entlohnung

- Arbeitsorganisatorische Aspekte (Urlaubsvertretung)

- Information und Kommunikation

---

[39] Es wird durchgängig von Frauen gesprochen. Den Serviceeinheiten gehören maximal zwei Männer an, die aber im Beamtenverhältnis angestellt sind und nicht vormals den Kanzleien angehörten.

[40] Die unterschiedlichen Belastungen werden hier nicht entlang arbeitswissenschaftlicher Konzepte wie dem Belastungs- und Beanspruchungskonzept, stresstheoretischer oder handlungsregulationstheoretischer Konzepte systematisiert, da die Belastungen und Ressourcen aus der Perspektive der Steuerungsgruppenmitglieder beschrieben werden. Für eine vertiefende Analyse der Belastungen hätten die Äußerungen der Betroffenen analysiert werden müssen. In dieser Studie liegt der Fokus jedoch auf der Wahrnehmung und den Umgang mit den geschilderten Belastungen seitens der steuernden Akteure.

Ein zweiter Workshop, den die Projektgruppe geplant hatte, konnte aufgrund mangelnder Teilnahme seitens der Beschäftigten nicht durchgeführt werden.

Die Interviewten schildern vor allem ihr „Scheitern" in den Serviceeinheiten, das sie daran festmachen, dass es ihnen nicht gelungen ist, einen zweiten Workshop durchzuführen. Als mögliche Ursachen führen sie verschiedene Aspekte ins Feld: Es könnte daran liegen, dass dort überwiegend Frauen arbeiten - im Unterschied zu den Wachtmeistern, dort arbeiten nur Männer -, an der intransparenten Vorgehensweise im Projekt, an Konflikten unter den Frauen, die als „alt gegen jung" gekennzeichnet werden. Auffällig wenig wird über die Besonderheit reflektiert, dass die Qualität der Arbeitsbedingungen in den einzelnen Serviceeinheiten maßgeblich durch die Zusammenarbeit mit den RichterInnen geprägt ist, die selbst als eine der Hauptbelastungen der Mitarbeiterinnen in den Serviceeinheiten geschildert wurden. Aber gerade die Richterschaft ist kaum in das Projekt eingebunden. Die Interviewten verweisen auf die richterliche Unabhängigkeit[41], die es schwierig mache, auf das Arbeitsverhalten und den Umgang der RichterInnen mit den Mitarbeiterinnen aus den Serviceeinheiten (sowie mit den Wachtmeistern) einzuwirken. Die Zusammenarbeit mit den RichterInnen wird als abhängig von der Einzelperson wahrgenommen. Sanktionsmöglichkeiten stünden der Leitung des Hauses aufgrund der richterlichen Unabhängigkeit nicht zur Verfügung und somit werden kaum Einflussmöglichkeiten seitens der Steuerungsgruppenmitglieder gesehen. Dass die Skepsis und Zurückhaltung der Mitarbeiterinnen aus den Serviceeinheiten auf eine geteilte Einschätzung der Veränderungschancen zurückzuführen sein könnte, kommt den Befragten nicht in den Sinn. Die Veränderungschancen bei den Wachtmeistern waren deutlich höher und wurden offenbar auch als höher eingeschätzt, da deren direkter Vorgesetzter aktiv in der Steuerungsgruppe mitwirkte und die Leitung des Hauses das Projekt unterstützte und sich die routinemäßige/tägliche Zusammenarbeit mit den RichterInnen auf den Aktentransport beschränkt. Für die Mitarbeiterinnen der Serviceeinheiten übernehmen de facto die RichterInnen die Funktion des direkten Vorgesetzten, da sie die Arbeitsweise im jeweiligen Senat bestimmen. Formal hat jedoch die Geschäftsführung des Gerichts die Vorgesetztenfunktion. Selbst die Leitung des Hauses (Präsidium und Verwaltungsleitung) sehen keine Einflussmöglichkeiten auf das Verhalten einzelner RicherInnen und Möglichkeiten zur aktiven Gestaltung der Zusammenarbeit zwischen RichterInnen und Mitarbeiterinnen der Serviceeinheiten. Einziger Ansatzpunkt liegt in der Personalentwicklung, die regelmäßig Seminare zu „Arbeiten im Team" anbietet, welche vorwiegend von den RichterInnen genutzt werden, die als „unproblematisch" in puncto Zusammenarbeit gelten. Es herrscht das Bild vor, dass sich das Problem mit der Verjüngung der Richterschaft lösen wird. Die Mitarbeiterinnen der Serviceeinheiten

---

[41] Die RichterInnen sind in ihrer Arbeit explizit nicht an Weisungen gebunden, um so deren Unabhängigkeit zu gewährleisten.

für einen weiteren Workshop zu motivieren, scheiterte möglicherweise auch an diesem unsicheren Rahmen. Beteiligungsorientierte Veränderungsprozesse funktionieren nur, wenn seitens der Organisation ein verbindlicher Rahmen hergestellt werden kann, der die Umsetzung von in der Gruppe getroffenen Vereinbarungen über mögliche Verbesserungen auch wahrscheinlich macht (vgl. Parge 2004)

So sind eine Reihe von Belastungen in den Serviceeinheiten beschrieben worden, die jedoch nicht systematisch bearbeitet werden konnten.

Zusammenarbeit mit den RichterInnen

> *Personalrat: „Und wir haben ja Serviceeinheiten, wir haben diese Fortbildungsmöglichkeiten, extern, intern, Arbeiten im Team. Richter mit, mit den Zuarbeitern. Aber es ist immer so, und das hab ich damals auch gesagt, eine Serviceeinheit, die steht und die fällt immer mit dem Richter oder mit den Richtern, oder dem Vorsitzenden, der das Ganze bestimmt. Ist das ein Netter, kommt der auf ein' zu, und es gibt den, es gibt andere und diese Menschen, die können Sie nicht ändern, da kann man nur sagen, schade um Leute, die unter dem zu arbeiten haben. Es ist immer sehr schwer, an die ranzukommen. (...) wie kann man das schaffen, dass denn diese Arbeiter, oder diese, die im Senat arbeiten, dass man da eine Erleichterung schafft, ohne jetzt in den richterlichen Bereich zu kommen. Ja, dass man sagt, ihr müsst halt sehen untereinander, wie ihr denn da besser arbeitet. Weil die Richter, wenn einer sagt, ich möchte das so haben, dann kommen 'se gegen den nicht an. Da kommt auch ein Präsident nicht gegen an. Wir haben, unser Präsident ist gegen ein Protokollführung, dass jemand, noch immer jemand da drin sitzt und die sitzt halt so. Ja, die wollen, wenn ein Richter ist, ja dass er sein Diktiergerät mitnimmt, so wie's die meisten machen und die nicht mehr Protokollführung, aber er kann es auch nur sagen, aber ob die Richter/ "der kann mir viel erzählen, ich brauche meine Protokollführung". Das ist halt denn da sehr, sehr schwer."*

Im obigen Zitat schildert der Personalrat die aus seiner Erfahrung eingeschränkten Möglichkeiten, das Verhalten der RichterInnen zu beeinflussen. Als Ansatz für Arbeitsverbesserungen werden organisatorische Maßnahmen unter den Mitarbeiterinnen in den jeweiligen Serviceeinheiten gesehen. Er beschreibt als Beispiel die Protokollführung in Verhandlungen. Die Leitung des Hauses spricht sich dafür aus, die Verhandlungen aufzuzeichnen und später verschriftlichen zu lassen. Die Protokollführung wird an anderer Stelle (Frauenbeauftragte) als nervlich belastend beschrieben. Die Aufnahme der Verhandlung würde Belastungen durch hohe Konzentration, mangelnde Pausen, geringe Handlungsspielräume in der Protokollführung verringern. Die Forderungen/Gewohnheiten einzelner RichterInnen können scheinbar aufgrund der richterlichen Weisungsungebundenheit nicht in Frage gestellt werden. In keinem Interview tauchen Ideen auf, wie mit der richterlichen Unabhängigkeit, die sich als Barriere gegen eine Verbesserung der Arbeitsbedingungen für Mitarbeiterinnen der Serviceeinheiten darstellt, seitens der Organisationsleitung umgegangen werden könnte. Der Personalrat schildert an anderer Stelle, dass die Zusammenarbeit zwischen RichterInnen und Serviceeinheiten mit der Verwaltung - formal zuständig für den Folgedienst - geklärt werden müsste und kommt zum selben Ergebnis, dass man machtlos sei.

> *Personalrat: „Es, es geht letzten Endes geht es um Arbeitsabläufe direkt in den Serviceeinheiten mit der Richterschaft und das muss eigentlich geklärt werden, von Seiten der Verwaltung – Verwaltung mit den Richtern. Ne? Und das ist immer sehr sensibel. Ne? Wie man da ran geht."*
>
> *Interviewerin: „Hm. Und ist das nur mit den Servicekräften/"*
>
> *Personalrat: „[unv] gesacht, müssen wir das machen und so weiter. Und es ist ja, das halt, dass einige, ich sach ja immer so zwei, drei Stinkbolzen da in unsererRichterschaft haben die bestehen darauf, und wenn die sagen "dass" wird mit drei "S" und dann müssen die das mit drei "S" schreiben/ und dann sacht er, ich verantworte das und das haben nicht sie zu verantworten, das solche AHAAA! Und neue Rechtschreibung und so weiter. Wir haben ja die PCs, die sind ja alle/ und wenn der eine sacht ich frage nach (klopft auf etwas], es wird nach der alten Rechtschreibung geschrieben und nicht nach der Neuen, dann wird das geschrieben, das verlange ich! Alles solche Punkte. Das bräuchte nicht zu sein, ne? Dagegen ist selbst unsere Präsidentin machtlos gegen. Neh?"*

Veränderungen im Gericht durchsetzen zu können, hängt nach der Einschätzung des Präsidenten davon ab, ob man die RichterInnen dafür interessieren könne. Da diese ihrer Arbeitsweise und -zeiten frei gestalten könnten, gebe es für diese Gruppe wenig Interesse an Veränderungen. Die richterliche Unabhängigkeit als kulturelle und rechtliche Besonderheit bei Gericht und die Tradition des Gerichtes scheinen den Blick auf Gestaltungsspielräume seitens der Verwaltungsleitung zu verstellen. Diese hat zwar keine Weisungsbefugnisse über RichterInnen, ist aber formal für den Einsatz des Personals sowie für die gesundheitsförderliche Gestaltung von Arbeit zuständig. Es handelt sich potenziell im einen Zielkonflikt zwischen der Wahrung richterlicher Unabhängigkeit und dem Ziel der gesundheitsförderlichen Gestaltung von Arbeit im Folgedienst, der jedoch im Rahmen des Projektes nicht bearbeitet werden konnte.

Die obigen Beispiele (Rechtschreibung, Protokollführung) zeigen, wir abhängig die Handlungsspielräume der Mitarbeiterinnen in den Serviceeinheiten von einzelnen RicherInnen sind und wie belastend der Umgang mit diesen sein kann, ohne dass einzelne Mitarbeiterinnen die Möglichkeit haben, sich der alltäglichen direkten Zusammenarbeit zu entziehen. Seitens der Verwaltungsleitung und der Präsidentin fehlt ein organisatorisch verbindlicher Rahmen, der die direkte Abhängigkeit der Mitarbeiterinnen in den Serviceeinheiten von den RicherInnen thematisiert und überhaupt den Raum schafft, über Veränderungsmöglichkeiten nachdenken zu können und diese auch äußern zu können, ohne negative Konsequenzen fürchten zu müssen.

Defizite Kommunikation

Die Frauenbeauftragte schildert für den Bereich der Wachtmeister und Serviceeinheiten einen Mangel an Kommunikation. Für den Bereich der Wachtmeister ist vereinbart worden, dass diese sich 14-tätgig mit ihrer Führungskraft besprechen. Für den Bereich der Serviceeinheiten gibt es eine solche Form der regulierten arbeitsbezogenen Kommunikation nicht. Die Frauenbeauftragte schildert die Idee, einen Kaffeetisch einzurichten, an dem dann dies und jenes besprochen werden kann.

> *Frauenbeauftragte: „Für 'ne halbe Stunde, jeder der möchte kann sich da an dieser Kaffeetafel halt mit dransetzen und dann diskutiert man halt und da fallen dann auch mal Probleme und man redet halt drüber. Das fehlt im, im Bereich der Angestellten und der Wachtmeister ganz. Und dann kam da so 'ne Anregung doch den Angestellten so'n bisschen Freiheit zu lassen, dass man sagt, im Laufe des Vormittags, meinetwegen von halb Zehn bis zehn besteht die Möglichkeit im Sozialraum sich zu treffen. Dann kann man sich son bisschen Gedankenaustausch hingeben, oder man sagt ganz spontan, oh mein Gott, die eine ist heute im Urlaub, die andere hat sich krankgemeldet. Ich weiß gar nicht, ich hab' da heute noch Sitzung und wer macht heute meine Post, keine Ahnung, dass, der Vertretungssenat, der ist auch unterbesetzt, dass dann ganz spontan ein Hilfeangebot kommt, ‚Mensch sag' doch was, ist doch kein Problem. Bei mir ist heute der eine Richter nicht da, der andere hat sich krank gemeldet, der andere hat Sitzung. Bei mir ist heute gar nichts.' Einfach diese Spontaneität. Also ob das da oben passiert im Raucherraum, weiß ich nicht, aber auf jeden Fall ist da schon mal der Punkt gegeben, dass man sagt, da ist eine kleine Kommunikationsbasis gegeben."*

Aus dem Zitat wird deutlich, dass es sich um eine eher informelle Gesprächsrunde handelt, die eben gerade *nicht* regulär tagt und explizit die Funktion hat, Unstimmigkeiten zu besprechen, Arbeitseinsätze und Abläufe zu besprechen. Auch hier sind die RichterInnen außen vor.

Im weiteren Zitat unten zeigt sich, dass reguläre Besprechungen in den Serviceeinheiten die Ausnahme sind.

> *Frauenbeauftragte: „Das [Besprechungen durchzuführen, NP] liegt im Ermessen jeder einzelnen Serviceeinheit. Also wenn, sag' ich mal Kräfte in den Serviceeinheiten sitzen, die sich relativ gut durchsetzen können, dass*

> sie sagen, wir möchten das auch einmal monatlich so'n turnusmäßigen Joure fixe haben, wie bei uns jeden zweiten Dienstag im Monat (...). Aber das liegt im Ermessen jeder Serviceeinheit. Und denn kommen auch so Bemerkungen dann, ja wenn wir Probleme haben, wir reden sowieso drüber. Es gibt eben Dinge, das sind so Kleinigkeiten, die man eigentlich gar nicht jetzt im Moment anspricht, sondern dann halt lieber sammelt und dann einmal im Monat so komplett. Vor allen Dingen nicht nur mit einem Richter oder mit einer Angestellten, sondern dass man dann auch so'n Erfahrungs- und Meinungsaustausch innerhalb der kleinen Runde hat, wie siehst du denn das, sehe ich das jetzt wirklich so, dass das verändert werden muss, oder ist das gar nicht so gravierend, neh. Also von daher, aber im großen Bereich fehlt das und für die Serviceeinheiten ist das freigestellt, ob die das machen, ob sie das halt/ nur im Angestelltenbereich, bloß sinnvoller wäre es mit den Richtern, aber das ist ihm selbst überlassen, ob er's halt macht, oder nicht."

Es fehlt der Raum, sich über Aufgabenverteilungen, Engpässe und Konflikte auszutauschen. Vereinbarungen sind eher bilateraler Natur und nicht mit der Gruppe abgestimmt. Wie in den obigen Beispielen auch, ist es den RichterInnen freigestellt, ob sie Besprechungen durchführen oder daran teilnehmen. Die Serviceeinheiten können selbst entscheiden, ob sie für sich eine solche Regelkommunikation etablieren wollen. Dies bleibt jedoch der Initiative Einzelner überlassen. Als Führungsaufgabe werden Besprechungen weder von der Verwaltungsseite aus noch seitens der RichterInnen wahrgenommen.

Gerechte Arbeitsverteilung - Entgelt
Ein weiteres Thema in den Serviceeinheiten betrifft die Arbeitsverteilung, die als ungerecht empfunden wird. Dies bezieht sich erstens auf die gerechte Verteilung im Aktenumlauf und die damit einhergehende Belastung der Einzelnen. Zweitens auf die als ungerecht empfundene unterschiedliche Entlohnung von älteren und jüngeren Kolleginnen[42] bei gleichen Tätigkeiten.

Der Personalsrat gibt an, dass man Arbeitsmethoden verändert habe, um eine gerechtere Verteilung zu erreichen, ohne diese näher zu beschreiben. Aus den anderen Interviews geht hervor, dass auch in diesem Bereich die Arbeitsweise der RichterIn entscheidend sei so wie deren jeweiligen Fachgebiete. Über die Verteilung der Fälle auf die einzelnen RichterInnen entscheidet der Geschäftsverteilungsplan. Auf die mit die-

---

[42] die Interviews fanden vor Verabschiedung des AGG statt, welches die unterschiedliche Entlohnung allein auf Grundlage des Alters nicht gestattet, obwohl dies in der Praxis kaum zu nennenswerten Veränderungen geführt haben dürfte, da dies nun in Beschäftigungsdauer als Indikator für Berufserfahrung übersetzt wird und letztlich dazu führt, das ältere dennoch mehr verdienen als jüngere

sen beiden Faktoren verbundene unterschiedliche Arbeitsbelastung für den Folgedienst, sprich die Serviceeinheiten, lasse sich gar nicht (schnell genug) reagieren.

> *Frauenbeauftragte: "Ja. Es sind auf jeden Fall Verbesserungsvorschläge gekommen. Man hat dann aber gleich festgestellt, dass die, die ungleiche, auch wieder in Gänsefüsschen gesetzt, die ungleiche Arbeitsverteilung, dass man die wahrscheinlich nicht nur mit den Serviceeinheiten allein regeln oder lösen könnte, weil die auch richterabhängig ist. Wir haben also auch in der Steuerungsgruppe gleich, dass es wahrscheinlich bei Zielen, wenn wir zum Beispiel 'ne gerechte Arbeitsteilung als Ziel irgendwo am Ende sehen, dass wir das wahrscheinlich auch gar nicht erreichen können, so 100 Prozent, weil der Arbeitsverursacher der Richter ist, und der halt ganz unterschiedlich arbeitet. Dass die die Akteneingänge, die Eingangszahlen ganz unterschiedlich sein können, dass man so schnell gar nicht reagieren könnte und auch nicht reagieren kann, weil diese Geschäftsverteilung der Verfahren der Richter betreffend, also vom, vom Präsidium, das heißt richterspezifisch wieder geführt und geleitet wird, also von daher hätten wir dort auch nicht hundertprozentig Handhabe. Und weil auch jeder Richter anders arbeitet und dass durch die vielen Rechtsgebiete und die vielen Richter Unterschiedlichkeiten so'n weites Spektrum sein wird, dass wir das nie hundert Prozent gebündelt kriegen, so'ne hundertprozentigen gerechten Arbeitsregelung. Also das war uns schon bewusst."*

Ob und in welcher Form diese Frage der Arbeitsorganisation im Gesundheitszirkel/Workshop der Serviceeinheiten analysiert wurde, lässt sich anhand der Interviews nicht rekonstruieren. Es lässt sich jedoch vermuten, dass aufgrund der geringen Zeit und der nicht fortgesetzten Bearbeitung, keine systematische beteiligungsorientierte Entwicklung alternativer Strukturen und Verfahren zur Koordination der Arbeitsbelastung in den Serviceeinheiten stattgefunden hat.

Was jedoch im Rahmen des Workshops bearbeitet werden konnte, ist die als ungerecht empfundene Verteilung und Entlohnung einzelner Tätigkeiten in den Serviceeinheiten.

Die jüngeren Beschäftigten finden sich häufiger auf zeitlich befristeten Stellen wieder und wurden aufgrund ihres Alters in eine niedrigere Entgeltstufe eingestuft und müssen aber dieselben Tätigkeiten ausüben wie die älteren Kolleginnen. Aufgrund der befristeten Verträge erscheint diese nach Alter gestaffelte Vergütung jedoch als ungerecht, da die Aussicht, später einmal selbst in den Genuss der höheren Vergütung zu kommen, nicht besteht. Als Lösung wird vereinbart (und umgesetzt), einen Teil der Aufgaben, die Entschädigungsberechnungen, wieder zentral durch einem Beamten bearbeiten zu lassen. Dieser selbst habe die Dezentralisierung seiner Aufgabe in dem vorangegangenen Prozess der Umorganisation eh negativ beurteilt, da dies zu einer Verschlechterung seiner Aufstiegs- und Beförderungschancen geführt habe. Ob sich die erneute Zentralisierung der Entschädigungen auf die Verdienstmöglichkeiten der Angestellten ausgewirkt oder auswirken könnte, wurde nicht geprüft.

Frauenbauftragte: „Und äh in den Serviceeinheiten, also in diesen Gesundheitszirkel, ich glaube die haben sich zwei Mal, sofern es mir in Erinnerung ist, getroffen, da sind schon Lösungsvorschläge gekommen. Einmal, dass die Entschädigung, da gab es wohl Probleme, dass die dezentral, also ‚auf verschiedene Serviceeinheitsmitglieder, also es sind eigentlich die Jungen, die damit in ihrer Ausbildung betraut worden sind. Und ein Beamter hier im Hause, der schon seit Jahren ist, die machten/teilten sich die Entschädigung und da hat man sich dann drauf geeinigt, dass die Entschädigungen wieder zentral stattfinden, eben bei dem Beamten, der schon über Jahre oder Jahrzehnte im Hause ist, und dass die jungen Angestellten, die halt auch hundertprozentig, wie die anderen Angestellten in den Arbeitsablauf integriert sind, dass die halt nur im Vertretungsfall die Entschädigungen wahrnehmen."

Interviewerin: „Und was war das Problem? Weshalb hat man das neu organisiert?"

Frauenbauftragte: „Also, da war der Beamte wohl nicht so zufrieden, weil ihm das aus der Hand genommen worden ist. Also der sah für sich wohl keine Aufstiegs- und Beförderungschancen, so wie das bei uns angekommen ist und dass die Angestellten die jüngeren in den Serviceeinheiten sowie auch schon immer das alles machen müssen, was die anderen machen in der Serviceeinheit und oben drauf noch diese Entschädigung bekam, und das war eben, vermute ich mal, aus deren Sicht irgendwo ne Ungleichbehandlung. Also ich hab mehr Arbeit als die andere, nämlich ich hab noch die Entschädigung. Zusätzlich/"

Interviewerin: „Das haben die [selbst so] gesehen als Problem?"

Frauenbeauftragte: „Gehe ich mal von aus, aber da ich nicht (lacht) im Workshop mit drinne gewesen bin, kann ich das nicht sagen, also ob das jetzt, wie dieses genau gefunden worden ist. Also da müsste ich jetzt auch im Nachhinein im Protokoll nachsehen."

Interviewerin: „Wäre das denn für die Angestellten auch aufstiegsrelevant, Entschädigung zu machen?"

Frauenbeauftragte: „Eigentlich schon. Nicht aufstiegs/aber gehaltsmäßig auf jeden Fall. Also das ist schon, dass gewisse Gehaltsgruppen nach Schwierigkeitsfeldern, nach besonders schwierigen Tätigkeiten, also nach schweren und besonders schwierigen Tätigkeitsfeldern gestaffelt sind und dass sich gewisse Gehaltsgruppen eben nur unter diesen Aspekten rechtfertigen lassen. Aber ob man das dann nicht sieht, oder ob den das nicht vor Augen geführt worden ist, weiß ich nicht, ist mir nicht bekannt. Aber auf jeden Fall spielt das für die Angestellten schon 'ne Rolle."

Interviewerin: „Und wissen Sie, ob sich dass dann finanziell ausgewirkt hat? Also entweder, dass sie vorher tatsächlich mehr Geld bekommen haben, oder jetzt weniger oder haben die die Arbeit nur gemacht und sowieso nicht mehr Geld gekriegt."

Frauenbeauftragte: „Nö, die Arbeiten sind gemacht worden und ich denk es ist eher so, dass die jungen Angestellten, die eigentlich diese Mehrarbeit bekommen, ja sowieso in 'ner anderen Entgeltgruppe anfangen. Und wie's im öffentlichen Dienst ist, das ja nach Lebensjahren gestaffelt wird und dass die unterm Strich ja eigentlich weniger Anfangsgehalt haben als eine Angestellte, die schon 20 Jahre im Haus ist, und da denke ich ist der Unterschied denke ich mal. Ich merk das ja hier in der Serviceeinheit bei uns ähnlich, dass die jungen Arbeitskräfte, die oft teilweise, oder überwiegend auf befristeten Arbeitsverträgen erstmal sitzen diese ganze Arbeit machen müssen, die die älteren Kolleginnen auch machen. Äh, Protokollführung müssen die auch machen, wo man früher gesagt hat, naja Gott, wer nicht Protokoll führen will, der macht das eben nicht, wer sich das nicht zutraut, weil er meint, er ist ängstlich, er steht das halt nicht durch von den Nerven, die müssen die Entschädigungen machen. Und unterm Strich kriegen die weniger Anfangsgehalt, also die gehen mit wesentlich weniger nach Hause als eben eine, die schon zwanzig Jahre hier ist. Und das führt eben auch, also ich krieg das ja auch mit, dass das dann heißt, ja ich bin bemüht, weil ich eben auf einem befristeten Arbeitsplatz sitze, ich geb' mir also ganz besonders viel Mühe/[Unterbrechung] Also dass die jungen Angestellte dann wirklich sagen, ich muss mir ja ganz viel Mühe geben, ich muss ganz viel arbeiten, ich muss ganz gut arbeiten, weil ich habe noch einen befristeten Arbeitsvertrag. Ich möchte, dass der irgendwann mal umgewandelt wird, und wenn ich denn krank mache oder faul bin, habe ich denn wahrscheinlich Angst, dass man sagt, also dein Arbeitsvertrag verlängern wir nicht, dann/Also die Angst ist schon da. Und wenn die dann obendrauf noch so viel Arbeit machen müssen und dann noch die Entschädigung und dann unterm Strich weniger bekommen als eine die 20 Jahre ist mit der Rechtfertigung, naja ich bin ja auch schon 20 Jahre hier, das ist dann irgendwo auch nicht einzusehen bei den Jungen. Das kann ich auch gut nachvollziehen, dass man sagt, also warum kriegt die mehr, nur weil die zwanzig Jahre da ist. Es muss auch irgendwo ein bisschen leistungsorientiert sein, das Gehalt. Also das ist schon da, und ich denk mal das hat wahrscheinlich vorrangig in den Köpfen der Angestellten stattgefunden, dieses, dieses Denkverhalten. Weil ich das auch bewusst im Gesprächen mit jüngeren Angestellten so raushöre."

Interviewerin: „Mhmh. Ist es dann ein Thema für Sie auch als Frauenbeauftragte gewesen im Kontext von Gesundheitsmanagement?"

Frauenbeauftragte: „Nein. [..] Nein."

Das als ungerecht empfundene Verhältnis zwischen Arbeitsbelastung und Entlohnung der jüngeren Kolleginnen im Vergleich zu den älteren wird als Grund für die neue Aufgabenteilung angeführt. Die Frauenbeauftragte schildert auch, dass es früher die Möglichkeit gegeben habe, statt Protokollführung die Entschädigungen zu machen und so je nach individueller Beanspruchung durch Protokollführung auf eine andere Tätigkeit ausweichen zu können. Dieser Handlungsspielraum scheint für die jüngeren Mitarbeiterinnen nicht mehr zu gelten. Zudem scheinen sie über weniger Machtressourcen zu verfügen, um dies durchzusetzen, da sie nur über befristete Arbeitsverträge verfügen und befürchten, keinen unbefristeten Arbeitsvertrag zu bekommen, wenn sie solche Forderungen aufstellen.

Gleichstellungsrelevantes Handlungsfeld Entgeltgleichheit
Bemerkenswert an dem obigen Beispiel ist, dass die Frauenbeauftragte weiß, dass die Entschädigungsberechnung und deren Anteil in der Stellenbeschreibung für den Beamten aus dessen Sicht für seine Beförderungs- und Aufstiegschancen relevant sind, bemisst diesem aber in Bezug auf die Angestellten keine Bedeutung bei. Wie sich die geschilderte Umorganisation in den Stellenbeschreibungen der Angestellten niederschlägt oder ob sie überhaupt zu einer eingruppierungsrelevanten Veränderung geführt hat, geht aus den Interviews nicht hervor. An diesem Beispiel werden jedoch potenzielle Zielkonflikte sichtbar zwischen Entgeltgleichheit von Frauen und Männern und dem Abbau von Belastungen. Die Höhe des Entgelts orientiert sich an den Anforderungen der Tätigkeiten und den mit der Tätigkeit verbundenen Belastungen. Durch die Reform der Ausbildung der Justizfachangestellten wurden diesen neue Aufgaben zugewiesen, was zu einer Erhöhung der Vergütung geführt habe[43]. Einen gleichstellungsrelevanten Hintergrund bekommt dies, da in den Schreibdiensten, die in die Serviceeinheiten integriert wurden, überwiegend Frauen arbeiteten.[44] Durch die Reform der Ausbildung der Justizfachangestellten und die Zusammenlegung der einzelnen Organisationseinheiten zu Serviceeinheiten erfolgte ein Aufwertung des Berufs der Jus-

---

[43] nach Angabe der Interviewten

[44] Eine Aufarbeitung der Statistiken für die Berufsgruppen am Gericht war im Rahmen der Arbeit nicht möglich, da die Daten des statistischen Bundesamtes nicht nach Geschlecht differenzieren. Die Interviewten geben jedoch an, dass im Schreibdienst nur/überwiegend Frauen gearbeitet haben. Schreibdienste zählen zu den auch klassischen Frauenberufen (Holtgrewe 1989).

tizfachangestellten. Der reine Schreibdienst als typische Frauentätigkeit wurde erweitert um neue und qualitativ höher bewertete Tätigkeiten. Die geschlechtstypisierende Arbeitsteilung, die Frauen überwiegend Schreibtätigkeiten zuwies, wurde aufgeweicht, indem die Justizfachangestellten Aufgaben der UrkundsbeamtInnen übertragen bekommen haben. Dies lässt sich aus Sicht der UrkundsbeamtInnen[45] - in dieser Studie eines Beamten - auch als Verringerung des Statusunterschiedes und somit als Statusverlust interpretieren. Der Beamte kann seinen Wunsch durchsetzen, Entschädigungen zentral zu bearbeiten, um so die höherwertige Tätigkeit für sich zu beanspruchen. Die sich im Rahmen des Gesundheitsmanagements neu etablierende alte Arbeitsteilung zwischen den männlichen Urkundsbeamten und den weiblichen Justizfachangestellten wird in den Interviewpassagen jedoch nicht als geschlechtliche Arbeitsteilung wahrgenommen. Vielmehr beziehen sich die von den Interviewten getroffenen Unterscheidungen auf junge und ältere Angestellte, die aufgrund ihres Alters unterschiedliche Gehälter bekommen. Aufgrund der befristeten Arbeitsverhältnisse erscheint dies nicht mehr als gerecht, da die jüngeren nicht mehr mit den gleichen Konditionen rechnen können, wenn sie das entsprechende Alter erreicht haben. Zudem klingt in der Interviewpassage an, dass die jüngeren nicht über dieselben Dispositionsspielräume verfügen wie ihre älteren Kolleginnen, die sich anscheinend noch aussuchen konnten/können, ob sie Protokoll führen oder nicht. Der Präsident äußert die Annahme, dass es einen Interessenkonflikt zwischen jungen und älteren Mitarbeiterinnen gibt, der aber nicht zur Aushandlung kommt:

> *Präsident: „Natürlich altersmäßig, ne? Obwohl, es bei den Serviceeinheiten ist eigentlich 'ne ganz gute Mischung, es gibt ältere Damen, die hier schon sehr lange im Hause sind, und wir haben auch 'ne ganz große Zahl von von jungen Damen, von ja Mädchen beinahe, die hier sich einbringen, möglicherweise liegt da auch so'n bisschen ein Problem, dass die Älteren da die Jüngeren ein bisschen dominieren und eigentlich die Älteren das nicht wollen. Denn die jüngeren, das ist uns auch so zu Ohren gekommen, die Jüngeren eigentlich ganz gerne mal so'n Workshop machen wollten, ne? Auch ein bestimmtes Problem, dem wir uns mal nähern müssen, ne? Wieweit da so diese Meinungsführerinnen dominant sind."*

Die Bearbeitung des Interessenkonfliktes stößt seitens der älteren Beschäftigten auf Widerstand. Eine Neuverhandlung der Arbeitsteilung untereinander würde deren Handlungs- und Entscheidungsspielräume zugunsten der jüngeren einschränken/verschieben. Vor dieser Interpretation erscheint die erneute Zentralisierung der Entschädigungen die einzige Form der Arbeitsentlastung, auf die man sich einigen konnte, ohne die Konflikte unter den Angestellten bearbeiten zu müssen. Es wird zudem sichtbar, dass auf der betrieblichen/organisationalen Ebene das Ineinandergreifen verschie-

---

45 Die Zusammensetzung der niedersächsischen Gerichtsbarkeit nach Geschlecht konnte nicht ermittelt werden.

dener Prozesse am Werke ist, die vor Ort im Arbeits- und Alltagshandeln bewältigt werden müssen, ohne dass die Beteiligten alle Faktoren beeinflussen können oder durchschauen müssen (und dies auch nicht können).

Ohne an dieser Stelle die Aspekte von Entgeltgleichheit und mittelbarer Diskriminierung wegen des Alters (damals noch kein verpöntes Merkmal) oder wegen des Geschlechts prüfen zu können, wird doch deutlich, dass diese Dimension des Geschlechterverhältnisses nicht im Horizont der Akteure auftaucht. In Gesprächen mit Personalverantwortlichen im öffentlichen Dienst herrscht häufig die Einschätzung vor, dass Tarifverträge und Entlohnungssysteme nicht diskriminierend sein können, da jede BeamtIn oder jede Angestellte/jeder Angestellter in der gleichen Position auch dasselbe verdienen würde. Dass die zugrunde liegenden Bewertungsverfahren der Arbeit selbst diskriminierend wirken können, ist in der Regel nicht bekannt. Auf der betrieblichen Ebene ginge es allenfalls um eine richtige Eingruppierung der Personen. Eine Aufgabenverteilung, die Männern systematisch höherwertige Aufgaben zuteilt als Frauen und im Resultat zu höherem Entgelt führt, könnte als mittelbare Diskriminierung bewertet werden. Ebenso könnte es zutreffen, dass Aufgaben wie Protokollführen systematisch unterbewertet sind und überwiegend von Frauen ausgeübt werden. Dies wäre ebenfalls eine Form mittelbarer Diskriminierung. Wäre der Anteil von Frauen und Männern in beiden Gruppen gleich, läge bei unterschiedlicher Unterbewertung und ungleicher Verteilung der Tätigkeiten auf beide Gruppen keine Diskriminierung wegen des Geschlechts vor. Solche Zusammenhänge von geschlechtlicher Arbeitsteilung und Entgeltgleichheit werden von keinem der Akteure im Prozess thematisiert. Es vollzieht sich unbemerkt eine geschlechtliche Arbeitsteilung zwischen dem Beamten und den weiblichen Justizfachangestellten, gespeist aus den schlechteren Arbeitsbedingungen der jüngeren Angestellten. Eine „Gleichstellungsverträglichkeitsprüfung" hat nicht stattgefunden.

Arbeitsorganisation - Vertretungsregelung
Als weiteres Thema wurde die Vertretungsregelung unter den Mitarbeiterinnen der Serviceeinheiten bearbeitet. Je nachdem, ob in den sich jeweils vertretenden Serviceeinheiten Vollzeitkräfte oder Teilzeitkräfte mit oder ohne vor allem schulpflichtigen Kindern arbeiten, gestaltet sich die wechselseitige Vertretung schwierig. Als Lösung hat man vorgeschlagen, die Gruppe und damit die Zahl der sich vertretenden Personen zu erhöhen. Nach Einschätzung der Frauenbeauftragten führte diese Regelung zu einer Verschlechterung der Vertretung, da die Verantwortlichkeit nun noch unklarer sei und sich niemand verantwortlich fühle. Um im Verlauf des Tages Unterstützung zu bekommen, würden Mails durchs ganze Haus geschickt werden müssen.

> *Frauenbeauftragte: „(...) Also, das fällt mir jetzt in Bezug darauf ein, weil der nächste Lösungsvorschlag ist gewesen, wir haben 10 Serviceeinheiten*

und vorher, vor Einbringung des Lösungsvorschlages war es so, dass jeweils zwei Serviceeinheiten als Servicegruppe sich untereinander vertreten haben. Und da aber die Serviceeinheiten sehr unterschiedlich besetzt sind, das heißt in manchen Serviceeinheiten sind vier Teilzeitkräfte, in der anderen Serviceeinheit ist eine Vollzeitkraft nur. Wenn die in Urlaub gehen, muss die andere das ganz auffangen, möchten aber im, also gerade bei den Teilzeitkräften, die machen ja überwiegend Teilzeit, weil die kleine Kinder haben. Die möchten aber auch zum Beispiel in den Sommermonaten Urlaub. Dann können die wieder, also man hatte so'n bisschen den Eindruck, das kam ja aus diesem Workshopprotokoll heraus, dass die eben mit dieser Vertretungsregelung, wie sie bestanden hat, nicht zufrieden waren die Serviceeinheiten. Das hatte zur Folge, dass man 'nen Lösungsvorschlag machte, dass es größere Gruppen geben soll, die sich miteinander absprechen und vertreten. Weil dann die Zahl der Angestellten größer ist. Das heißt also, es gibt (…) zwei mal drei Senate und ein mal vier Senate, die sich [vertreten]. (…) Wir können nur für unsere Serviceeinheit hier sagen, dadurch das der Raum größer geworden ist, auf mehrere Angestellte als Vertretung, sollte man eigentlich erstmal meinen, ja toll, jetzt sind natürlich viele da, man kann sich besser vertreten, aber bei uns wird der Anschein eher erweckt, um so mehr es sind, umso mehr wird die Verantwortung in den Bereich des Anderen unbewusst gedrückt. Also ich muss mich da ja jetzt nicht kümmern, da ist ja jetzt, statt einer zweiten Gruppe noch eine, statt einer zweiten Serviceeinheit noch eine dritte Serviceeinheit da. Soll die sich doch kümmern. (Mhmh) Also dass das eher jetzt noch weniger abläuft, also das man jetzt schon quer im Hause 'ne E-Mail schickt, ich hab hier Not am Mann, wer kann mir was rausholen, wo man denkt, wieso, das sind doch jetzt statt zwei Serviceeinheiten, drei. Warum kann jetzt nicht die dritte, wenn in der zweiten jemand krank ist? Also das hinterlässt bei uns den Eindruck, dass es noch weniger läuft. Aber das kann nur ein persönlicher Eindruck sein. Das ist eben nie abgefragt worden, jetzt im Nachhinein, ob die Angestellten mit diesen Lösungsvorschlägen und mit diesen Umsetzungen der Lösungsvorschläge auch wirklich das erreicht haben, was sie wollten. (Mhmh) Nämlich eine größere Zufriedenheit."

Ob die entwickelte Lösung zur Verbesserung geführt hat, wurde im Rahmen des Projektes nicht erhoben, was auch dazu führt, dass die Maßnahme nicht nachgesteuert wurde: Die Steuerungsgruppe hat aufgrund der fehlenden Rückmeldung keinen Anlass, sich mit den Betroffenen nochmals über die Vertretungsregelung auseinanderzusetzen und nachzubessern. So ist oben schon zum Thema Kommunikation angemerkt worden, dass es in und zwischen den Serviceeinheiten keine regelmäßigen Besprechungen gibt, in denen es Raum für Fragen der wechselseitigen Vertretung und für arbeitsorganisatorische Absprachen gibt. Ohne eine solche Kommunikationsstruktur scheint es schwierig, die Vertretungen, Urlaubszeiten, kurzfristigen Arbeitsengpässe etc. zu koordinieren.

Mit der fehlenden Evaluierung der Maßnahmen fehlt der Steuerungsgruppe ein wichtiges Element zur Ausführung ihrer eigentlichen Aufgabe, der Steuerung des Prozesses.

6.3.3. Funktionszeit - Vereinbarkeit Beruf und Familie

Als weitere Maßnahme des Gesundheitsmanagements wird die Einführung der Funktionszeit genannt. Es finden sich jedoch keine Hinweise auf den Kontext, in dem die Funktionszeit als Maßnahme des Gesundheitsmanagements entwickelt wurde. Lediglich der Personalrat gibt an, das die Funktionszeit aus der Idee heraus entstanden sei, den Angestellten und BeamtInnen des richterlichen Folgedienstes ebenfalls zu ermöglichen, Sportangebote etc. zu nutzen und eine Annäherung an die Arbeitsbedingungen der RichterInnen zu erreichen, da man die RichterInnen ja nicht dazu zwingen könne, zu stempeln. So haben nun auch die Angestellten und BeamtInnen des Folgedienstes die Möglichkeit ihre Arbeitszeit in Absprache mit den KollegInnen spontan zu ändern, um so nachmittags Termine (Kinderbetreuung, Sportangebote etc.) wahrnehmen zu können.

Dies würde von den Beschäftigten sehr positiv bewertet, da hier die Möglichkeit besteht auf Unvorhergesehenes spontan reagieren zu können. Die Frauenbeauftragte und andere sehen darin einen Beitrag, die Vereinbarkeit von Beruf und Familie zu erleichtern.

Frauenbeauftragte: „Vielleicht mehr Diskussionsgrundlage auf jeden Fall auch für die Angestellten zu geben wie man sich, obwohl ich, fällt mir gerade ein, im Laufe des Projektes haben wir auch die Funktionszeit eingeführt, aber nicht auf der Grundlage von Gender Mainstreaming. Das is aber auch eine Errungenschaft, sag ich mal, die 'ne bessere Vereinbarkeit von Familie und Beruf für die Angestellten mit Kindern auf jeden Fall. (...) Also ich bin nicht mehr gezwungen von 12.00 bis, äh von 14.00 bis 15.30 Uhr zu bleiben. (Mhmh.) Wenn ich, also ich bin wesentlich flexibler. Wenn mein Kind nämlich heute Nachmittag krank wird oder ich einen wichtigen Arzttermin mit meinem Kind habe und ich habe äh in diesem Monat schon zwei freie Nachmittage gehabt, so wie's vorher war. Da standen mir pro Monat nur zwei freie Mittage zu, dann äh spielt es keine Rolle, ob das jetzt der dritte oder der vierte oder der fünfte Nachmittag im Laufe des Monats ist. Ich kann dann trotzdem nach Hause gehen, macht dann halt Rufumleitung zur Kollegin, stell den Geschäftsbetrieb sicher und dann kann ich eben nach Hause gehen und bleib ein andern Mal dafür bis abends um sieben. (Mhmh.) (...)"

> Interviewerin: „Mhmh. Und wie würden Sie sagen ist die Zufriedenheit damit?"
>
> Frauenbeauftragte: „Also das würde ich schon als sehr angenommen und, also dass man das Gefühl hat, ich bin freier in meiner Arbeitszeit, in meiner Arbeitszeitgestaltung. Denn das geht bei mir schon in den Bereich, wie's auch die Richter haben. Ein bisschen auch im Nachmittagsbereich unabhängig zu sein. Also da ist es dann auch, so wie das äh rüberkommt, ganz unkompliziert, dass ich dann eben ganz spontan sage, also du ne ich muss jetzt, ich mach mal Rufumleitung rein, bin heute Nachmittag nicht da. Ja kein Problem. Also das ist äh sehr gut angenommen worden, das wird auch sehr gut umgesetzt, also ohne dass es da Konflikte gibt, dass man denkt ach man, jetzt muss ich deine Anrufe auch noch entgegen nehmen, weil man dann einfach sieht, wenn ich's in Anspruch nehmen möchte, dann habe ich die gleiche Möglichkeit und dann ist die Andere für mich da. Also ich denke schon, dass der Freiraum sehr, sehr gut angenommen wird. Das der auch wohlwollend angenommen worden ist. Aber über positive Dinge spricht man ja nicht so oft (lacht)."

Die Einrichtung eines Eltern-Kind- oder Mutter-Kind-Zimmers sei ebenfalls eine Maßnahme gewesen, die man angeboten habe, die jedoch nicht genutzt worden sei. Die Maßnahme wurde in der Steuerungsgruppe entwickelt und nicht aufgrund von wahrgenommenen Belastungen oder Problemen seitens einzelner oder einer betroffenen Personengruppe. Es wurde also eine Maßnahme ohne vorherige Diagnose umgesetzt.

6.4. Verständnis von Gender Mainstreaming

Die im Rahmen dieser Studie untersuchten Projekte arbeiteten auf der Grundlage eines Leitfadens (Nds. Ministerium für Inneres und Sport 2002) zum Gesundheitsmanagement der niedersächsischen Landesverwaltung. Dieser lag auch den Förderkriterien des Landes für die untersuchten Projekte zu Grunde. Auf Gender Mainstreaming wird sowohl im Leitfaden als auch in den Förderbedingungen Bezug genommen. Im Förderantrag mussten die AntragstellerInnen angeben, wie sie das Prinzip Gender Mainstreaming in ihrem Projekt umsetzen wollen. Dazu wurde im Antragsformular selbst auf die entsprechenden Abschnitte zum Thema Gender Mainstreaming im Leitfaden hingewiesen.

Dieser macht Anregungen zu folgenden Aspekten:

- Zusammensetzung von Steuerungsgruppen und Beteiligungsgruppen, Beteiligung von Frauen an Entscheidungsprozessen - zum Ausgleich von Unterrepräsentanz von

Frauen in Entscheidungsebenen und aus Tätigkeitsbereichen aufgrund der bestehenden Segregation

- Zu Belastungskonstellationen aufgrund der geschlechtlichen Arbeitsteilung in Beruf und Familie, die für Frauen und Männer unterschiedlich sind
- zu Formen des *gender bias*, der zur Ausblendung von Themen führt, weil sie nicht den Geschlechtsrollenerwartungen entsprechen
- zu Zielen: Abbau geschlechtstypisierender Arbeitsteilung, Vereinbarkeit von Beruf und Familie, Förderung der Gleichstellung
- Prüfen der gleichstellungsrelevanten Auswirkungen von Maßnahmen

Bereits in den Anträgen der Projekte als auch in den Interviews wird deutlich, dass von einer systematischen Umsetzung von Gender Mainstreaming nicht die Rede sein kann.

Die Äußerungen der Befragten geben ein recht einheitliches Bild. Insgesamt sind sich die Befragten einig, dass Gender Mainstreaming im Projekt keine Rolle gespielt habe und dass sich auch niemand für das Thema eingesetzt habe. Keine/keiner der Interviewten schildert einen systematischen Umgang mit Gender Mainstreaming.

Erst auf Nachfragen zum Vorgehen im Projekt, ob zum Beispiel nach Geschlecht ausgewertet wurde oder ob es verschiedene Positionen zu Gender Mainstreaming gegeben hat, werden Versatzstücke von Gender Mainstreaming sichtbar:

Gender Mainstreaming wird mit der Zusammensetzung von Steuerungsgruppen und Arbeitsgruppen in Verbindung gebracht, ohne dass dabei darauf eingegangen wird, warum das sinnvoll sein könnte. Der Leitfaden hat eine geschlechterparitätische Zusammensetzung der Steuerungsgruppen empfohlen.

Die Befragten schildern, dass sie bei der Frage, wo Gesundheitszirkel oder Workshops eingerichtet werden sollen, darüber diskutiert haben, ob hier geschlechtergemischte oder geschlechtshomogene Gruppen eingesetzt werden sollen. Im Ergebnis hat man sich für geschlechtshomogene Gruppen entschieden. Die Interviewten bieten je nach Blickwinkel, von dem aus sie auf die Workshops gucken, unterschiedliche Begründungen für die Relevanz von Gender Mainstreaming an.

6.4.1. Männer und Frauen sind unterschiedlich

Gender Mainstreaming ist nur dann relevant, wenn „geschlechtsspezifische Hintergründe oder Probleme" zu erwarten sind. Dies habe man nicht erkennen können. Geschlechtstypische Probleme erwarten die Befragten nur dann, wenn Frauen und Männer zusammenarbeiten.

> Frauenbeauftragte: „Ich denke aber schon, dass wir da relativ zügig einig waren, dass wir, dass es zwar auch geschlechterspezifische Probleme und Unterschiede geben kann, aber dass das für uns hier im Hause wohl keine Rolle spielen wird. (Mh). Weil bei den Wachtmeister ist es, sind alles Männer (Mh), äh die Verwaltung wäre gemischt, aber, wie gesagt, wenn es da keine Probleme gab, dann braucht man da auch nicht, zu spezifizieren und in den Serviceeinheiten, da haben wir von, sag ich mal, circa 40 Mitarbeitern ein männliches Mitglied. Also das hätte man auch vernachlässigen können (Mhmh), ja."

Für die Frauenbeauftragte ist „Gender" dann kein Problem, wenn in einem Bereich nur Frauen oder nur Männer arbeiten. Wenn Männer oder Frauen unter sich sind, gibt es keine geschlechtsspezifischen Probleme. Geschlechtsspezifische Probleme tauchen also nur in der Interaktion zwischen Frauen und Männern auf, was vermuten lässt, dass eine grundsätzliche Unterschiedlichkeit zwischen Frauen und Männern vermutet wird, die zu Konflikten oder Missverständnissen führen könnte. Eine solche differenzorientierte Annahme spitzt sich in der folgenden Schilderung zu:

> Präsident: „Das ist hinterher aufgefallen und ich sach ja, ich grübel seit etlichen Monaten drüber, warum ist das so, dass diese Mannsbilder, [lacht] sind ja nun, alle sehr gestanden, sach ich mal, bis bis auf einen, das is tauch ein bisschen schwierig. Dass die nun sich wirklich da drauf eingelassen haben, dass die wirklich sich da unterhalten haben über das, was Sache ist, und da mit nichts hinterm Berg gehalten haben, und ich vermute, dass die Frauen sich äh auf dieses Glatteis nicht begeben wollen. Und das, das mit der Psyche der Frau doch ein Stück zu tun hat. Sich in so einer Runde und da muss man ja schon ein bisschen dann was sagen über sich und man muss auch etwas erkennen über sich und vielleicht auch erkennen, na hab ich vielleicht etwas falsch gemacht oder es liegt vielleicht an mir selber, dass das Dinge in Richtung Kollegialität oder Kommunikation nicht so funktionieren, und das Frauen das vielleicht nicht so gerne preisgeben. (Hm) Ich weiß es nicht, aber es es muss, es muss einen Grund haben. Das auf einmal da geblockt worden ist, ne?"

Die interviewte Person wundert sich darüber, wieso der zweite Workshop mit den Frauen aus den Serviceeinheiten gescheitert ist. Sie führt dies auf die „Psyche der Frau" zurück. Dass die Verweigerung, erneut einen Workshop durchzuführen auch andere Gründe haben könnte, kommt hier nicht zur Sprache. So ist an anderer Stelle deutlich geworden, dass es erhebliche Konflikte zwischen den Kolleginnen gibt und dass Belastungen durch RichterInnen als nicht beeinflussbar wahrgenommen wurden. Das wären Gründe, die in der Situation und nicht in der Psyche begründet sind.

6.4.2. Männer und Frauen unter sich

Eine Person schildert den rauen Umgangston unter den Männern und gibt zu bedenken, dass es auch nicht immer „rund läuft", wenn „viele Männer" zusammenarbeiten.

> *Personalrat: „Aber viele Punkte, die auch, wo sie sich nicht mehr dran erinnern, dass so was war, dieses Miteinander, diese Ehrlichkeit, Offenheit und so. Und denn, ohne dass der andere immer schreit, kann mal jemand helfen. Arbeit sehen, ne, zur Hand gehen, dieser Ton (...) oftmals höre ich dann, wenn da oben rumgeschrien wird, dass ich denn rein gehe und sach, was ist das für ein Ton. (...) Das mit dem aufeinander Rücksicht nehmen ist manchmal eine Belastung, gebe ich zu. Sie müssen grundsätzlich alles, das was er [ein Mitarbeiter, NP] macht, noch mal kontrollieren. Es ist schwer. Wenn manchmal so ein bisschen Stress ist. Dann hör ich das. Ich bin ja sehr oft/ geh ich da mal rein! Und krieg das ja denn mit. Weil sie ja nur zwei Türen weiter sind als, als von hier, ne. Und das sind halt, wo mehrere Männer sind, man sagt das vielleicht auch, wo viele Frauen sind, das läuft auch nicht immer, Reibungsverluste gibt's immer!"*

Er deutet an, dass es entgegen der Erwartung und den üblichen Zuschreibungen an reine Frauengruppen (gerne mit Stutenbissigkeit bezeichnet), auch Konflikte gibt, wenn Männer unter sich sind.

6.4.3. Geschlechtsrollenkonflikte von Männern

Eine weitere Begründung bezieht sich auf Konflikte zwischen den Serviceeinheiten und den Wachtmeistern. Hier wird erkannt, dass es einen gemischten Workshop bräuchte, um dieses Thema zu bearbeiten. Die Konflikte zwischen Wachtmeistern und Serviceeinheiten werden von zwei Personen als Geschlechtsrollenkonflikte beschrieben, wenngleich sie dies nicht so benennen (wollen):

> *Projektleiter: „Also nicht in Richtung Geschlechterrolle. (Mhmh) Aber ich will das mal an einem Beispiel deutlich machen, das so täglicher Gerichtsbetrieb vielleicht ist. Wir haben in der Wachtmeisterei ausschließlich Männer. Wir sind die großen starken Männer, wir sorgen hier für Sicherheit im Hause und an uns kommt keiner vorbei. In der Hierarchie ich sag mal an letzter Stelle. Dadrüber der Bereich frauenbesetzt. Serviceeinheiten. Sehr viele junge Frauen. In der Hierarchie also etwas dadrüber besetzt. Die sagen jetzt, diese jungen Frauen aus den Serviceeinheiten sagen unseren alten gestandenen Männern nun wo das Eine oder das Andere langgehen soll. ‚Nee, du machst das' und ‚Ich möchte das Sie das machen'. Das ist ein Problem. (Mhmh) Das ich sehe, das allerdings nicht, weder von der Gruppe der Serviceeinheiten noch von der Gruppe der Wachtmeister thematisiert worden ist. (Mhmh) Aber die Zusammenarbeit dieser beiden Geschlechter in hierarchischen Unterschieden und Frau Schmidt hat immer*

> den Spruch drauf, nichts ist härter als n' deutscher Wärter, [lachen] ich glaube so ähnlich so auch, Justizvollzug, den kann man hier denn auch verwenden."

Der Projektleiter beschreibt den Konflikt zwischen Wachtmeistern und Serviceeinheiten als einen Geschlechtsrollenkonflikt, den die Wachtmeister aber nicht als solchen eingebracht haben. Abweichend von Geschlechterrollen- und alterskonformen Erwartungen stehen die zum Teil jüngeren Frauen hierarchisch über den Wachtmeistern und erteilen diesen Aufgaben. Er vermutet, dass dies für die Männer ein Problem darstellt.

Ähnlich argumentiert der Präsident im folgenden Zitat:

> Präsident: „Hm, ich denke, ich weiß nicht, ob das männerspezifisch ist, aber was die Wachtmeister eben artikuliert haben, war, dass sie gerne besser behandelt werden wollen, ja unter anderem auch von den Damen der Serviceeinheit. Ich sage ja, das ist die Hierarchie, ganz unten die Wachtmeister und dann komm kommen die Serviceeinheiten und da ist wohl oftmals das Gefühl oder der Eindruck, na wir sind sowieso das Letzte hier im Hause, und da kann jeder sich seine Füße drauf abtreten und auch so dieses Gefühl vielleicht ja doch, vielleicht nähern wir uns jetzt dem dem, was sie wissen wollen. Auch dieses Gefühl, diese von mir schon als gestanden bezeichneten Männer, mittleren Alters, sag ich mal, müssen sich von den jungen Schnöseln da aus den Serviceeinheiten was sagen lassen, ne? Vielleicht kann man das da so drunter einordnen, ne? Aber, man weiß nicht, ob das ja vielleicht doch. (Mh) Vielleicht doch, ne? Das das diese diese dieses Gefühl, die haben ja viel mit den Serviceeinheiten zu tun, wir werden von denen einfach nicht ordentlich behandelt, und wir sind nur eine zwar kleine aber eben immerhin auch eine Gruppe im Hause, die aus aus äh Männern besteht, die auch ihre Würde haben, und das wollen wir beachtet wissen. Obwohl wir in der Hierarchie ganz unten stehen. Vielleicht ist das so'n bisschen in die Richtung. Ne? Weiß ich nicht."

Auch er thematisiert die Diskrepanz zwischen Hierarchie und Alter - Geschlecht scheint hier die unterlegte Deutungsfolie zu sein, die aber nicht ausgesprochen wird. Die „Schnösel" aus der Serviceeinheit sagen „den gestandenen Kerlen, wo's langgeht". Dass in den Serviceeinheiten fast nur Frauen arbeiten, ist hier sprachlich nicht mehr zu erkennen. Beide Passagen zeigen, dass die Interviewten ahnen, dass der Konflikt zwischen Wachtmeistern und Serviceeinheiten oder die geäußerte mangelnde Wertschätzung der Wachtmeister etwas mit kulturellen Erwartungen zu tun hat, die nicht erfüllt werden. Das Alters- und Geschlechterarrangement zwischen Wachtmeistern und Mitarbeiterinnen der Serviceeinheiten entsprechen nicht den Erwartungen der Wachtmeister.

6.4.4. VEREINBARKEIT VON BERUF UND FAMILIE ALS LEGITIME FORDERUNG

Das Thema Vereinbarkeit von Beruf und Familie wird erst auf explizite Nachfrage in den Kontext Gender Mainstreaming gestellt. Zwei Personen berichten vom Versuch, ein Eltern-Kind-Zimmer bzw. ein Mutter-Kind-Zimmer einzurichten, der jedoch nicht angenommen wurde. Die Einrichtung der Funktionszeit wird in diesem Kontext auch als Maßnahme zur Vereinbarkeit von Beruf und Familie aufgeführt, die jedoch schon vor dem Gesundheitsmanagement diskutiert wurde. Dabei handelt es sich auch um eine Maßnahme, die nicht von den Beschäftigten selbst entwickelt wurde. Darüber hinaus thematisiert die Frauenbeauftragte den Umgang mit Zeit und den gewährten Spielräumen als Thema für Vereinbarkeit von Beruf und Familie und im Kontext mit Fehlzeiten: Fehlzeiten von Müttern, die wegen ihrer Kinder zu Hause blieben, würden sich bei ihnen als Krankentage niederschlagen, während die RichterInnen einfach zu Hause bleiben könnten. Vereinbarkeit von Beruf und Familie bleibt Thema und Problem von Frauen - was ja auch den realen Erfahrungen und Statistiken entspricht. Die Arbeitsteilung zwischen den Geschlechtern, sei es in der Familie, sei es im Gericht, ist im Gesundheitsmanagement kein Thema. Deren Auswirkungen auf die Gleichstellung der Geschlechter wird nicht thematisiert.

6.4.5. MASSNAHMEN NUR FÜR FRAUEN SIND NICHT LEGITIM

In den Interviews wurde auch danach gefragt, ob auch Themen aus der Perspektive von Männern oder mit Blick auf Männer im Kontext von Gender Mainstreaming diskutiert wurden. Hierzu wurden die Geschlechtsrollenkonflikte der Wachtmeister benannt (siehe oben) und der Frauenruheraum. Dieser war auf Initiative der Frauenbeauftragten eingerichtet worden. Auf Initiative eines Mannes hin musste er in „Ruheraum" umbenannt werden und für Frauen und Männer nutzbar sein. Denn auch Männer könnten Kopfschmerzen haben. Hier wird sichtbar, dass Maßnahmen, die nur für Frauen ergriffen werden, nicht von allen als legitim angesehen werden. Mögliche Lesarten von Gender Mainstreaming, die die Relationalität im Geschlechterverhältnis betonen und Gleichstellung deshalb auch an Männer adressieren, finden sich in keinen der Äußerungen der Interviewten.

6.5. FAZIT

6.5.1. FEHLENDE SYSTEMATIK ZUR UMSETZUNG VON GENDER MAINSTREAMING

Insgesamt wird deutlich, dass Gender Mainstreaming in diesem Projekt nicht systematisch umgesetzt wurde. In dieser Fallstudie ist kein/kaum spezifisches Fachwissen zu Gender Mainstreaming (und den damit verbundenen Erkenntnissen der Geschlechterforschung) erkennbar. Dementsprechend lässt sich auch keine Vorgehensmodell zur

Umsetzung von Gender Mainstreaming im betrieblichen Gesundheitsmanagement identifizieren. Die Assoziationen zum Thema Gender Mainstreaming werden erst im letzen Teil des Interviews auf explizite Nachfrage geäußert, was vermuten lässt, dass das Thema nicht intensiv in der Steuerungsgruppe bearbeitet wurde.

Den oben geschilderten Versatzstücken eines Verständnisses von Gender-Mainstreaming liegen überwiegend Annahmen zugrunde, die davon ausgehen, dass Frauen und Männer sich grundlegend unterscheiden. So wird das Scheitern des zweiten Workshops in den Serviceeinheiten von einigen auf „die Psyche der Frau" zurückgeführt. Im Rahmen dieser Interpretation fällt es schwer, Anknüpfungspunkte zu finden, wie die Frauen doch dazu gebracht werden könnten, die vermuteten Konflikte, Belastungen etc. anzugehen. Einzig die Frauenbeauftragte analysiert die handwerklichen Fehler im Projekt, die ihrer Einschätzung nach eher für die mangelnde Teilnahme ursächlich sind (vgl. unten).

In puncto Geschlecht herrscht bei den Interviewten ein differenzorientiertes Verständnis von Geschlecht vor, in dem historische und strukturelle Aspekte des Geschlechterverhältnisses nicht (kaum) vorkommen, obwohl die Akteure sehr wohl strukturelle Zusammenhänge benennen, diese jedoch nicht mit Gender Mainstreaming in Verbindung bringen:

- Aufwertung und bessere Entlohnung der Serviceeinheiten im Vergleich zur Tätigkeit in der Kanzlei

- Arbeitsteilung zwischen Beamten (Mann) und Angestellten (Frauen) in den Serviceeinheiten und Relevanz dieser Neuorganisation für die Entlohnung und Aufstiegschancen

- Konflikte zwischen jüngeren und älteren Mitarbeiterinnen aufgrund befristeter Arbeitsverträge und den damit verbundenen fehlenden Perspektiven auf gleiche Bedingungen in späteren Berufsjahren

- Vermutete Verzerrungen in der Krankenstandstatistik aufgrund ungleicher Freiheiten im Umgang mit der Arbeitszeit, unterschiedliche Voraussetzungen für die Vereinbarkeit von Beruf und Familie

- Thematisierung von Geschlechtsrollenkonflikten im Kontext hierarchischer Strukturen

Diese Einsichten in strukturell vermittelte Ungleichheiten zwischen den gesellschaftlich unterschiedenen Gruppen finden jedoch keinen Eingang in die Reflexion von Gender Mainstreaming. Diskriminierung, Entgeltgleichheit, Chancengleichheit oder

Sexismus sind *keine* Themen, die die Interviewten mit Gender Mainstreaming in Verbindung bringen.

6.5.2. PROJEKTSTEUERUNG UND PARTIZIPATION

In den Interviews entsteht der Eindruck, dass Steuerung, Planung und inhaltliche Ausrichtung des Projektes maßgeblich durch die Projektleitung beeinflusst sind. Viele Ideen des Gesundheitsmanagement werden durch die Projektleitung in ihrer Doppelfunktion als Verwaltungsleitung angestoßen und umgesetzt. Als Leitung der Verwaltung und in enger Absprache mit der Gesamtleitung des Hauses setzt sie sich engagiert für das Projekt ein und sorgt für eine rasche Umsetzung der Lösungsvorschläge. Die Einführung der Funktionszeit wird ebenfalls auf ihre Initiative hin diskutiert und eingeführt - mit Unterstützung der Interessenvertretungen. Termine kommen hingegen ins Stocken, wenn die Projektleitung über längere Zeiträume abwesend ist[46]. Die Projektleitung bringt die Prinzipien, Vorgehensweisen und Ziele des Projektes im Interview auf den Punkt und hat einen Überblick über das Gesamtprojekt.

Die einzelnen Mitglieder der Steuerungsgruppe schildern hingegen das Projekt eher aus ihrer allgemeinen Kenntnis des Gerichts heraus und aus den Projektabschnitten, an denen sie direkt beteiligt waren. Als Mitglieder der Steuerungsgruppe, die den Gesamtprozess steuern sollen, bleibt ihnen das Projekt über den gesamten Zeitverlauf hinweg eher undurchsichtig. So gibt ein Mitglied an, der rote Faden des Projekts sei bis zum Evaluationsworkshop nicht erkennbar gewesen. Erst im Evaluationsworkshop, der extern moderiert wurde[47], habe sich der Zusammenhang hergestellt.

Vor allem die mangelnde Transparenz habe den Erfolg und die Durchführung des Projektes erschwert:

> *Frauenbeauftragte: „Also im Nachhinein finde ich, dass das Projekt Gesundheitsmanagement, das ist auch noch einmal von den Angehörigen der Serviceeinheiten ganz klar rübergekommen, dass die sich auch verwehrt haben zu Anfang da überhaupt in dem Gesundheitszirkel mitzumachen, weil einfach das Projekt nicht transparent genug war. Man hatte zwar diese Auftaktveranstaltung. Die war freiwillig. Jeder, der halt nicht dran teilgenommen hatte (...) und umgekehrt teilweise in der Steuerungsgruppe, die sich gebildet hatte, war die Transparenz nach, also von außen nach innen auch nicht immer gegeben. Also deswegen kann ich jetzt auch nicht nach-*

---

[46] Was nicht ungewöhnlich ist.

[47] Die Workshops wurden durch den Beratungsservice Gesundheitsmanagement des Landes Niedersachsen, der durch das Institut für interdisziplinäre Arbeitswissenschaft (zu dem Zeitpunkt Weiterbildungsstudium Arbeitswissenschaft) und der Landesvereinigung für Gesundheit Niedersachsen e.V. gestellt wurde, durchgeführt. Finanziert wurde der Beratungsservice durch das niedersächsische Ministerium für Inneres und Sport.

vollziehen, wie das im Bereich der Wachtmeister gelaufen ist. Ob die übergeordnete Stelle der Wachtmeister gesagt hat, wir finden uns hier zusammen, also die Steuerungsgruppe hat beschlossen, es werden Gesundheitszirkel gebildet und die Wachtmeister müssen jetzt alle daran teilnehmen. Wollt ihr alle teilnehmen.(...) Also da ist in der Steuerungsgruppe,(...) sehr wenig Information zurück gekommen. Wie das jetzt genau dort abgelaufen ist bei den Wachtmeistern, es ist auch nicht klar rübergekommen, deswegen fiel es uns am Ende auch schwer festzustellen, hat das jetzt wirklich überall was gebracht, oder nicht. Weil wir aus den Protokollen, also uns ist zum Beispiel auch kein einziges Protokoll in dem Sinne vom Inhalt her vorgelegt worden, dass man darüber hätte diskutieren können. (...) Also das ist wie gesagt die Transparenz nach außen zu den Beschäftigten im Haus ist ja eigentlich fast gar nicht da gewesen und umgekehrt auch sehr wenig. (...)Also ich erinnere mich an Situationen, dass Mitarbeiterinnen aus dem Workshop gekommen sind, haben gesagt, also wir dürfen darüber nicht reden was da stattgefunden hat. Also das war für uns irgendwo, wieso und äh keiner der anderen Beschäftigten kriegte auch das Protokoll, obwohl die ja aus den Serviceeinheiten eigentlich entsendet worden sind. Also ich denke mal, da fehlt auch wieder so'n Stück Transparenz für alle. (...) und erst auf Anraten (...) der(...) Frauenbeauftragte[n] (...) sind eigentlich die Protokolle erst in den ganzen Serviceeinheiten verteilt worden. Also das war sehr unstrukturiert (...), dass nicht ganz klar definiert, wie das ablaufen soll und von daher ist wahrscheinlich auch relativ viel schief gegangen, was dann wahrscheinlich bei anderen auch zu Demotivation geführt hat, eben zu sagen, jetzt geh ich da nicht hin, weil es durch solche Aktionen eh schon zu Unfrieden kam."

Anders als die Leitung des Hauses sieht die Frauenbeauftragte die Ursache für die fehlende Bereitschaft der Angestellten in den Serviceeinheiten, an einem weiteren Workshop mitzuarbeiten, nicht in der Psyche der Frau oder deren persönlichen Eigenschaften, sondern hauptsächlich in handwerklichen Fehlern des Projektes begründet. Vor allem durch die mangelnde Transparenz des Projektes nach außen - zu den MitarbeiterInnen des Hauses - aber eben auch nach innen - innerhalb der Steuerungsgruppe - sei nicht hinreichend klar gewesen, wie das Projekt im einzelnen abläuft. Es sei nicht deutlich gewesen, ob die Teilnahme an Gesundheitszirkeln/Workshops freiwillig ist, wie die Teilnehmenden ausgewählt wurden, welche Informationen weiter gegeben werden dürfen und müssen, wie die anderen KollegInnen informiert werden, die ja von den erarbeiteten Maßnahmen betroffen sind, etc.

Das obige Zitat schildert exemplarisch die methodischen und handwerklichen Anforderungen an die Durchführung von Gesundheitsmanagementprojekten. In einer weiteren Passage schildert sie, in Übereinstimmung mit den anderen Interviewten, dass es keine Evaluation der einzelnen Maßnahmen gegeben hat. Im obigen Abschnitt ist geschildert worden, dass die Maßnahme „Veränderung der Vertretungsregelungen" zu Folgeproblemen geführt habe. Die Frauen seien unzufriedener als vorher. Da es jedoch keine Evaluation dieser Maßnahme gegeben hat, kann die Frauenbeauftragte nicht einschätzen, ob die einzelne Maßnahme zum Ziel der Mitarbeiterzufriedenheit etwas beigetragen hat. Das Thema der fehlenden Evaluation zieht sich durch verschiedene Beispiele und Aspekte des Projektes durch und zeigt, dass damit eine wesentliche Möglichkeit zur Steuerung des Projektes gefehlt hat. Das Projekt ist für die Mitglieder der Steuerungsgruppe selbst eine Blackbox.

Insbesondere in den Arbeitsbereichen, in denen die Führungskräfte aktiv in der Steuerungsgruppe mitarbeiten (Führungskraft der Wachtmeister), gelingt die beteiligungsorientierte Bearbeitung von Belastungen und die Umsetzung der erarbeiteten Maßnahmen. Im Bereich der Serviceeinheiten ist die Verwaltungsleitung Vorgesetzte der Angestellten. Konflikte ergeben sich aber hauptsächlich in der Zusammenarbeit mit den RichterInnen, auf deren Verhalten die Verwaltungsleitung nach Einschätzung aller Interviewten keinen Einfluss hat. Hier stockt die Durchführung beteiligungsorientierter Verfahren und die Bearbeitung der Konflikte sowohl zwischen den Angestellten der Serviceeinheiten als auch mit den RichterInnen.

Die Projektleitung verfolgt die Ziele und Arbeitspakte aus dem Benchmarking-Projekt, wie zum Beispiel die Verbesserung des Kundenservices. Dies führte zu dem ausführlich geschilderten Problem des „Kaffee-Kochens". In diesem Projekt ist zu vermuten, dass gerade die Verknüpfung von Gesundheitsmanagement mit Kundenorientierung und Leistungssteigerung der Organisation die gesundheitsbezogenen Ziele verwischt hat. Das Prinzip der Beteiligung und die Ziele sind nicht in allen Schritten durchgehalten worden. So schildern die Interviewten, dass die Wachtmeister im Rahmen des Gesundheitsmanagements mit der Frage konfrontiert wurden, wie der Kundenservice verbessert werden kann. Mit dem Resultat, dass die Wachtmeister mit „Zähneknirschen und Murren" den Kaffee kochen. Hier ist das Ziel „Abbauen von Belastungen und Förderung von Ressourcen" nicht erkennbar. Eine Evaluation der Maßnahmen in Bezug auf die damit verfolgten Ziele wäre sicher ein Anlass gewesen, nachzusteuern und die eigenen Vorgehensweisen und Methoden zu überprüfen.

Ein weiteres Problemfeld in der Durchführung der Projekte liegt in der mangelnden Akzeptanz solcher Projekte durch die Beschäftigten und Beteiligten. Diese speist sich, wie oben schon benannt, aus der mangelnden Transparenz und aus der Wahrnehmung widersprüchlicher Handlungen in der Organisation. So schildert die Frauenbeauftragte folgendes:

> *Frauenbeauftragte: „Ich sag, also wenn, wenn ich nur rede von Gesundheit aber im passenden Moment für die Angestellten hier der Frust so groß*

> ist, weil die frierend dasitzen und sagen, dann braucht mir auch keiner was von Gesundheit oder von Gesundheitsmanagement zu erzählen, wenn ich im passenden Moment an so'ne Kleinigkeit im Stich gelassen werde. Also das passte für die dann an der Stelle auch nicht, das habe ich dann auch so rübergebracht. Daraufhin ist dann die Heizungsanlage auch wieder angeschaltet worden."

Die Beschäftigten, und sie selbst, verbinden kalte Räume und Frieren unmittelbar mit Gesundheit am Arbeitsplatz, dem Kernthema von Gesundheitsmanagement. Dass an dieser Stelle um die Ressource Heizenergie gekämpft werden muss, unterminiert die Glaubwürdigkeit der Akteure. Gesundheitsmanagement erscheint so als Farce. Es entsteht der Verdacht, es gehe am Ende doch nur im die Leistungsfähigkeit der Organisation - zur Not eben auch auf Kosten der Gesundheit.

> *Frauenbeauftragte: „Bei den Angestellten ist es nun einmal so, dass die in erster Linie zusehen müssen, wie sie ihre Arbeit schaffen. Und äh dass die Eingangszahlen mit diesen ganzen Hartz-IV-Sachen seit 2004 extrem angestiegen im Hause. Und da hat man bei den Angestellten das Gefühl, das interessiert die Geschäfts- und Behördenleitung nicht. Aber auf der anderen Seite soll ich noch in dem Projekt XY mit teilnehmen, ohne dass da eine Honorierung für mich mit rüberkommt in Form von Anerkennung oder in Form von Lob. Ich kann das nachvollziehen, dass die Motivation nicht bei jedem gleich ist, weil die Meisten eben wirklich nur zusehen müssen, wie sie ihre Arbeit schaffen und also in einem Gespräch erinnere ich mich oben, im Sozialraum, als Projektleiter gesprochen hat, angesprochen,(...) da kam dann wortwörtlich von einer Angestellten, ja haben Sie mal drüber nachgedacht, wie wir überhaupt noch unsere Arbeit schaffen sollen. Also da kam das ganz klar rüber, dass die überhaupt kein Bock haben an Projekten mit teilzunehmen, weil es die Geschäftsleitung nicht interessiert, wie ich meine Arbeit mache, aber auf der anderen Seite redet sie eben davon, ich muss deine Gesundheit erhalten. Das passt für viele im Hause nicht."*

Aus Sicht der Betroffenen bedeutet Partizipation Mehrarbeit, die nicht anerkannt wird und deren Nutzen nicht erkennbar ist. Dass in Gesundheitszirkeln auch arbeitsorganisatorische Aspekte bearbeitet werden können, oder Ansätze zur Reduzierung von Arbeitsbelastungen entwickelt werden, kommt in der oben geschilderten Situation nicht zur Sprache. Dies kann sehr unterschiedliche Gründe haben, die aus der Schilderung heraus nicht zu erkennen sind. So liegen häufig keine Erfahrungen mit beteiligungsorientierten Verfahren vor (es gibt in diesem Bereich keine regulären Besprechungen), mit der Moderation von Arbeitsgruppen oder dem Aushandeln von Interessenkonflikten. Vor einem solchen Hintergrund bleiben Erklärungen des Geschäftsführers abstrakt. Die Angestellten können sich möglicher Weise nicht vorstellen, dass Moderation ein probates Mittel sein kann, um in einer Gruppe zu Ergebnissen zu kommen. Oft fehlen auch Vorstellungen darüber, dass die Wahrnehmung einer Situation von der jeweiligen Perspektive abhängt. Perspektivwechsel gehören nicht zum Standardrepertoire, weshalb eine moderierte Diskussion von vornherein als nicht notwendig erscheint. Gleichzeitig gefährdet eine Diskussion und Verständnis von Zusammenhängen und Transparenz von Interessen die eigene Positionierung im sozialen Gefüge, gerade wenn diese Gegenstand der Auseinandersetzung sein soll. Denkbar ist auch, dass die Arbeitsverdichtung und Arbeitsbelastung als so hoch wahrgenommen werden, dass ein „Herumdoktern" an Arbeitsprozessen, Abläufen etc. eben nicht als angemessene Reaktion empfunden werden und sich die Beteiligten keine Entlastungseffekte davon versprechen. So wurden nach Aussage der Interviewten Personalaufstockungen im richterlichen Dienst und fehlende Aufstockungen im Folgedienst (Serviceeinheiten) seitens der Belegschaft kritisiert und als Signal gedeutet, der Leitung sei es egal, wie der Folgedienst mit der Arbeit hinterher komme. Damit ist ein grundsätzliches Dilemma des betrieblichen Gesundheitsmanagements angesprochen: Die personellen und finanziellen Ressourcen im öffentlichen Dienst und die zu bewältigenden Aufgaben können nur sehr eingeschränkt durch die jeweiligen Behörden gesteuert werden und hängen maßgeblich von politischen Entscheidungen ab. „Leere Staatskassen" führen zu einer Verdichtung der Arbeitsbelastung, die im Widerspruch zum Gesundheitsmanagement zu stehen scheint. Dabei lässt sich Gesundheitsmanagement auch als Versuch verstehen, mit der prekären Situation so gut wie möglich umzugehen. Gerade hier erscheint die Glaubwürdigkeit der Akteure zentral für ein erfolgreiches Projekt.

7. Gesundheitsmanagement im Krankenhaus

7.1. PROJEKTBESCHREIBUNG

An der Wildenklinik besteht seit 1992 ein Arbeitskreis Sucht, der im Laufe der Jahre zu einem Arbeitskreis Gesundheitsförderung erweitert wurde. In diesem Gremium waren Vertreterinnen des Personalmanagements, der Arbeitssicherheit, des betriebsärztlichen Dienstes, des Personalrates und der Sozialberatung vertreten. Nach einer intensiven Auseinandersetzung mit den Handlungsbedarfen an der Klinik auf Grund der Fehlzeiten, hat sich das Gremium zum Thema Gesundheitsförderung weitergebildet und u.a. in einem Workshop von einem Experten schulen lassen. Anhand der Gesundheitsberichte von vier großen Krankenkassen konnte sich der Arbeitskreis einen Überblick über die Belastungen der Belegschaft und mögliche Handlungsschwerpunkte verschaffen. Nach der Präsentation unterschiedlicher Konzepte für mögliche Interventionen wurde eine Krankenkasse ausgewählt, den Prozess an der Klinik zu begleiten.

Die beratende Krankenkasse führte zunächst Expertengespräche mit Führungskräften und Fachkräften durch, um Ansatzpunkte, Bereiche, Themen und mögliche Vorgehensweisen für das Gesundheitsmanagement-Projekt zu ermitteln. Für eine erste Projektphase wurden vier Bereiche ausgesucht, in denen das Verfahren erprobt werden sollte: Aufbereitung/zentrale Sterilisation, Küche, Rheumatologie und Knochenmarktransplantation. Kriterien für die Auswahl dieser Bereiche waren einerseits die hohen Fehlzeiten. Andererseits wollte man die verschiednen Berufs- und Statusgruppen repräsentiert sehen, wie Arbeiter und Angestellte, Ärzte und Pflegepersonal. Im Bereich Küche und Aufbereitung sind überwiegend ArbeiterInnen beschäftigt, im Bereich Rheumatologie und Knochentransplantation sind Angestellte aus den Bereichen Pflege und Ärzte (sowie wissenschaftliches Personal) beschäftigt. Des Weiteren sind aus den Experteninterviews besondere Problemlagen aus den Bereichen bekannt. Ein fünftes Teilprojekt wurde eingerichtet, um ein Kennzahlensystem zu entwickeln.

In den Teilprojekten wurden zunächst die Beschäftigten über das bestehende Vorhaben informiert. Anschließend wurden in den Bereichen Fragebögen verteilt, die auf die spezifische Situation des jeweiligen Teilprojekts angepasst wurden. Die Fragebögen wurden anonym erhoben und durch die Krankenkasse ausgewertet. Die Ergebnisse wurden zunächst im Lenkungskreis besprochen und dann im jeweiligen Bereich gemeinsam mit dem Berater präsentiert. Den Beschäftigten wurden Arbeitsgruppen angeboten, um die zentralen Ergebnisse der Befragung zu bearbeiten. In zwei Teilprojekten kamen Arbeitsgruppen zustande. In den zwei weiteren Teilprojekten konnten keine Arbeitsgruppen eingesetzt werden. Hier wurden die Themen durch Führungskräfte, z. B. Oberarzt und Stationsleitung, entwickelt. Wichtigste Maßnahmen, die in den

Teilprojekten entwickelt wurden, waren: neuer Dienstplan im Bereich der Küche, Verbesserung der Arbeitsabläufe, Verminderung von Unfallgefahren, Einführung von Kommunikationsroutinen, Vereinbarungen zum Umgang miteinander, Einrichtung eines Arbeitsplatzes und einer Stelle für administrative Aufgaben im Stationsbereich und Durchführung von Teamseminaren. In Teilbereichen wurde die Zufriedenheit der Beschäftigten mit den erarbeiteten und umgesetzten Maßnahmen durch erneute Workshops mit (fast) allen KollegInnen des Arbeitsbereiches erhoben. Eine systematische Erhebung über alle Teilprojekte war zum Zeitpunkt der Befragung noch nicht erfolgt.

7.2. Verständnis von Gender Mainstreaming

Das Verständnis von Gender Mainstreaming an der Wildenklinik lässt sich als fragmentarisch und aufgeschlossen beschreiben. Die Befragten scheinen sich auf Teilaspekte des Konzeptes zu beziehen, wie etwa, dass zu überprüfen ist, wie sich eine Maßnahme auf Frauen und Männer auswirkt, dass sich „Gender" irgendwie auf Frauen *und* Männer bezieht, dass Gender Mainstreaming etwas mit „zielgruppenspezifisch" zu tun hat oder bei Befragungen auch nach Diskriminierung, sexueller Belästigung oder Vereinbarkeit von Beruf und Familie gefragt werden kann. Diese einzelnen Versatzstücke sind jedoch nicht systematisch miteinander verbunden und als Umsetzung einer abgestimmten Strategie oder eines Konzeptes der Steuerungsgruppe erkennbar. In einem Evaluationsworkshop, der vor den Interviews stattgefunden hatte, bewerteten die Mitglieder der Steuerungsgruppe die Umsetzung des Prinzips Gender Mainstreaming mit der Schulnote sechs. In den Interviews wird diese Einschätzung aufgegriffen und attestiert, dass Gender Mainstreaming keine Rolle gespielt habe.

7.2.1. Unklarer Anwendungsbereich von Gender Mainstreaming

Während in der Definition von Stiegler (2000), Gender Mainstreaming in allen Politik- und Arbeitsbereichen anzuwenden und dabei das Geschlechterverhältnis zu berücksichtigen ist, ringen die Beteiligten mit der Frage, wann „Gender" zu berücksichtigen sei. Für die Beteiligten steht dabei das zahlenmäßige Verhältnis der Geschlechter im Vordergrund. So beschreibt eine Mitarbeiterin folgendes:

> *Interne Moderatorin: „Also das [Gender Mainstreaming] ist ja bei uns ziemlich untergegangen. Obwohl uns natürlich schon bewusst war, dass der größte Teil der Mitarbeiter in diesen Projekten eigentlich Frauen sind. Also wir überhaupt fast zu siebzig Prozent Frauen hier an der Wildenklinik haben und natürlich ganz stark auch in der Küche, in der Aufbereitung, auf den Stationen eigentlich der überwiegende Anteil Frauen sind. Aber es ist irgendwie ja völlig aus dem Blickfeld geraten."*

Gender Mainstreaming wird in diesem Auszug zunächst als eine Strategie interpretiert, die sich an Frauen richtet. Dort, wo überwiegend Frauen arbeiten, hätte Gender Mainstreaming (stärker) berücksichtigt werden müssen, reflektiert die Mitarbeiterin des Frauenbüros. In Bereichen hingegen, in denen überwiegend Männer arbeiten, wird kein Bedarf gesehen, Gender Mainstreaming anzuwenden.

> *Interne Moderatorin: „Mhmh. Aber ich denke mal, das wäre schon ein Thema [Vereinbarkeit], was man bei der Ausweitung der Projekte eigentlich stärker berücksichtigen sollte. Weil ich könnte mir zum Beispiel vorstellen, dass, na ja gut, Transport, Logistik sind eh fast nur Männer, aber Einkauf kann ich mir schon eher vorstellen. Also ich hätte es eigentlich auf den Stationen stärker erwartet, weil da ja durch den Schichtdienst auch die Thematik immer wieder hochkommt. Also überall da wo Schichtdienst geleistet wird ist es ja automatisch ein Thema, weil's eben einfach nicht genug Kinderbetreuung zu diesen Zeiten gibt."*

Gender Mainstreaming ist in diesem Auszug zudem mit dem Thema Vereinbarkeit von Beruf und Familie verknüpft. Geht man davon aus, dass im Gesundheitsmanagement arbeitsbedingte Belastungen aufgespürt und verringert werden sollen, ist es konsequent gedacht, die nach wie vor stärkere Mehrfachbelastung von Frauen durch Erwerbsarbeit und Familien- und Hausarbeit zu einem Schwerpunkt in Frauen dominierten Arbeitsbereichen zu machen. Gleichzeitig läuft diese Strategie Gefahr, die Arbeitsteilung zwischen Frauen und Männern/Arbeitsmarktsegregation unberührt zu lassen. Die Beschäftigung mit Vereinbarkeit von Beruf und Familie bewegt sich also innerhalb der bestehenden geschlechtlichen Arbeitsteilung, als Problem und Belastung von Frauen. Nicht thematisiert werden mögliche Vereinbarkeitsprobleme von Männern, es sei denn, man deutet das Zitat so, dass Männer, die in Schichten arbeiten mitgedacht sind und ihnen ebenfalls Vereinbarkeitsprobleme zugesprochen werden.

Während sich bei den obigen Auszügen die Anwendung von Gender Mainstreaming an der Präsenz von Frauen festmacht und an deren (statistisch häufigeren) Betroffenheit von Mehrfachbelastung/Unvereinbarkeit, vertritt die Projektleitung eine entgegengesetzte Position:

> *Projektleitung: „Also das ist ein [..] Thema, was wir klar vernachlässigt haben. Aber ich glaube auch aufgrund der Situation hier in der Wildenklinik, es gibt halt so Bereiche, wie Pflegedienst, wo sowieso [..] die Frauen in Überzahl sind. Und in der Küche ist es ähnlich. In der Zentral-Sterilisation weiß ich´s gar nicht, wie wirken sich Probleme unterschiedlich auf Männer und Frauen aus oder wie wirken sich Maßnahmen oder Sachen, die wir verändert haben unterschiedlich auf Männer und Frauen aus, das ist ja im Grunde genommen auch erst bei dem Review rausgekommen, dass wir das Thema stiefmütterlich behandelt haben. [3 Sek.] Hängt sicher zum ei-*

nen damit zusammen, dass, die Struktur hier in der Wildenklinik die Personalstruktur etwas anders ist, als jetzt üblicherweise im Land. Dadurch, dass wir halt Bereiche haben, wo ein großer Frauenüberschuss ist, auf der anderen Seite vielleicht aber auch daran, dass wir die Gleichstellungsbeauftragte nicht in dem Projekt mit drin hatten. Dann wäre das möglicherweise auch anders gewesen."

Die Vernachlässigung des Themas Gender Mainstreaming macht die Führungskraft daran fest, dass in der Wildenklinik überwiegend Frauen arbeiten. Für ihn ist im Gegensatz zur Kollegin die Überrepräsentanz von Frauen der Grund, weshalb Gender Mainstreaming **nicht** hinreichend beachtet wurde. Die Interviewpassage verweist zudem auf gängige Instrumente, die in der Fachliteratur für die Umsetzung von Gender Mainstreaming empfohlen werden. Diese verweisen auf die Überprüfung der möglichen Auswirkungen von Entscheidungen (Maßnahmen) auf Frauen und Männer. Sie lassen jedoch völlig offen, anhand welcher Kriterien dies geschehen kann, da Gender Mainstreaming auf alles angewandt werden soll. Diese Überprüfung steht und fällt demnach mit den Hypothesen/Annahmen der Entscheidenden. Die Führungskraft hat diesen Aspekt von Gender Mainstreaming aufgegriffen und stellt fest und folgert, dass der Vergleich scheinbar nicht möglich ist, wenn in den Pilotbereichen des Projektes keine (oder nur sehr wenige) Männer arbeiten. Hier wird die Arbeitsmarktsegregation, die selbst Teil der Diskriminierungsmechanismen ist, zur Grenze der Anwendung von Gender Mainstreaming im Betrieb. Während die Führungskraft den Gedanken aufnimmt, man müsste die Auswirkungen von Maßnahmen auf Frauen und Männer vorab abschätzen, äußert er keinerlei Annahmen, worin eine unterschiedliche Betroffenheit oder Auswirkung bestehen könnte. So reduziert sich Gender Mainstreaming auf die Möglichkeit, zwei Gruppen *innerhalb* eines Bereiches vergleichen zu können. Die Abwesenheit einer Vergleichsgruppe innerhalb eines Arbeitsbereiches scheint auszureichen, um Gender Mainstreaming vernachlässigen zu können. Die inhaltliche Dimension, die sich in anderen Interviews und -abschnitten zeigt, wie Vereinbarkeit von Beruf und Familie, bleibt hier gänzlich ausgeblendet. Vereinbarkeit von Beruf und Familie als typische Belastung von Frauen ließe sich durchaus ohne Vergleichsgruppe innerhalb des Arbeitsbereiches verbessern. Die Konstruktion der Vergleichsgruppe scheint eine Hürde darzustellen, die den Blick auf bekannte Mechanismen zur Herstellung sozialer Ungleichheit zwischen den Geschlechtern verstellt: die Geschlechtertrennung.

Auf die Frage, ob man sich im Projekt auf einen Umgang mit Gender Mainstreaming geeinigt hätte, verneint die Projektleitung dieses und rechtfertigt das damit, dass betroffene Frauen (hier aus dem Bereich Küche) „das" - was immer es denn sei - auch nicht als Problem gesehen haben.

> *Projektleitung: „Eine Einigung [wie man Gender Mainstreaming umsetzt] kann man eigentlich nicht sagen, äh, ich fand nur die [..] Reaktion bezeichnend, also [..], wenn ich das richtig in Erinnerung habe, war ja auch jemand aus der Küche mit in diesem Evaluationsworkshop, und das war eine Frau, und die hat das auch gar nicht als Problem gesehen gehabt, äh, in der Arbeit. [..] Also, ich glaube, wichtig war einfach nur, dieses Aha-Erlebnis, bei allen, allen unseren Überlegungen haben wir diesen Punkt vergessen und, äh, egal, ob es nun ein Bereich ist, wo die Frauen in der Überzahl sind, wo die Männer in der Überzahl sind oder wie auch immer das Verhältnis ist, dass an diese Thematik zukünftig einfach mit stärker wieder in , äh, in den Blickwinkel nimmt."*

7.2.2. Offenheit gegenüber Gender Mainstreaming

Der Berater des Projektes schildert, dass es eine hohe Offenheit gegenüber dem Thema gegeben habe. Konflikte oder unterschiedliche Auffassungen zum Umgang mit Gender Mainstreaming habe es seiner Einschätzung nach nicht gegeben.

> *Berater: „Ja. Die ja. Alle ziemlich ähnliche. Und die Führungskräfte hatten nicht irgendwie Widerstand gegeben. Da war eine ziemlich große Offenheit, was mich etwas gewundert hat, aber gut. Das ist ein Krankenhaus vielleicht doch noch mal anders als ein Industrieunternehmen."*

> *Interviewerin: „Gab es zu dem Thema auch unterschiedliche Meinungen oder Ärger?"*

> *Berater: „Ärger? Unterschiedliche Meinungen? Nee, da war keine der Meinung das ist alles Blödsinn oder was soll dieser Frauenscheiß, oder Männerscheiß oder sonst was auch von den Führungskräften nicht, von den Teilprojektverantwortlichen nicht. Da war eine große Offenheit."*

Ohne an dieser Stelle die Wortwahl „Frauen*scheiß*/Männer*scheiß*" des Beraters zu analysieren, weist die Ergänzung des Beraters auf „*Männer*scheiß" und „oder sonst was", darauf hin, dass er Gender Mainstreaming damit in Verbindung bringt, dass es dabei nicht mehr nur um Frauen gehen soll.

Keine der beteiligten Personen hat geschildert oder darauf verwiesen, dass es eine systematische Auseinandersetzung gegeben hat, in der erörtert worden wäre, was unter Gender Mainstreaming zu verstehen ist und wie dies umzusetzen wäre. Dies lässt vermuten, dass die Beteiligten auch noch keinen Anlass hatten, Widerstand zu leisten.

7.2.3. FRAGMENTE VON GENDER MAINSTREAMING IN DER UMSETZUNG

Obwohl sich Teilaspekte im Vorgehen des Projektes als Operationalisierung von Gender Mainstreaming lesen lassen, deutet sich an, dass dass es kein einheitliches und systematisches Verständnis von Gender Mainstreaming und dessen Umsetzung im betrieblichen Gesundheitsmanagement gegeben hat. Dies verdeutlicht sich in den Beschreibungen der Vorgehensweise im Projekt. So geben die Interviewten einerseits an, die Personalbefragung um „Genderthemen" ergänzt zu haben (Fragen nach Benachteiligung, Angaben zu Vollzeit/Teilzeit u.a.), andererseits wurden die einzelnen Items nicht nach Geschlecht oder Teilzeit ausgewertet, um beispielsweise eine unterschiedliche Belastung von Frauen und Männern durch mangelnde Vereinbarkeit feststellen zu können.

Die Projektleitung beantwortet Nachfragen zum Verlauf des Projektes folgendermaßen: Wenn Fragen zu Vereinbarkeit von Beruf und Familie oder sexueller Belästigung im Fragebogen enthalten waren, dann eben nicht aufgrund einer Auseinandersetzung mit Gender Mainstreaming. In den Diskussionen in den Teilprojekten habe das ebenfalls keine Rolle gespielt.

Die Auswertung (die allerdings gar nicht nach Geschlecht differenziert erfolgte) förderte nach seiner Einschätzung keinen Handlungsbedarf zutage. Er stellt auch nachträglich, am Ende des Interviews, keinen Bezug z. B. von Vereinbarkeit von Beruf und Familie mit Gender Mainstreaming her, obwohl dies eins der von ihm benannten Ergebnisse des Projektes war. Insgesamt entsteht der Eindruck, dass bis auf einer leere Formel: „Prüfe, ob eine unterschiedliche Betroffenheit vorliegt", keine inhaltlichen Assoziationen mit der Thematik verbunden sind. Dies fällt auf, weil die anderen GesprächspartnerInnen die Bezüge zumindest an einigen Stellen hergestellt haben. Sehr klar ist der Leitung hingegen, dass mögliche für Gender Mainstreaming angemessene Fragestellungen nicht durch planmäßiges/systematische Handeln zustande gekommen sind. (Oder bei ihm nicht so angekommen sind.) Gender Mainstreaming war aus Sicht der Leitung im Projekt kein Thema.

Gender Mainstreaming als Zieldimension

Der Berater des Gesundheitsmanagement-Projekts ist der Einzige, der die Anwendung des Prinzips positiver einschätzt und angibt, dass dies eins der Ziele des Projekts gewesen sei. Aus seiner Sicht war Gender Mainstreaming ein Ziel im Teilprojekt Küche, welches sich auf die Belange der Diätassistentinnen und Küchenhilfen (Frauen) fokussierte.

Berater: „Das andere Teilprojekt war Küche, Zentralküche, mit einer klaren Sache, einmal zielgruppenspezifisch und dann auch Gender Mainstrea-

> *ming auf die Gruppe der Küchenhilfen zu gucken und die Diätassistentin (...)"*

Das Ziel wird jedoch nur vage formuliert, zielgruppenspezifisch auf die Diätassistentinnen und Küchenhilfen zu schauen, die ausschließlich aus weiblichem Personal bestehen. Gleichstellung als Ziel von Gender Mainstreaming wird nicht benannt oder übersetzt. Gender Mainstreaming wird assoziiert mit einem zielgruppenspezifischen Vorgehen und mit ausschließlich weiblichen Beschäftigtengruppen in Verbindung gebracht. Das Vorgehen selbst scheint ein Ziel zu sein, nicht der Abbau von etwaiger Benachteiligung.

Ergänzung von „Genderthemen" in der Personalbefragung - Auswertung nach Geschlecht

In der Mitarbeiterbefragung sind Fragen zu Gender-Aspekten gestellt worden wie:

> *Berater: „(...) die Ergänzungen waren einmal allgemein Fragen nach Frau/ Mann. Das hieß zum Beispiel, ob sie durch ihr Geschlecht bestimmte Nachteile haben, ob sie bei der Entwicklung, das heißt also Personalentwicklung und bei der, in der Promotion, im Moment fällt mir das deutsche Wort dafür nicht ein, ob sie da wegen ihres Geschlechtes zurückgestellt werden, oder ob es Gleichbehandlung ist. Ja, Fragen dazu."*

Auf die Frage hin, ob diese Fragen auch nach Geschlecht ausgewertet wurden, sagt er:

> *Berater: „Das mach ich nicht, und zwar einfach deswegen, weil meine Erfahrung ist; Geschlecht, Alter und dann noch Bereich und Beruf womöglich, dann geht die Compliance sofort runter (Mh), das bedeutet also die Rücklaufquote geht geringer, und ich will keine Geschlechtsumwandlung machen, ich will auch das Alter nicht verändern, ich glaube das könnt ich auch nicht, sondern wenn, dann will ich an den Arbeitsbedingungen und an den Bereichen ansetzen. Und daher werte ich nur nach Weichem aus (Mh). Also mich interessiert die Arbeitswelt, nicht das Geschlecht."*

In der Begründung, warum nicht nach Geschlecht ausgewertet wurde, sind folgende Aspekte wichtig: Erstens, bei der Auswertung von Befragungen in Betrieben spielt die Anonymisierung eine wesentliche Rolle. Je mehr Merkmale in der Auswertung miteinander verknüpft werden, desto höher ist die Gefahr, dass einzelne Personen identifiziert werden können, was datenschutzrechtlich nicht zulässig ist. Dies führt in dazu, dass bei Personalbefragungen möglichst wenige Merkmale in der Auswertung miteinander kombiniert werden.

Zweitens wird deutlich, welches Verständnis von Geschlecht der Vorgehensweise des Beraters zugrunde liegt. Er beschreibt, dass er nicht nach Geschlecht auswerten würde, da er am Geschlecht (und dem Alter) nichts verändern könne. Am Geschlecht könne man nur durch eine Geschlechtsumwandlung etwas ändern, was er zu aufwändig fände. Aus dieser Äußerung lässt sich interpretieren, dass er mögliche Unterschiede im Antwortverhalten der befragten Frauen und Männer als Geschlechterdifferenz im Sinne biologischer Unterschiede (oder Eigenschaften) interpretiert und nicht etwa als Folgen unterschiedlicher Konstellationen von Belastungen und Ressourcen, die sich systematisch unterschiedlich auf Frauen und Männer verteilen.

Er werte nur nach „Weichem" aus, ihn interessierten die Arbeitsbedingungen, da er diese verändern könne (und wolle). Was ihm nicht gegenwärtig zu sein scheint, ist dass die Arbeitsbedingungen im Kontext z. B. von familiaren Verpflichtungen ganz anders auswirken können und dass daraus entstehende Belastungen sehr wahrscheinlich nach Geschlecht anders verteilt sind. Obwohl er an andere Stelle explizit auf die geschlechtliche Arbeitsmarktsegregation (vgl. unten) eingeht, sind daraus keine Annahmen entwickelt worden, dass damit unterschiedliche Belastungen einhergehen.

> Berater: „Sonst muss ich zugeben, ich guck wie gesagt nicht auf Alter, nicht auf Geschlecht, also wenn jemand irgendwie demnächst irgendwie nicht Gender Mainstreaming sondern Age Mainstreaming hat, das ist nicht für mich ein leitender Gedanke, sondern mir geht's darum, eher arbeitswissenschaftlich. Ich komme ja nicht aus Frauenbewegung, Männerbewegung, sondern aus Arbeitswissenschaften und Klinik, um zu gucken, wie kann ich Arbeitsbedingungen so mit den Betroffenen, mit den Beschäftigten verändern, dass irgendwie weniger Stress, mehr Zufriedenheit und weniger gesundheitliche Probleme gibt."

Das Argument, er werte nicht nach Geschlecht aus, weil er das Geschlecht oder das Alter nicht ändern könne, ist nicht überzeugend, da er andere Fragen dennoch nach zunächst nicht veränderbaren Kriterien wie Mitarbeitergruppen etc. auswertet und - weil ja nicht das Kriterium, nach dem ausgewertet wird, sondern die ausgewertete Dimension, die die Arbeitsbedingungen beschreibt, für die jeweils auffällige Gruppe verändert werden soll. Es lässt sich jedoch vermuten, dass sich hinter dem Argument, eine Auswertung nach Geschlecht habe keinen Sinn hat, weil man daran nichts ändern könne, eine Befürchtung verbirgt. Mit einer solchen Auswertung nach Geschlecht oder Alter gerät man auf ein Terrain das zum einen für Stigmatisierungen anfällig ist und zum anderen die Gefahr birgt, den legitimatorischen Unterbau des Gesundheitsmanagements anzugreifen: Denn die Ursache für gemessene Unterschiede könnte als im Alter selbst oder dem Geschlecht liegend interpretiert werden und z. B. nicht als die Folge verschleißender Arbeitsbedingungen über Jahre hinweg (vgl. Wattendorff 2007). Wenn die Arbeitsbedingungen nicht als krankmachend identifiziert werden, sondern mit dem Alter begründet werden, verschleiert dies die Verantwortung des Arbeitgebers, für eine menschengerechte Gestaltung von Arbeit zu sorgen.

Ansatzweise Bearbeitung von gleichstellungsrelevanten Themen
Wie bereits angedeutet, sind ergänzende Fragen zu gleichstellungsrelevanten Handlungsfeldern gestellt aber nicht nach Geschlecht ausgewertet worden. Dazu äußert der Berater:

> Berater: „Es war einfach einmal so, dass im Lenkungsausschuss die verantwortliche Frauenbeauftragte, da noch saß, die auch bewusst da eingebracht wurde, und es saß dort der Personalrat. Und beide haben ganz stark gesagt, für uns sind diese Fragen wichtig, deswegen möchten wir sie gleich in der Analysephase berücksichtigt wissen. (Mhmh) Und es wurde deswegen auch in diesen Fragebogen aufgenommen. (Mhmh) Es ist dann darüber diskutiert worden im Lenkungsausschuss und es ist dann entschieden worden, nach den Ergebnissen der Mitarbeiterbefragung, es ist für uns kein strategisches Ziel, weil die Auswertungen ergeben, dass da keine eklatanten Abweichungen sind, sondern, das ist im normalen Feld, eher unauffällig, gemessen den Kriterien, die wir im Fragebogen hatten."

Es sind demnach Fragen zu gleichstellungsrelevanten Handlungsfeldern in der Bestandsaufnahme gestellt worden, die jedoch keine Auffälligkeiten zu Tage gefördert hätten. Aus diesem Grund habe man sich entschlossen, Gender Mainstreaming nicht als strategisches Ziel zu verfolgen. Da die Fragen jedoch nicht nach Geschlecht ausgewertet wurden, erscheint mir die Auswertung als unvollständig. Dennoch habe man sich entschieden, Gender Mainstreaming auf der operativen Ebene zu verfolgen:

> Berater: „Und wir haben das dann gesagt, das wir das reingeben, in die operative Bearbeitung, das wir eben da auch auf bestimmte Sachen einfach achten, eben immer in diesen Workshops und diesen in Mitarbeiterbefragungen auch Präsentation gefragt haben nach, wie ist das Verhältnis von Frauen und Männern. Deswegen war auch bei den Präsentationen immer die Frauenbeauftragte dabei. (Mhmh) Und ich habe auch einige Moderationen mit dieser Frau, die die Frauenbeauftragte ist, gemacht. Um eben auch von der Seite die Sensibilität da reinzubringen. Die hat dann auch bestimmte Fragen in der Moderation gestellt."

Was durch die Befragung nicht als auffälliges Thema wahrgenommen wurde, tauchte in den Beteiligungsgruppen wieder auf und konnte so trotzdem bearbeitet werden. Als Gender Mainstreaming-Aspekte formuliert der Berater Folgendes:

> Berater: „In dem sie irgendwie gefragt hat, ob irgendwie die Frau, die da sind, als Hilfskräfte oder auch als Fachkräfte, Diätassistentin, oder diejenigen, die in der Wäscherei gearbeitet haben, oder Bettenzentrale, ob die sich als Frauen irgendwie wertgeschätzt, anerkannt fühlten, oder ob sie in Bezug auf Gegen- oder auch auf führungskräftemäßig, als Frauen eben anders behandelt fühlen. Und da sind zum Teil die Konflikte eben dann

> *hochgekommen, die sich zum Teil in der Befragung, aber auch nur zum Teil da wiederfanden. Da war's gar nicht so auffällig, aber wir haben das dann zum Anlass genommen, um das zum Thema zu machen."*

Während also die Mitarbeiterbefragung nicht nach Geschlecht ausgewertet wurde, zeigt das nachstehende Zitat des Personalrats, dass nach Bereichen und nach Berufsgruppen ausgewertet worden ist. Dabei ist ihm nicht bewusst, dass in manchen Bereichen oder Berufsgruppen nur Frauen oder nur Männer arbeiten und damit eine Auswertung nach Bereichen oder Gruppen einer Auswertung nach Geschlecht schon recht nahe kommt.

> *Personalrat: „Nein, nein. Die Auswertung ist, nein, ist nicht nach Geschlechtern. Das einzige, wo wir eine Unterscheidung gemacht haben ist glaube ich auf der Station, auf der Rheumatologie gewesen, Krankenpfleger und Ärzte, aber auch da ist glaube ich, nein da ist nicht unterschieden worden zwischen, oder ich müsste echt nicht aufgepasst haben, aber ich glaube, da ist nichts unterschieden worden, nein."*

> *Interviewerin: „Aber Sie haben unterschieden nach Tätigkeitsbereichen oder nach Gruppen, also die Köche, Ärzte, Pflegerinnen, also das haben Sie unterschieden."*

> *Personalrat: „Ja, nur, das war aber nur in dem, also wie gesagt, Rheumatologie, weil da es, haben wir Köche unterschieden? Ich glaube, wir haben unterschieden Helferinnen und Fachpersonal und bei dem Fachpersonal ist glaube ich nicht unterschieden worden nur nach Köchen, wir haben auch Köchinnen glaube ich, und wir haben auch, also Fachkräfte und Hilfspersonal, so hieß es konkret, aber es ist da nicht nach Geschlecht unterschieden worden."*

Beteiligung als Aspekt von Gender Mainstreaming

Aus den Interviews wird deutlich, dass die Mitglieder der Steuerungsgruppe erahnen, dass Partizipation ein möglicher Weg ist, Gender Mainstreaming durch Beteiligungsgruppen umzusetzen. Wenngleich sie das zum Teil nur sehr zaghaft in Erwägung ziehen.

Ein Mitglied des Personalrats kommt im Verlaufe des Interviews vergleichsweise früh auf Gender (Mainstreaming) zu sprechen. Bereits auf die Frage, wie mit den Zielen aus dem Kabinettsbeschluss und der Vereinbarung nach 81 § NPersVG mit den Gewerkschaften umgegangen wurde, benennt er Gender (Mainstreaming) als den Punkt, den sie vernachlässigt haben. Er betont dagegen die Prinzipien der Beteiligung der Betroffenen und der Ganzheitlichkeit (Verhalten und Verhältnisse).

> *Personalrat: „Dass man also Gesundheit nicht nur runterbricht, sag ich mal, auf ja individuelles Verhalten oder anlagebedingt oder zu dumm, selber schuld, und was es da immer alles so gibt. Auch der Arbeitgeber hat, sag ich mal, an der Verhältnissen was zu gestalten und das war, fand ich sehr hilfreich. Ist ja doch sehr ausführlich dargelegt, auch, sag ich mal, die Geschichte erstmal, macht man eine Bestandsaufnahme und eine gescheite Analyse, bevor man über Maßnahmen redet und dann auch solche ganzen Dinge, das fand ich - doch."*

Als Ansatzpunkte für eine Umsetzung von Gender Mainstreaming nennt eine Mitarbeiterin die Beteiligung von („vielen") Frauen in den Arbeitsgruppen. Diese Herangehensweise ist aus ihrer Sicht ungenügend, obwohl sich damit die Geschlechterkonflikte in der Küche und das Thema Vereinbarkeit von Beruf und Familie gut bearbeiten ließen:

> *Interviewerin: „Hat sich den jemand in dem Projekt für das Thema eingesetzt?"*
>
> *Interne Moderatorin: „Weiß nicht, es herrschte wahrscheinlich so die Auffassung, dass das irgendwie ja so automatisch berücksichtigt wird, oder dass dadurch, dass auch in den Arbeitsgruppen sehr viele Frauen mitgearbeitet haben, dass die Frauen also ihr Thema dann selber anbringen, aber das passierte auch nicht, außer eben, wo es in diesem Fall der Küche, wo es um diese Konflikte ging, ist das Thema eigentlich. Gut es ging so ein bisschen ansatzweise auch um Vereinbarkeit, was die Dienstplangestaltung betraf. Das es hieß, also dann Vereinbarkeit von, von Kindererziehung und Beruf."*

Das Thema Vereinbarkeit von Beruf und Familie ist durch die Beschäftigten selbst eingebracht worden und zwar im Kontext der Belastungsanalyse:

> *Interne Moderatorin: „Also es wurde thematisiert von den Beschäftigten, weil es darum ging, also wer halt diese frühen Frühdienste und späten Spätdienste machen kann. Also dass diejenigen eben, die ihre Kinder in die Tagesstätte bringen oder abholen müssen, dass die da eben nicht so zur Verfügung stehen. In dem Zusammenhang kam das. Sonst war, wurde das nicht großartig thematisiert."*

Dies spricht dafür, dass Beteiligung eine sinnvolle Strategie ist, um Gender Mainstreaming umzusetzen. Die Beschäftigten bringen die im Kontext relevanten Belastungen und Zusammenhänge mit den Belastungen/Ressourcen außerhalb der Arbeit zur Sprache.

Aus Sicht des Personalrats hat sich für Gender Mainstreaming niemand eingesetzt, außer möglicherweise die in den Arbeitsgruppen (Workshops) beteiligten Personen.

> *Personalrat: „Nein. Es sein denn, sag ich mal, in den Gruppen, dass da mal darüber gesprochen worden ist. Das, aber ich kann jetzt nur für den Bereich sprechen, sag mal, wo ich dabei war, sprich im Lenkungsausschuss, bei 'ner Präsentation vor Ort der Ergebnisse, bei Diskussion mit Kollegen, aber für mich nicht nachvollziehbar, dass irgendjemand zu dem Thema was gemacht hätte."*

In der Einschätzung des Beraters sind Gender Mainstreaming, Ganzheitlichkeit und Partizipation (letzteres an anderer Stelle) maßgebliche Prinzipien gewesen, an denen sich immer wieder orientiert wurde. Im Unterschied zu allen anderen Interviewten, nahm er eine Beteiligte nicht als Mitarbeiterin aus dem Frauenbüros wahr, sondern als Frauenbeauftragte selbst. Die Frauenbeauftragte war aber nach Angaben der anderen Interviewten nicht im Projekt beteiligt. Übereinstimmend mit der Projektkoordinatorin sieht er den Anteil dieser Mitarbeiterin für die Umsetzung von Gender Mainstreaming in der Moderation der Beteiligungsgruppen, in Bereichen mit großem Frauenanteil:

> *Berater: „Dieser Leitfaden (Mh) immer diesen reingebracht wieder in den Lenkungsausschuss, sind wir da auch noch auf der Zielgeraden. Dass es heißt es wurde immer nach Ganzheitlichkeit, immer nach Gender Mainstreaming usw. gefragt, es wurden dementsprechend auch Fragen in den Fragebogen reingenommen. So dementsprechend auch die Gleichstellungsbeauftragte, heißt ja nicht mehr Frauenbeauftragte, Gleichstellungsbeauftragte einbezogen, in Teilprojekte mit großem Frauenanteil, zum Beispiel die Zentralküche, die hat auch dann ne Moderation dort gemacht und so weiter und so fort. Der Personalrat hat sich sehr stark engagiert in Richtung Partizipation, Gender Mainstreaming und Ganzheitlichkeit. (Mhmh) Und aber auch natürlich Herr Schröder, Frau Schmidt und da gab es auch keine Diskussion darum, von wegen warum machen wir dies und warum machen wir jenes. Das wurde von den Teilprojektleitern als völlig o.K. und legitim hingenommen. Also sogar mehr als dahin gekommen, sondern es wurde danach richtig gearbeitet. Deswegen wir in den verschiedenen Bereichen dann auch sowohl Präsentationen mit den Mitarbeiterinnen und Mitarbeitern hatten. Wir hatten Workshops, wir hatten Gesundheitszirkel und so weiter und so fort."*

Im letzten Abschnitt des obigen Zitates beschreibt der Berater, dass die im Leitfaden zugrunde gelegten Prinzipien auch von den Führungskräften unterstützt wurden und benennt dann Gesundheitszirkel, Workshops etc. die dementsprechend in den Teilprojekten durchgeführt werden konnten. Dies sind gängige Instrumente im Gesundheitsmanagement, die aber nicht mit Gender Mainstreaming assoziiert werden. Vermutlich bezieht sich die Unterstützung eher auf die Bereitschaft, ein partizipatives Vorgehen und die Gestaltung der Arbeitsbedingungen (Ganzheitlichkeit) zuzulassen.

Auch die Projektkoordinatorin sieht einen Beitrag für die Umsetzung von Gender Mainstreaming in der Moderation der Workshops. Die Mitarbeiterin des Frauenbüros habe sich im Rahmen der Moderation der Workshops für Gender Mainstreaming eingesetzt.

> *Projektkoordinatorin: „Jahh, und ich würde auch sagen, wer sich dafür eingesetzt hat, ist die Modera/ also die in, die in der Küche mit maßgeblich äh die, diese gesundheitsmoderierten Arbeitsgespräche moderiert hat, dass die auch darauf geguckt hat."*

Aus dem Zitat geht auch hervor, dass darauf vertraut wurde, die Moderatorin würde „es" schon berücksichtigen: „Die Mitarbeiterin des Frauenbüros als interne Moderatorin hat das operativ in der Moderation mit bearbeitet." Was die interne Moderatorin bearbeiten sollte oder worauf zu achten wäre, was unter Gleichstellungsaspekten zu verbessern wäre, bleibt dabei offen. Damit ist Steuerung als zielgerichtetes Handeln in Bezug auf Gender Mainstreaming nicht vorgesehen.

Beteiligung der Frauen-/Gleichstellungsbeauftragten

Obwohl die Projektkoordinatorin auf Nachfrage zu Gender Mainstreaming den Konflikt zwischen den weiblichen Küchenhilfen und den männlichen Köchen als gut bearbeitetes Thema angibt, gibt sie dem Projekt die Note Sechs. Sie macht das unter anderem daran fest, dass die Frauenbeauftragte letztlich nicht in das Projekt eingebunden war, außer im Rahmen der Berichterstattung (in Form der redaktionellen Überarbeitung und Gewährleistung einer geschlechtersensiblen Sprache).

> *Interviewerin: „Also wir haben schon einmal über den Kabinettsbeschluss gesprochen. Ich würde gerne noch mal darauf zurückkommen. Also in diesem Beschluss von 2002 liegt ein Leitfaden zu Grunde und eines der Prinzipien ist Gender Mainstreaming. Wie sind sie im Projekt an dieses Prinzip rangegangen, oder seid ihr da rangegangen?"*
>
> *Projektkoordinatorin: „(...) du kannst dich an den Workshop erinnern, da hatten wir die Note sechs, ne? Wobei ich letztens, aber das ist heute echt weg, noch Mal gesagt hab, Mensch wir haben da doch was gemacht. Also relativ wenig berücksichtigt. Ich kann mich erinnern, dass ich ganz am Anfang also noch mal gesagt habe, Mensch die Frauenbeauftragte, oder das Frauenbüro muss mit hier in den Arbeitskreis Gesundheitsförderung rein. [...] Dann ist ein Mal, als die neue Leitung [des Gleichstellungsbüros] kam Frau Doktor Krug ist dann eingeladen worden, sagt, sie wäre sehr dran interessiert, aber es ist nicht deutlich gewesen, ob sie nun diesen Anteil mit weitermacht. Und da ist in der Beziehung, also ich hätte mir gewünscht, dass da auch immer schon so ein Auge drauf geworfen wird. Es wird jetzt drauf geworfen, wenn die Dienstvereinbarung im Rahmen des Teilprojek-*

tes, wenn sie sie zur Kenntnis bekommst, dass das Mitarbeiter, also die weibliche Form auch gewahrt wird. Mitarbeiter, Mitarbeiterinnen, aber es ist nicht speziell mit dem Augenmerk drauf geschaut worden. (...) Nein die [Frauenbeauftragte] war nicht da, war nicht vertreten."

7.3. BELASTUNGEN UND INTERVENTIONEN - GESCHLECHTERSENSIBEL

7.3.1. VEREINBARKEIT VON BERUF UND FAMILIE/ARBEITSZEIT

Auf eine Nachfrage hin formuliert der Personalrat die Dienstplangestaltung als einen Aspekt von Gender Mainstreaming. Er bringt bestimmte Themen, hier Vereinbarkeit von Beruf und Familie mit Gender Mainstreaming und Arbeitszeit in Verbindung. Ein weiterer Aspekt ist die ungleiche Verteilung ungünstiger Arbeitszeiten auf Frauen und Männer und der Zugang zu Ressourcen. (Letztere werden in der Leitfadenliteratur zu Gender Mainstreaming u.a. als Anforderungen an Mobilität benannt, Verfügbarkeit eines Autos für Frauen.) Er selbst bezeichnet diesen Zusammenhang als konstruiert, da für ihn Gender Mainstreaming dort nicht explizites Thema war.

> *Personalrat: „Ich überlege gerade. Man kann natürlich sagen, dass bei so einer Dienstplangestaltung in einem überwiegend Frauenbereich wahrscheinlich das Thema, wir müssen, was weiß ich, Familie, Haus, Hof und Arbeit unter ein Dach bringen, dass das vielleicht eine Rolle gespielt hat, bei der Dienstplangestaltung. Das will ich gar nicht ausschließen, aber es ist nicht explizit gesagt worden, bei diesem Dienstplan haben wir jetzt auch, zumindest, wie gesagt, ich kann nur sagen, was bei mir angekommen ist, kann ich nicht sagen, dass das irgendwie ein Thema gewesen wäre. Aber ich, sagen wir so, ein Dienstplan morgens um halb fünf auf der Matte stehen für hauptsächlich Kolleginnen, teilweise kein Auto, auf Öffis angewiesen, na gut, also extrem frauenunfreundlich. Wenn man's mal so nehmen will, für die Jungs vielleicht, weiß ich nicht, vielleicht ähnlich, weiß aber nicht, wie die anfangen. Die Köche kommen mit Sicherheit später, weiß ich jedenfalls so. Die kommen mit Sicherheit später, die fangen, glaube ich nicht um halb fünf an. Also von daher haben wir da bestimmt was getan, weil wir jetzt hoffentlich einen besseren Dienstplan mit späteren Anfangszeiten haben, aber ich glaube, das ist ein bisschen konstruiert. Also explizit glaube ich war's für mich jedenfalls nicht wahrnehmbar ein Thema."*

Das Thema Vereinbarkeit von Beruf und Familie wurde in der Küche nicht unter diesem Etikett aufgegriffen, sondern von den Frauen erst im Workshop nach der Personalbefragung mit Vehemenz als Gerechtigkeitsthema eingebracht. Für Frauen mit zu betreuenden Kindern war es nicht möglich die Frühschicht zu besetzen, da die hauseigene Kindertagesstätte zu dieser Zeit noch geschlossen hatte. Zudem konnten Frauen ohne PKW mit öffentlichen Verkehrsmitteln nicht anreisen, da hier noch keine Bahnen fuhren. Dies führte zu Konflikten zwischen den Frauen, da es nicht als gerecht empfunden wurde, dass „immer dieselben" den Frühdienst übernehmen mussten. Hier sind im Projekt sehr weitreichende Veränderungen durchgeführt worden. Durch die gemeinsame Analyse und Reorganisation der Arbeitsabläufe in der Küche und die Einstellung weiterer Teilzeitkräfte zu Stoßzeiten konnte der gesamte Dienstplan der Küche umgestaltet werden, sodass keine der Frauen mehr so früh und vor Beginn der Kinderbetreuungszeiten anfangen musste.

7.3.2. ABWERTUNG VON FRAUEN/HIERARCHISCHE STELLUNG

Die Projektkoordinatorin berichtet von Abwertungen und Beleidigungen von Frauen in der Küche, die mit der Thematik Gender Mainstreaming - im Nachhinein - in Verbindung gebracht werden.

> *Projektkoordinatorin: „Es ist schon in Diskussionen äh gelaufen, dass zum Beispiel im Teilprojekt Küche äh wir schon Gespräche geführt haben, wenn wir den Eindruck hatten, Mensch äh da sind die und die Hilfskräfte überzahl fast 100 Prozent Frauen und da gibt's dann darüber die und die Fachkräfte Männer, wo die Sprache doch unterhalb der Gürtellinie ist, und da ist schon ein Hinweis gelaufen. Und da hat's auch Veränderungen gegeben."*

Der Berater äußert sich ebenfalls zu diesem Konflikt, in dem er auch die Abwertung von Frauen erkennt und auf die besondere Problematik von Migrantinnen hinweist:

> *Berater: „Bei den, bei den Diätassistentinnen war die wirkliche Zusammenarbeit mit den Köchen und das Anerkennen als Frau.*
>
> *Interviewerin: „Können sie das mal schildern oder erklären?"*
>
> *Berater: „Och, als Frau dacht ich, hätte man da eigentlich irgendwelche Erfahrung ohne das groß zu schildern. Ähm, dass viele Frauen von den Männern einfach nicht erst genommen wurden. Also wenn die was gesagt haben, von wegen, meine Güte, was hast du denn da gemacht (mh), dann gab's das." [Er zeigt den Mittelfinger.]*
>
> *Interviewerin: „Den Stinkefinger."*
>
> *Berater: „Ja. Oder irgendwie, was willst du denn? Was, wobei man natürlich sagen muss, dass das natürlich von der sozialen Zusammensetzung auch eine unheimlich explosive Mischung ist. In dieser Zentralküche sind nicht nur verschiedene Ethnien, sondern in dieser Zentralküche arbeiten*

> *als Küchenhilfen Ingenieurinnen aus dem Osten. Das heißt die sind dermaßen was von überqualifiziert, dass die natürlich, wenn die manche Prozesse sehen, also die Beine überm Kopf zusammenschlagen. Ist klar, weil die eine andere Vorbildung haben und Dinge sehen, die andere entweder gar nicht sehen wollen oder nicht sehen können oder sonst was. Und das gibt natürlich bei den Köchen, als Männern und als eigentliche Professionsgruppe, natürlich dann auch Ärger und Konflikte. Ja, weil sie wissen ganz genau, dass das eine Frau ist, die eigentlich bildungsmäßig und vom Intellekt über ihnen steht. Auf der anderen Seite sind sie aber eigentlich die Paschas als Köche. Und das gab viele Konflikte. (Mh) Und da gab es Vereinbarungen dann wegen der vernünftigen Zusammenarbeit."*

7.3.3. GESCHLECHTSROLLENKONFLIKTE UND STATUSINKONSISTENZEN

Ein weiterer Aspekt, den die interne Moderatorin benennt, sind Konflikte zwischen männlichen Köchen und weiblichen Diätassistenten um Anerkennung und Status. Sie beschreibt hier eine typische Form der Grenzziehungen zwischen Frauen und Männern (boundary work) entlang von Status und beruflichem Selbstverständnis:

> *Interne Moderatorin: „(...) weil die zum Beispiel Diätassistentinnen oder Diätköchinnen oder so was ja wohl, sehr wohl also gleichwertig sind mit den männlichen Kollegen. Aber trotzdem, na ja gut also da gab's auch so das Männer-Frauen-Thema, dass da also schon auch versucht haben die Männer zu dominieren, also ob wohl sie vom Status her alle gleich sind. Also schon versucht haben so die Küchenherrschaft, wie das halt, sag ich mal in der Gastronomie ja gang und gebe ist, dass da die Männer die Küchenleitung haben. Also da gab es diese Kabbeleien schon. Also auch dass, dass die Frauen sich da bemühen mussten, von den Männern akzeptiert zu werden."*

Sie beschreibt in diesem Zitat, dass sich die Frauen gegen die Grenzziehungsversuche der männlichen Köche zur Wehr setzen müssen, die ihren gleichgestellten Staus nicht akzeptieren wollen und durch kleinere Sabotageakte (an andere Stelle im Interview) wie Vorenthalten von Material zu untergraben versuchen. In diesem Beispiel sind es Statusinkonsistenzen, die die Frauen als belastend empfinden. In der Fallstudie des Gerichts tauchen Statusinkonsistenzen nur als Thema von Männern auf.

Ein weiterer Aspekt von Gender Mainstreaming sind Angebote an Frauen, die eigenen Kompetenzen/Ressourcen durch Selbstbehauptungstrainings oder -seminare zu stärken.

Die Moderatorin hat versucht, das Thema Belästigung/Beleidigungen mit den Frauen zu bearbeiten:

Interne Moderatorin: „Nee also, ich wäre da gern ein bisschen mehr in das Thema reingegangen und hatte auch so überlegt, ob man den irgendwas anbietet, so irgendwie Selbstbehauptung oder so was, aber das war bei denen also ganz schwer nahe zu bringen. Also die hatten einfach, wie gesagt die Einen, wieso, das traut der sich bei mir gar nicht und dann so die anderen, die dann eben etwas schüchterner waren, sich nicht getraut haben, sich zu solidarisieren, oder eben zu einer Kollegin zu sagen, hör mal, wie der mich hier schon wieder angemacht hat, oder so 'ne. Dass ich das Gefühl hatte, bei denen ist da so viel Angst, dass die das Thema unbedingt unter der Decke halten möchten. Also wir haben es ein paar mal versucht immer wieder rauszukitzeln, aber dann haben die immer sofort wieder sich ins Schneckenhaus zurückgezogen. Und an und für sich hätte ich gedacht, also, an und für sich müsste man mit denen noch was machen, aber die Bereitschaft schien nicht so groß zu sein und ja ich hab's dann halt auch wieder gelassen."

Dieser Ansatz, Seminare anzubieten, ist Teil der gängigen Praxis verhaltensbezogener Gesundheitsförderung. Im Kontext der Frauenförderung ist dieser Ansatz einzuordnen als eine Maßnahme, die Defizite auf Seiten der Frauen ausgleichen soll. Dies ist nicht ganz unproblematisch. Zwar ist es durchaus denkbar und sinnvoll, die Kompetenzen und Fähigkeiten von Frauen im Umgang mit Konflikten zu stärken und ihnen in der gemeinsamen Bearbeitung von Erfahrungen Rückhalt zu geben. Gleichzeitig verschiebt dieser Ansatz, wenn er isoliert durchgeführt werden soll, den Blick von den sich fehlverhaltenden Männern auf die Frauen. Nicht der belästigende und beleidigende oder Frauen abwertende Mann/die Führungskraft wird dazu angehalten, sich an Regeln der Wertschätzung und Anerkennung des (der) Anderen und des gegenseitigen Respekts zu halten, sondern die Frauen werden aufgefordert, anders mit diesen Gepflogenheiten umzugehen und sich zu wehren. Was in der Organisation als angemessenes und erlaubtes Verhalten gilt, bliebe mit dem Angebot eines Selbstbehauptungstrainings unbearbeitet. Die ungleichen Voraussetzungen der Frauen, den Spieß einfach umzudrehen oder es den Männern mal zu zeigen, blieben dabei ausgeblendet.

Die Anmerkung der Moderatorin hat allerdings eher den Charakter eines Nachdenkens darüber, was sie den Frauen *zusätzlich* angeboten hätte. Denn im Rahmen des Projektes wurde die meines Erachtens weitreichendere Maßnahme umgesetzt: Es sind Regeln für den Umgang miteinander aufgestellt worden und diese sind auch durchgesetzt worden. Die Männer, die sich wiederholt abfällig äußerten und sich nicht an die vereinbarten Regelungen hielten, sind aus dem Dienst entfernt worden. Mag A. Bond et al. (2004, 29) haben untersucht, dass gerade die Reaktion der Organisation auf Belästigungen für das Wohlbefinden der Betroffenen entscheidend ist und somit eine Gesundheitsressource darstellt und die gesundheitlichen Risiken durch Belästigung verringert. Die beleidigenden Umgangsformen selbst in den Blick zu nehmen und zu unterbinden, ist die weitreichendere Intervention seitens der verantwortlichen Akteure in der Organisation. Sie beseitigt im Sinne des Arbeitsschutzes die belastende Quelle selbst. Den Frauen ein Seminar zur Selbstbehauptung anzubieten, zielt darauf ab, sie gegen solche Übergriffe abzuhärten und geht davon aus, dass sie sich nur „richtig" zu Wehr setzen müssten.

Zudem sind mit der Neuorganisation der Arbeitsabläufe auch Formen der Abwertung thematisiert, die sich darin äußerten, dass die Köche die Töpfe haben anbrennen lassen, die dann von den Frauen geschrubbt werden mussten. Hier wurden ebenfalls Regeln aufgestellt und einige Formen der geschlechtstypisierenden Arbeitsteilung aufgehoben. Zu einer Auflösung der geschlechtstypischen Verteilung der einzelnen Berufs- und Tätigkeitsgruppen ist es jedoch nicht gekommen.

7.3.4. (SEXUELLE) BELÄSTIGUNG

Die Moderatorin hat in den Gesundheitszirkeln darauf geachtet, ob typische Belastungen von Frauen wie sexuelle Belästigung aufgetreten sind oder ob anderes diskriminierendes Verhalten auftrat:

> *Interne Moderatorin: „Also wir, also ich zum Beispiel hab schon geguckt, als es um diese Konflikte ging, zwischen den Köchen und den Küchenhilfen, also ob das jetzt wirklich so Konflikte sind, wo es eben um eine Rangordnung ging und um den Umgangston oder ob's also sexuelle Belästigung, da war irgendwie nichts. Also wir hatten eine Sitzung in der Arbeitsgruppe mit den Küchenhilfen, wo wir uns ganz ausgiebig eben mit diesen Konflikten beschäftigt haben, also von sexueller Belästigung ist da nichts gefallen, sondern eher so Diskriminierung. Also diskriminierendes Verhalten von Seiten der Köche. Wie gesagt bis hin zu Beschimpfungen und Beleidigungen."*

7.3.5. QUALIFIKATION UND FEHLENDE MÖGLICHKEIT ZUM AUFSTIEG

Mit dem Thema Gender Mainstreaming verbindet die Moderatorin auch das Thema Qualifizierung und Aufstieg. Sie hat erwartet, dass gerade die Hilfskräfte auf dieses Thema oder Angebote zur Qualifizierung anspringen würden.

> *Interne Moderatorin: „Was natürlich so ein Thema war [neben der Vereinbarkeit], was mich eigentlich gewundert hat, dass gerade so unter den Küchenhilfen das Thema, sag ich mal, ja gut es war so ein bisschen verpackt in Wertschätzung der Arbeit. Also dass die Küchenhilfen sich so, weil das auch überwiegend ungelernte Kräfte sind oder sie haben irgendwas ganz Anderes gelernt, mal vor ganz langer Zeit, aber eben Küchenhilfe ist halt eine Tätigkeit für Ungelernte überwiegend. Dass da kaum so der Wunsch*

> *irgendwie nach Qualifizierung und Weiterbildung aufkam, während es zum Beispiel bei den Fachkräften natürlich schon da das Thema da ist, (...) [...] Wenn das von den Küchenhilfen auch selbst diese Hygieneschulung immer nur so als notwendiges Übel betrachtet werden, also da gab's komischerweise fast kein Interesse. Also es wäre ja halt auch die Überlegung gewesen, kann man Küchenhilfen irgendwo weiterqualifizieren und was weiß ich zur Vorarbeit und Gruppenleitung oder so was, aber da kam eigentlich nichts."*

Im obigen Zitat deuten sich Grenzen der Beteiligung als einzige/alleinige Gender-Mainstreaming-Strategie im Gesundheitsmanagement an. Qualifizierung und Aufstieg, sehr wohl bekannte Dimensionen in der Gleichstellungs- und Frauenförderungsarbeit, werden als Themen der Frauen, gerade im unqualifizierten Bereich, erwartet aber nicht von den Frauen eingebracht. Hier zeigt sich meines Erachtens, dass im Rahmen des Gesundheitsmanagements nur Themen eingebracht werden, die als Belastungen der Betroffenen empfunden werden. Die fehlenden Qualifikationen der weiblichen Hilfskräfte erscheint ihnen nicht als Last, vielmehr umgekehrt, scheinen Hygieneschulungen eher ein notwendiges Übel. Gesundheitsmanagement ersetzt also keineswegs eine gleichstellungsorientierte Personalpolitik /-entwicklung.

Für Gender Mainstreaming als eine Thematik, die sich auch an Männer richtet, sieht der Berater als einziger, dass die männlichen Köche frustriert sind, weil sie in der Klinik keine Aufstiegsmöglichkeiten haben, dies sei aber kein männliches Thema, sondern ein professionelles:

> *Interviewerin: „Mhmh. Mh, [7 Sek.]. Ja vielleicht noch mal die Frage, also Gender Mainstreaming richtet sich ja auch an Männer. Gab es Themen auf die die Männer, in Anführungszeichen, besonderen Wert gelegt haben?"*
>
> *Berater: „Nicht als männliches Thema, nee."*
>
> *Interviewerin: „Als anderes Thema?"*
>
> *Berater: „Jaah, hatte ich ja schon gesagt, als professionelles Thema. Es sind meistens die Männer, die Fachkräfte sind, in Richtung Köche, und die haben eben den Frust, den ich sagte. Es ist kein Weiterkommen."*

In dieser kurzen Sequenz wird ein grundsätzliches Problem mit Gender Mainstreaming (im Gesundheitsmanagement) deutlich: es ist gar nicht klar, anhand welcher Kriterien ein Phänomen als Thema von Gender Mainstreaming zu betrachten ist. Was kennzeichnet eine unterschiedliche Betroffenheit von Frauen oder Männern als *Benachteiligung*? So kann es zutreffen, dass nur Männer frustriert darüber sind, nicht aufsteigen zu können. Die Hilfskräfte befinden sich in einer ähnlichen Lage, sind aber in der Wahrnehmung des Beraters und der Koordinatorin deswegen nicht frustriert. Um diesen Unterschied als Gender-Mainstreaming-Thema aufzufassen, wäre es notwendig, den diskriminierenden Gehalt und die entsprechenden Konsequenzen sichtbar zu machen. Es wird deutlich, dass dieser Teil der systematischen Umsetzung oder der konzeptionellen Durchdringung des Prinzips Gender Mainstreaming nicht vorliegt. Was passiert, wenn Männer es als belastend empfinden, dass ihre Chefin eine Frau ist? Es darf auch im Gesundheitsmanagement kein Recht auf Diskriminierung geben.

7.3.6. ARBEITSMARKTSEGMENTIERUNG UND WERTSCHÄTZUNG

Für den Berater spielte Gender Mainstreaming insofern eine Rolle als dass er weiß, es gibt eine Arbeitsmarktsegregation und dass Frauen sich eher am unteren Ende wiederfinden.

> Berater: „Also Gender Mainstreaming ähm höchstens in der Beziehung, dass ich sage, ich weiß ganz genau, dass wir eine Segmentierung des Arbeitsmarktes haben, Frauen unten, Männer oben. Das sehe ich immer wieder. Ob das jetzt in der Nahrungsmittelindustrie ist, wo man Miracoli abpackt, aber der Abteilungsleiter ist ein Mann, ob man ja zu Tausenden Pflegekraft ist, aber die PDL ist ein Mann, oder, oder, oder. Ähm, von daher war's mir wichtig also zu sagen, ok, achte darauf, dass irgendwie die Frauen, aber die sich eigentlich weniger die Frauen, sondern die, die wie es so schön heißt, da unten arbeiten, dass die Wertschätzung und Anerkennung erfahren. Und das in diesem Fall eben zu 80 Prozent Frauen waren, war das vielleicht irgendwie auch so ein Ding, was sich bewegt hat."

Aus seiner Sicht - als Arbeitswissenschaftler und Berater im Gesundheitsmanagement - ist ihm wichtig, Wertschätzung und Anerkennung für die Personen auf den unteren Hierarchieebenen zu ermöglichen - und das sind dann oft Frauen. Hier ist der Gender-Mainstreaming-Aspekt begrenzt auf den Zugang zu Ressourcen in den Arbeitsbedingungen. Das primäre Deutungsmuster sind die Hierarchiestufen und die Tätigkeit, auf die sich Frauen und Männer ungleich verteilen. Diskriminierende Effekte wie schlechter Aufstiegschancen für Frauen, Unterbewertung der Tätigkeit kommen nicht in den Blick, da Gesundheitsmanagement systematisch nur das erfasst, was von den Betroffenen als Belastung wahrgenommen wird oder was von ExpertInnen in Form arbeitswissenschaftlich gesicherter Erkenntnisse als arbeitsbedingte Gesundheitsgefahr präsentiert wird. So werden die mangelnden Aufstiegschancen von den betroffenen Frauen nicht als belastend ins Feld geführt und können so nicht in der Logik des Gesundheitsmanagements bearbeitet werden. Die geschlechtliche Arbeitsteilung und schlechtere Aufstiegschancen von Frauen müssten und könnten in der Umsetzung von Gender Mainstreaming in der Personalentwicklung und im Personalmanagement als mittelbare Diskriminierung analysiert und abgebaut werden.

7.4. FAZIT

In dieser Fallstudie stand in der Darstellung die Analyse des Verständnisses von Gender Mainstreaming im Vordergrund. Hier ist wie in der ersten Studie deutlich geworden, dass es kein Konzept bzw. kein Vorgehensmodell für die Umsetzung von Gender Mainstreaming im betrieblichen Gesundheitsmanagement gab. Die Beteiligten waren dem Thema gegenüber zwar aufgeschlossen, verfügten aber nur über fragmentarisches Wissen über Gender Mainstreaming.

Durch die Auswertung nach Arbeitsbereichen wurde auch der Handlungsbedarf an typischen „Frauenarbeitsplätzen" und „Männerarbeitsplätzen" sichtbar. Hierin liegt das Potenzial für eine nachhaltige und geschlechtergerechte Förderung der Gesundheit der Beschäftigten.

Dort, wo es gelungen ist, Gesundheitszirkel (Workshops) durchzuführen, konnten Belastungen aus Sicht der Betroffenen konkretisiert und in ihrem Kontext analysiert werden. Damit rücken die Situationen, in denen die Belastungen auftreten, in den Fokus anstelle der oftmals üblichen Zuschreibungen an einzelne Personen oder Gruppen. Hierin liegt eine Chance, durch die gemeinsame Reflexion der Arbeitsbedingungen stereotype Vorstellungen abzubauen. Dafür ist es wichtig, dass die ModeratorIn der Gesundheitszirkel oder Workshops den Raum schafft, auch Belastungen, die aus der Kombination Familie und Beruf entstehen, zu thematisieren.

Die Analyse des Kontextes ermöglicht im zweiten Schritt, Lösungsansätze zu entwickeln. So ist beispielsweise in der Küche, in der hauptsächlich Frauen arbeiten, eine andere Schichtbesetzung entwickelt worden, um die zeitlichen geballten Arbeitsaufträge besser abfangen zu können. Die Frauen forderten ein, dass die Schichten und Arbeitszeiten so gestaltet werden, dass sie diese auch mit ihrem Familienleben vereinbaren können. Es ist hier gelungen, die Konstellation von Anforderungen und möglichen Belastungen aus Familie und Beruf zu berücksichtigen.

In den Teilprojekten, in denen keine Gesundheitszirkel stattgefunden haben, sind bis auf die Schaffung einer administrativen Stelle zur Entlastung der ÄrztInnen und das Angebot, Seminare und Teamentwicklungen durchzuführen sowie ein Führungskräftechoaching anzubieten keine konkreten Konstellationen von Belastungen und Ressourcen aus Sicht der Betroffenen analysiert und bearbeitet worden.

Belastungen wie Belästigung und sexuelle Belästigung sind nach dem Allgemeinen Gleichbehandlungsgesetz Formen der Diskriminierung, die verboten sind. Insbesondere Belastungen durch sexuelle Belästigung laufen Gefahr, im Rahmen des betrieblichen Gesundheitsmanagements „übersehen" zu werden, da es den betroffenen Frauen schwer fällt, diese Übergriffe öffentlich zu machen. Erschwert wird die systematische Erfassung im Rahmen der üblichen Verfahren des Gesundheitsmanagements zudem dann, wenn nur einzelne Frauen betroffen sind. Denn ein wesentliches Instrument im betrieblichen Gesundheitsmanagement ist das so genannte Screening, welches in der Regel anhand von Personalbefragungen durchgeführt wird. Durch Personalbefragungen sollen besonders belastete Arbeitsbereiche identifiziert werden. Dies geschieht, indem die Mitarbeiterinnen und Mitarbeiter eines Bereiches nach ihren wahrgenommenen Belastungen (und Ressourcen) befragt werden. Oft werden dabei kleinere Bereiche für die Auswertung zusammengefasst, um zu verhindern, dass einzelne Personen identifiziert werden können.

> *Berater: Ne Ärger gab's nur in der Richtung, dass der Personalrat na fast sich geärgert hat, dass irgendwie nicht andere Ergebnisse rauskamen. Ja, einfach/ (inwiefern) sehen, ich glaube irgendwie durch die Art der Arbeit von Personalräten oftmals ist es so, dass natürlich dort bestimmte Probleme aufschlagen. Ja? Also die Zentralküche geht da nicht ja irgendwie geschlossen hin, sondern der Personalrat konfrontiert mit bestimmten Leuten, in diesem Fall Gender Mainstreaming, also mit Frauen, die sich beschweren über einen Mann, und daher haben sie die Wahrnehmung, dass das n' fürchterliches Problem ist. Wenn man aber jetzt in der Küche direkt fragt, insgesamt, oder in der Wäscherei, dann sieht man plötzlich, es ist kein allgemeines Problem, sondern es ist ein Einzelfall. Und von daher waren sie ein bisschen enttäuscht und fast verärgert, dass in den Ergebnissen eben nicht irgendwie rauskam, dass es alles fürchterlich ist."*

Die Zusammenfassung von kleineren Einheiten erschwert die Sichtbarkeit von Belastungen, von denen nur wenige betroffen sind. Dies ist insofern problematisch, als dass Probleme, von denen unterrepräsentierte/marginalisierte Personen betroffen sind, so systematisch verdeckt werden. Diese Gefahr besteht bei Belastungen wie sexueller Belästigung einiger Frauen durch wenige Männer. Sexuelle Belästigung tritt möglicherweise im Vergleich zu anderen Belastungen seltener auf, oder es gibt insgesamt sehr viel weniger Frauen in dem Bereich als Männer - und Opfer sexueller Belästigung sind überwiegend Frauen. Damit fielen die Frauen mehrfach durchs Raster. Diskriminierend wäre dies in sofern, als dass Frauen systematisch geringere Chancen hätten, in guten (belästigungsfreien) Arbeitsbedingungen zu arbeiten als Männer, weil eine Belastungsform, die typischer Weise Frauen trifft, durch die üblichen Auswertungsroutinen verschleiert wird. In einem weiteren Fallbeispiel der Aufsichtsbehörde wird das „Problem der kleinen Zahl" nochmals aufgegriffen.

Im Fall der Klinik wurden diese Fälle von Belästigung dennoch bearbeitet. Voraussetzung dafür mag gewesen sein, dass die Frauen im Workshop „unter sich" und nicht marginalisiert waren. Ihre Probleme konnten an dieser Stelle mit Gewicht eingebracht werden.

An den Beispielen Qualifikation und Aufstieg ist deutlich geworden, dass in der gesundheitsförderlichen Organisationsentwicklung nur solche gleichstellungsrelevanten Handlungsfelder thematisiert werden, die als Belastung empfunden werden. Formen der mittelbaren Diskriminierung wie die Unterbewertung von typischer Weise von Frauen verrichteten Tätigkeiten lassen sich nicht wirkungsvoll innerhalb der beteiligungsorientierten Verfahren des Gesundheitsmanagements bearbeiten. Diese könnten und müssten wirkungsvoller im Rahmen von Personalmanagement und Personalentwicklung bearbeitet werden.

8. Gesundheitsmanagement in einer Aufsichtsbehörde

Ohne Partizipation ist das Ende der Fahnenstange erreicht.

"Das sind Entscheidungen über Entscheidungsprozesse. Wer hat die Macht? (...) Gesundheitsmanagement ist Salat und Turnen und nicht in Machtstrukturen einzugreifen. Und Beteiligungsorientierung, wir alle dürfen am Sport mitmachen und alle dürfen Salat essen, aber bitte nicht an Entscheidungsprozessen." Berater

8.1. PROJEKTBESCHREIBUNG AUFSICHTSBEHÖRDE

Bei der Aufsichtsbehörde handelt es sich um ein vergleichsweise kleines Amt mit nur knapp 40 Personen, welches jedoch noch innerhalb der Laufzeit des Projektes durch Zusammenlegung mit einem anderen Amt vergrößert wurde. Aufgrund der geringen Anzahl an Beschäftigten hat man sich bei der Durchführung des Projektes auf Interviews und Workshops zur Erhebung der Belastungen und Ressourcen geeinigt. Das Projekt wurde extern begleitetet. Die Steuerungsgruppe des Projektes setzt sich aus der Behördenleitung, Personalrat (zwei Personen), Frauenbeauftragten und den Abteilungsleitern zusammen. Das Projekt beginnt mit der Antragstellung auf Förderung durch das Innenministerium.

Für die Untersuchung wurden die Leitung, eine Führungskraft, die Frauenbeauftragte, der Personalrat und der externe Berater des Projektes interviewt.

Um den Handlungsbedarf im Projekt zu ermitteln, führte der Berater Expertengespräche mit den Mitgliedern der Steuerungsgruppe durch. Aus der Auswertung der Gespräche soll ersichtlich werden, in welchen Bereichen und mit welchen Personengruppen Gesundheitszirkel[48] eingerichtet werden sollen. Darüber hinaus dienen die Experteninterviews der Klärung, welche Themen im Rahmen des Gesundheitsmanagements thematisiert werden dürfen/sollen.

Berater: „Entscheidungen, ja. Expertengespräche mit als Grundlage, also als Information einzuführen, war das eine und die Entscheidung darüber, was man da thematisieren durfte."

Die Abteilungsleiter wurden auf Drängen des Beraters in die Steuerungsgruppe aufgenommen, da die Führungskräfte sonst nicht hinreichend in das Projekt integriert gewesen wären. Nach der Auswertung der Interviews gibt es eine Informationsveranstaltung für die Beschäftigten (Kick-Off) und im Anschluss werden drei von einem Berater moderierte Gesundheitskreise eingerichtet. Zwei Kreise für den Außendienst mit überwiegend männlichen Beschäftigten und einen Kreis für den Innendienst, in dem

---

[48] Im Projekt hießen diese jedoch Gesundheitskreise, da das Thema Zirkel schon „verbrannt" gewesen sei.

überwiegend Frauen arbeiten. In einem Gesundheitskreis des Außendienstes ist eine Frau beteiligt, in dem Gesundheitskreis Innendienst sind ausschließlich Frauen beteiligt. Im Laufe der Diagnose und Entwicklung von Maßnahmen wird ein vierter Kreis mit Beschäftigten aus dem Innen- und Außendienst eingerichtet. Nach ca. einem Jahr der Projektarbeit steht der Behörde die Zusammenlegung mit Teilen einer anderen Behörde ins Haus sowie ein damit verbundener Umzug. In diesen Zeitraum fällt eine intensive Auseinandersetzung um die Fortsetzung des Gesundheitsmanagements und um die Art und Weise, wie die Integration der beiden Behördenteile gestaltet werden kann. Im Zuge der Zusammenlegung wechselt die Behördenleitung und die Abteilungsleitungen werden ebenfalls neu besetzt. Auch der Berater wird zwischendurch gewechselt. Die Interviews mit dem Berater und den Mitgliedern der Steuerungsgruppe liegen zeitlich auseinander. Die Auswertung konzentriert sich im Wesentlichen auf den Zeitpunkt bis zur Zusammenlegung, da dies der Zeitraum ist, in dem der Prozess durch den Berater begleitet wurde und der Zeitraum den Projektzyklus abbildet, der auch durch einen Workshop vorab evaluiert wurde.

8.2. Verständnis von Gender Mainstreaming

Die Mitglieder der Steuerungsgruppe hatten die Umsetzung von Gender Mainstreaming im Evaluationsworkshop im Unterschied zu den anderen Fallstudien als gut beurteilt. In der Auswertung der Interviews wurde jedoch deutlich, dass die Beteiligten diese Umsetzung sehr unterschiedlich einschätzen. Alle Interviewten geben übereinstimmend an, das Gender Mainstreaming in der Steuerungsgruppe diskutiert wurde. Man habe sich an der Frage abgearbeitet, welche Ziele man verfolgen müsse und ob das, was seitens der Akteure an Handlungsbedarf erkannt wurde, ausreicht, um der Vorgabe gerecht zu werden.

> *Berater: „Das Ziel und wie kann man's erfüllen. Also da waren die meisten Schwierigkeiten, wo man's nicht abschätzen konnte, ist man, wenn man sich um die Teilzeitkräfte oder um die Qualifikation von weiblichen Angestellten, die auch Teilzeit sind, oder auch Beamtinnen, wenn man sich darum spezifisch kümmert, also die Zeiten sagt und wie ist das möglich bei dem Halbtagsjob mit Familie, erfüllt man damit Genderziele (…)?"*

Aus Sicht der Leitung hat der Berater einen Bezug zu den Belastungskonstellationen der Frauen und Männer hergestellt und darauf hingewirkt, zu prüfen, ob „dort geschlechtsspezifische Unterschiede sind bei den Belastungsfaktoren" (Leitung). Man habe allerdings „nicht so richtig was rausgekriegt" (Leitung) - und deshalb keinen weiteren Handlungsbedarf gesehen. Ein weiterer Interviewpartner formuliert hingegen, „Das haben wir immer schön angesprochen und dann links liegen lassen. Haben wir nicht betrachtet, eigentlich so richtig." Man habe sich eher geeinigt, es („frauenspezifische Themen") *nicht* zu bearbeiten. Was mit „frauenspezifischen Themen" gemeint ist, wird in den Schilderungen mehrerer InterviewpartnerInnen – alle ohne Führungsfunktion – deutlich: Sie beschreiben, das explizit Aspekte mittelbarer Diskriminierung (was sie selbst so nicht bezeichnen) als Gegenstand von Gender Mainstreaming angesprochen wurden (vgl. Abschnitt 8.3.5. Gleichstellungsrelevantes Feld Entgeltgleichheit). Diese seien jedoch nicht weiter verfolgt worden, da die Leitung des Hauses davon ausginge, man könne hier als Frau alles werden. Es seien Frauen in obersten Führungspositionen, weshalb eine Personalentwicklung für Frauen – bzw. eine, die Benachteiligungen abbaut – nicht erforderlich. Gleichberechtigung sei gereist vorhanden. Ansätze zur Weiterqualifizierung von Frauen, z. B. im Schreibdienst, die auch zur Erweiterung der Tätigkeiten und Anschlussmöglichkeiten zu höher bewerteten Tätigkeiten ermöglichen, wurden eingebracht, konnten aber nicht umgesetzt werden. Dies sei unter anderem am Unverständnis oder Widerstand der Frauen selbst gescheitert. Worauf man sich hingegen einigen konnte, waren Veränderungen in der Informationspolitik. Dabei stand im Mittelpunkt, wie man Frauen in der Elternzeit über Belange des Hauses informieren kann und wir berufliche Termine so gestalten werden können, dass Teilzeit arbeitende Frauen an ihnen Teilnehmen können. In den folgenden Abschnitten werden einige Belastungen und Interventionsansätze vorgestellt und auf ihre Bedeutung für Gleichstellung hin reflektiert. Es wird deutlich, dass in dieser Fallstudie explizit reflektiertes Geschlechterwissen vorhanden ist – jedoch nicht zur Anwendung kommt. Neben dem mangelndem Willen seitens der Leitung wird zudem sichtbar, dass sich den Beteiligten potentielle Diskriminierungsfälle als Einzelfälle darstellen und es für sie schwer einzuschätzen ist, ob es sich um Diskriminierung wegen des Geschlechts handelt, oder in ihren Worten, ob das, was sie wahrnehmen, etwas mit Geschlecht zu tun hat.

> *Berater: „In der einen Gruppe waren nur Frauen, also in der Innendienstgruppe. Da konntest du dann gar nicht die Aussagen, da war der Gegenpol dann in der Lenkungsgruppe als Abteilungsleiter. Der sah da vieles ganz anders, ob das jetzt aber jetzt geschlechtsspezifisch oder funktionsspezifisch, ich würde mehr sagen, funktions- und zum Teil auch geschlechtsspezifisch. Ach, das war nicht zu differenzieren. Und in den anderen Bereichen waren die überwiegende Zahl ja die Männer, da war vereinzelt Frauen."*

8.3. BELASTUNGEN UND INTERVENTIONEN

Im Projekt der Aufsichtsbehörde übernahmen die Expertengespräche die Funktion des Screenings. Sie sollten Aufschluss darüber liefern, wo in der Behörde im Hinblick auf Belastungen Handlungsbedarf bestand. Zu diesem Zweck wurde ein möglichst repräsentativer Querschnitt an Beschäftigten interviewt.

Personalrat: "Das war aus den verschiedenen Gruppen des Hauses, natürlich Behördenleitung, Personalvertreter, wie üblich, dann Beschäftigte aus dem Außendienst, Beschäftigte der Verwaltung, die Frauenbeauftragte ist befragt worden, so dass man aus diesen Befragungen heraus sondieren konnte, dass eben Bedarf besteht, Gesundheitszirkel einzurichten im Bereich der Verwaltung, die ja doch eigene Probleme mit sich rumschleppt und rumschleppen und bei den Sachbearbeitern, Sachbearbeiterinnen des Außendienstes."

Wichtigstes Ergebnis aus den Expertengesprächen war eine hohe Unzufriedenheit der Beschäftigten mit der Information und Kommunikation im Haus, die auch als Intransparenz bezeichnet wurde. Ein weiteres Thema war mangelnde Anerkennung für Arbeit und Unsicherheit darüber, was als gute Arbeit gilt.

Positiv hervorgehoben wurde die Kollegialität unter den Beschäftigten. Allerdings ist nicht klar, auf welchen Personenkreis sich das bezieht. Es liegt die Vermutung nahe, dass sich diese Einschätzung eher auf den Aussendienst bezieht. Spätere Schilderungen der Belastungen aus dem Bereich der Verwaltung berichten eher von Konflikten und mangelnder Unterstützung durch KollegInnen.

Berater: "Expertengespräche waren für mich im Wesentlichen Informationskultur, also Transparenz auch dort. Sind sie genügend informiert über so Fragen, dass da Defizite sind und dass in der Gratifikationskultur, die es eigentlich gar nicht gibt. Gratifikation und Anerkennung für gute oder normale Arbeit kommt nicht vor, es sei denn, jemand gewinnt einen Preis bei irgendeinem Landes- oder Bundeswettbewerb. Das waren die Expertengespräche, also das waren so die Hauptfaktoren der Expertengespräche, wobei da auch schon rauskam, dass das kollegiale Verhalten da als sehr positiv beurteilt wurde."

Im Anschluss an die Auswertung der Expertengespräche wurden die Gesundheitskreise eingerichtet, deren Ergebnisse und Verläufe im folgenden dargestellt werden.

8.3.1. THEMEN UND BELASTUNGEN IN DER VERWALTUNG

In der Bearbeitung der Themen in den Gesundheitszirkeln sind die anfänglich eher groben Einschätzungen über Belastungen und Ressourcen vertieft worden. In der Schilderung dieses Projektes durch die Beteiligten fällt im Vergleich zu den anderen Projekten auf, dass die Priorisierung der Belastungen durch die Beschäftigten selbst nicht ganz reibungslos funktionierte oder möglicherweise nicht durch die Beschäftigten erfolgte. Die Belastungen und Themen in der Verwaltung, die nun sichtbar werden, sind Konflikte, Überforderung und Unterforderung, Sinnhaftigkeit und Anspruch der Arbeit sowie gerechte Verteilung der Arbeit, Information und Kommunikation, und Zeitdruck im Kontext Zusammenarbeit mit dem Außendienst.

Überforderung und Unterforderung

Dem Thema Überforderung und Unterforderung kommt im Rahmen der Bearbeitung von Belastungen im Schreibdienst eine besondere Bedeutung zu, weil die Lösung dieses Problems aus Sicht der Beteiligten beim ersten Versuch gescheitert ist und mit vielen Konflikten behaftet war. Durch die gewachsenen Strukturen und Beziehungen zwischen Sachbearbeitern und Schreibkräften entstand eine aus Sicht der Betroffenen unausgewogene Verteilung von Arbeitsbelastungen unter den Schreibkräften. Diese bezog sich sowohl auf die Menge als auch auf die Qualität der Arbeit und die Dringlichkeit, in der einzelne Aufträge zu erledigen waren. Die Verteilung von Aufgaben war daran geknüpft, wer mit welchem Sachbearbeiter seit vielen Jahren zusammenarbeitete und wurde als Generationenthema, als Konflikt zwischen jungen und alten thematisiert oder als Machtthema. Die älteren Beschäftigten verfügen über eingespielte Routinen und langjährige Kooperationsbeziehungen und können sich quasi ihre Aufgaben aussuchen. Die Jüngeren, die eben nicht über diese gewachsenen Kooperationen verfügen, müssen die Arbeiten erledigen, die übrig bleiben.

Die ungleiche qualitative und quantitative Verteilung der Arbeit bringt die befragte Führungskraft mit Vollzeit- und Teilzeitbeschäftigung in Verbindung.

> *Führungskraft: „Ja, wir hatten früher ein Abteilungssekretariat, d.h. also jede Abteilung hatte ihre eigene Schreibdame, und das hat dann ein bisschen zu Unfrieden geführt, weil eine Abteilung, speziell meine, hatte halt den Vorteil, dass sie eine Vollzeitkraft als Schreibdame hatten, also das war überhaupt kein Problem da ein Schreiben abzugeben und dann hat man das relativ schnell wiedergekriegt und die anderen hatten eben nur Teilzeitkräfte. Um das ein bisschen gerechter zu verteilen, hat man jetzt so eine Art Schreibpool gebildet, d.h. also Schreiben werden also auf ein Stapel gelegt und dann zieht sich also jede Schreibdame dann das von oben runter oder von unten weg, ist vielleicht besser, ohne dass das jetzt abteilungsweise gemacht wird."*

In der obigen Interviewpassage wird die Verteilung von Arbeit im Schreibdienst von einer Führungskraft thematisiert, die im Außendienst arbeitet. Er deutet also eher an, wie sich die Arbeitsverteilung für die Nutzer des Schreibdienstes darstellt. An späterer Stelle wird noch ausgeführt, dass die Lösung für die Organisation im Schreibdienst stark von der Leitung forciert wurde und möglicherweise stärker auf Verbesserung der Leistung zielte als auf den Belastungsabbau der Beschäftigen.

Ein weiterer Aspekt, der jedoch nicht seitens der Führungskräfte thematisiert wurde, ist schlicht der Mangel an Arbeit für den Schreibdienst. Diese Tätigkeit wird zunehmend überflüssig, da viele Sachbearbeiter ihr Schreiben selbst am Computer erstellen. Was für den Schreibdienst übrig bleibt, sind genau die Arbeiten, die die Frauen als wenig anspruchsvoll und ungeliebten Rest empfinden. Sie erleben das auch als mangelnde Wertschätzung.

> *Gleichstellungsbeauftragte: „Da kamen wir nur auf das Ergebnis, dass unzufrieden waren die Damen aus dem Schreibpool nur, weil sie, klar merken, dass die Schreibaufträge gingen ja zurück, weil ja viele selber was gemacht haben, und dass die einfach sich minderwertig fühlten, weil sie ja immer, ich sag mal so, mach mal ne Postzustellungsurkunde, mach mal das. Also nich' mehr dieses, was wir früher, früher mussten wir ja wirklich alles machen. Einfach nur so diese Nippselarbeit und das hatte die eigentlich unzufrieden gemacht und die wollten kompaktere Arbeit haben. Oder ich sag mal wertigere Aufgaben und nich' immer nur diesen Abklatsch, was die mal gerade nicht konnten oder wollten, das konnten wir dann machen. Und das war schon deprimierend für denjenigen, der das abarbeiten muss. Als wenn ich jetzt einen Vorgang hätte, der wirklich Hand und Fuß hat. Und so wenn man irgendwas vorgeschmissen kriegt und sagt, ja mach mal eben, du hast ja auch nicht den Überblick, was, worum geht es da. Und wenn du das von Anfang an alles selber mit bearbeitest, dann hat man auch einen gewissen Überblick, und das find ich ja, also man wird auch gefordert und das ist einfach, man hat was getan. Und das war eigentlich der Punkt, was sie unzufrieden machte (...)."*

Der Aspekt der ungleichen Verteilung und damit der Überforderung derer, die viel zu tun haben und die Unterforderung derer, die weniger zu tun haben, wurde versucht, über das Modell Schreibpool zu lösen. Die Frauen haben vorher eigenständig für einzelne Sachbearbeiter gearbeitet und sich morgens ihre Arbeit ausgesucht, oder eben später das erledigt (erledigen müssen), was noch niemand bearbeitet hatte. In den Schilderungen geht es also zum einen um quantitative Aspekte der Verteilung von Arbeit und um qualitative Aspekte.

> *Personalrat: „Die Kolleginnen, Kollegen vom Schreibdienst die haben bemängelt, dass da ne Ungleichverteilung zwischen dem, was sie tun müssen, gewesen ist. Also das war früher so, dass eben die Kolleginnen, Kollegen vom Schreibdienst sich ihre Arbeit aus dem entsprechenden Fach des Schreibdienstes genommen haben und dabei wurde selektiert. Und dann waren einige wenige, die haben dann, oder waren einige, die haben sich dann die angenehme Arbeit, sag ich mal, rausgeflöht, und die andern, für die blieb dann der Rest übrig. Und um dieses Ungleichgewicht zu beheben, ist dann seinerzeit auch erarbeitet worden und es ist auch so umgesetzt worden, ist ein sogenannter Schreibpool eingerichtet worden. Der auch ne Leiterin hatte, die dann eben in dieses Fach just reingeguckt hat. Hat geguckt, wie sind die Schreibdamen belastet, was haben die aktuell vorliegen, und hat dann verteilt. Einmal quantitativ und qualitativ. Dass*

> nicht nur welche da sind, die eben schlichtweg Akten anlegen, das ist also relativ verpönt bei den Schreibdamen, sondern eben auch größere Schriftstücke mal anfertigen können. Und das war eben das, was sie anstrebten. Das ist allerdings jetzt wieder revidiert worden, was vielleicht auch Ausfluss eben ist, dass wir eben jetzt ein größeres Amt sind, ne neue Organisation sind. Weil sich das deswegen nicht bewährt hat, weil die Kollegin, die eben diesen Schreibpool leiten sollte, da wohl auf heftigen Widerstand bei den Schreibdamen gestoßen ist. Und dieser Konflikt innerhalb dieser Gruppe wohl letztendlich nur in der Weise gelöst werden konnte, dass wir gesagt haben, wir machen das, wir fahren das auf diesen früheren Zustand zurück, und versuchen das aber kameradschaftlich umzusetzen."

Ein Gesundheitszirkel im Sinne des Leitfadens sieht vor, dass die Beschäftigten selbst Lösungsvorschläge entwickeln. Nach Angaben der Interviewten ist dies jedoch nur teilweise geschehen. Die Dokumentation der Unzufriedenheit der Schreibkräfte wurde in die Lenkungsgruppe eingebracht, ohne dass sich die Schreibkräfte einig waren, wie sie das Problem lösen wollten. Der Vorschlag, einen Schreibpool einzurichten, war in der Gruppe umstritten. Wie der Schreibpool organisiert werden soll, wurde dann in der Lenkungsgruppe entwickelt bzw. durch die Leitung vorgegeben.

> *Interviewerin:* „Wer hat denn die Lösung entwickelt, dass die eine Person das leiten soll? Von wem kam denn dieser Vorschlag?"

> *Personalrat:* „Der kam aus diesem Gesundheitskreis, just. Wobei aber die nicht auf diese Person natürlich fixiert waren. Es sollte eine Person sein. Dieser Lösungsvorschlag, diese Person zu bestimmen, der kam aus der Lenkungsgruppe. Weil wir gesagt hatten, dass es nicht sein kann, dass es eben eine Dame aus diesem Schreibpool sein kann, sondern es muss ne Neutrale sein. Und das war unsere Frau Schmidt, die eben mit Schreiben, mit Schreibtätigkeiten nix zu tun hat. Wo wir gesagt haben, die steht dem neutral gegenüber. Die wird neutral eben auch gucken, hat keine Favoriten dabei, wie sie die Arbeit verteilt unter diesen Marken eben, Qualität und Quantität."

> *Interviewerin:* „Und die Schreibkräfte, hatten die selber auch nen Vorschlag, wer das machen könnte, oder sind die gefragt worden?"

> *Personalrat:* „Die sind gefragt worden, hatten aber kein Vorschlag dazu, mein ich jedenfalls. Also mir ist da jetzt im Moment nichts präsent. Das müsste ich noch mal nachvollziehen. Irgendwo die Protokolle der Gesundheitszirkel. Ich meine aber, da ist nichts gekommen."

Aus Sicht des Beraters wurde deutlich, dass die zuvor schon in der Gruppe bestandenen Konflikte nicht bearbeitet wurden und der zeitliche Rahmen nicht ausreichte, um dort Lösungen zu entwickeln, die auch die Konfliktkonstellationen in der Gruppe hätten bearbeiten müssen.

> *Berater: „Der [Vorschlag] kam aus dem, war aber auch in der Gruppe sehr umstritten. Aber die Mehrheit hat sich für ein Pool, lass uns das mal ausprobieren, entschieden um sowohl Überforderungs- als Unterforderungsaspekte über ne andere Verteilung zu machen. Weil bisher waren sie einzelnen Personen zugeordnet, da rührten da aber auch Alterskonflikte, also zwischen den Generationen, weil die jüngeren Schreibkräfte mussten dann die älteren Schreibkräfte, die schon 20 oder längere Jahre im Amt waren, hatten ihre Hauptkontaktperson im Außendienst, mit den klärte man dann bei einer Tasse Kaffee, dass das ja wohl nicht so wichtig wäre, dass das heute noch raus muss. Und die jüngeren mussten dann alles abarbeiten. Hatten nicht den persönlichen Kontakt und den Draht, sondern bei den landete dann viel mehr und vor allem eiligere Sachen. Und das sollte durch den Schreibpool entzerrt werden. (...) Das sind schon, ja die internen, die Mikropolitik und die Mikromachtstruktur und die sind ja nicht offengedeckt worden (...) Die anwesenden Personen, die da involviert waren, die Offenheit war nie da oder ich hab sie nicht hingekriegt. Weiß ich auch nicht, hätte ich auch kein Instrumentarium gehabt dafür, dass ich uralte Wunden und Konflikte an einer Schreibaufgabe hochgepeppelt, gelöst hätte. Dafür war die Zeit gar nicht da, nicht bezahlte Zeit. Da hätte sich dann wirklich der Abteilungsleiter dafür einsetzen müssen. Aber der sagte dann später, ja für den Schreibpool war ich ja nie. Aber er hat es bei der Lenkungsgruppe mit beschlossen, dass man probeweise einen Schreibpool einrichtet und wenn er dann Druck gekriegt hat, hat er gesagt, so jetzt musst du das regeln."*

Aus Sicht der Führung ist das Bedürfnis, vollständiger arbeiten zu wollen durchaus zur Kenntnis genommen worden. Allerdings blieb der Lösungsansatz auf die Umverteilung bestehender Arbeiten unter den Frauen begrenzt. Das brisante Problem, dass insgesamt wenig Arbeit für den Schreibdienst zu erledigen ist, wird nicht thematisiert. Auch der Versuch, zwischen den Sachbearbeitern und dem Schreibdienst eine neue Arbeitsverteilung auszuhandeln, bleibt unbenannt - vor allem das Scheitern aus Sicht der Schreib/Verwaltungskräfte.

> *Amtsleitung: „(...) Haben wir da noch was gemacht? Ach ja, der Schreibpool. Ja wir hatten den Schreibpool gegründet, weil dort der Wunsch gekommen war seitens der Schreibkräfte doch vollständiger arbeiten zu können, nicht immer nur so bestimmte Dinge dort, wo man eingeschränkt arbeitet, sondern doch ein bisschen weiter, das jeder weiß, wie die unterschiedlichen Bereiche abzuarbeiten sind und dadurch halt breiteren Überblick kriegt und auch n bisschen anspruchsvollere Tätigkeit dazu zu krie-*

> gen. Und dazu haben wir einen Schreibpool gegründet und das hat ziemlich viel Knatsch gegeben. Das lag aber wohl mehr an einer Person da, die da Schwierigkeiten mit hatte. Inzwischen haben wir immer noch ein Schreibpool und so mein Eindruck ist, dass es jetzt ganz gut läuft. Mit der Arbeitsaufteilung und Verteilung. Weil früher war auch immer so nach dem Motto, man holt sich sozusagen immer nur die guten Sachen weg und man hat denn das Problem gehabt, dass die eine sehr viel zu tun hatte und die andere denn weniger zu tun hatte. So' ne ungleichmäßige Belastung und da sollte der Schreibpool eben auch Abhilfe schaffen."

Das Problem Überforderung und Unterforderung ist organisatorisch gelöst worden, indem eine Verwaltungskraft bestimmt wurde, die die Aufgaben verteilen sollte. Dieses Verfahren wurde in der Steuerungsgruppe (einer Unterarbeitsgruppe) entwickelt. Es wurde angenommen, die Person sei neutral und deshalb geeignet, die Arbeiten unter den Frauen zu verteilen. Mit dieser Lösung einer ging jedoch auch eine Zunahme an Kontrolle der einzelnen Personen. Die Beschäftigten fühlen sich durch diese Lösung unter Druck gesetzt, ihre Arbeiten bis zu einem (un)bestimmten Zeitpunkt zu erledigen, „auch wenn das niemand gesagt" habe. Dass Kontrolle nicht nur technisch möglich ist, sondern auch als Mittel gesehen wird, macht folgende Aussage deutlich:

> *Gleichstellungsbeauftragte:* „[Die Leitung] sagt dann knallhart, dann kontrolliert sie von A bis Z, wie viel Minuten das Diktat ist, und, und, und. Wenn die alle nicht spuren."

Damit ist aus dem Versuch, beteiligungsorientiert die Arbeit anzureichern und vollständiger zu gestalten und Über- und Unterforderungen auszugleichen in der Wahrnehmung der Beschäftigten ein Instrument zur Kontrolle ihrer Arbeit geworden, das sie zusätzlich einer Gesundheitsressource beraubt, nämlich Handlungsspielräumen.

An der Bearbeitung dieses Themas wird meines Erachtens sehr deutlich, was der Kern eines partizipativen Ansatzes ist: Es sind die Beschäftigten, die a) die Priorität setzen, was sie als Belastung empfinden und woran sie arbeiten möchten und b) dass die Beschäftigten sich auf eine Lösung *einigen* müssen. Das wiederum muss von der Führung auch gewollt und unterstützt werden. In diesem Fall wird deutlich, dass die Führung zu diesem Zeitpunkt dafür nicht offen war. Es fehlten Raum (inhaltlich und Vertrauen) sowie die zeitlichen (und finanziellen) Ressourcen, um Konflikte zwischen den Frauen überhaupt zu bearbeiten, um dann Lösungen zu entwickeln.

8.3.2. ZUSAMMENARBEIT VERWALTUNG UND AUßENDIENST

Das Thema der wertigeren oder anspruchsvolleren Arbeit erhält im Kontext des gemeinsamen Gesprächskreises zwischen Schreibdienst und Außendienst eine neue Qualität. Es wird deutlich, dass es den Frauen nicht nur um eine Neuverteilung der Schreib- und Verwaltungsarbeiten geht, sondern auch um die Zuteilung von mehr und anspruchsvollerer Schreibarbeit bzw. von Vorgängen durch die Sachbearbeiter.

> Gleichstellungsbeauftragte: „Oder ich sag mal wertigere Aufgaben und nich immer nur diesen Abklatsch, was die mal gerade nicht konnten oder wollten, das konnten wir dann machen. Und das war schon deprimierend für denjenigen, der das abarbeiten muss. Als wenn ich jetzt einen Vorgang hätte, der wirklich Hand und Fuß hat. Und so wenn man irgendwas vorgeschmissen kriegt und sagt, ja mach mal eben, du hast ja auch nicht den Überblick, was, worum geht es da. Und wenn du das von Anfang an alles selber mit bearbeitest, dann hat man auch einen gewissen Überblick, und das find ich ja, also man wird auch gefordert und das ist einfach, man hat was getan. Und das war eigentlich der Punkt, was sie unzufrieden machte, was aber nach sich zog, dass die Sachbearbeiter sich aufbäumten und viele, die schon seit Jahren alleine was schreiben oder was abarbeiten, sei es Herr Schmid oder Herr Schläger oder so, die eben ihre Genehmigung alles selber machen, die wollten das nicht, weil das wäre den zu viel Aufwand (...) Man hätte das jetzt alles, Bausteine umstricken können, sag ich mal, damit man das abrufen kann, aber diesen Aufwand, die wissen, wenn die das Einlaufen haben, die wissen, wo se was ändern können. Das wäre ja ein viel zu großer Aufwand. Das hat man ja denn auch eingesehen, weil dann die Damen aus dem Schreibpool gesagt haben, ja also das können sie nicht damit rechnen, dass das eben mal schnell fertig wird. Und wenn denn, ne Genehmigung ist ja auch lang, und wenn ich da 15 Seiten ausarbeiten muss mit hin- und herschieben, das dauert seine Zeit. Und da sind wir auch nicht aneinander gerückt. Das war nachher so, dass man das denn dann aussen vor lies, diese Sachen, die sie selber schrieben, aber das andere. Und wenn man jetzt so zurückblickt, heute ist, liegt gar nichts zum Schreiben heute morgen, als ich kam,(...) dann macht man, gut wir machen dann andere Arbeiten, (...) 'ne Kollegin von mir, die hat dann, hier [in der Registratur], ich sag jetzt mal, lose Blattsammlungen gemacht (...)"

Die Sachbearbeiter hätten, um mehr und ganzheitlichere Arbeit für den Schreibdienst zu ermöglichen, ihre eigenen Routinen ändern müssen und letztlich weniger selbst schreiben müssen. Es wird auch deutlich, dass die Frauen nicht mal eben in eine komplexere Bearbeitung springen können, wenn sie bis dato nur kleinste Auszüge bearbeitet haben. Eine anspruchsvollere Tätigkeit bedarf der Vorbereitung und Einarbeitung. Die Behörde steckt in einem ähnlichen Dilemma wie andere auch: der Schreibdienst scheint ein Auslaufmodell zu sein. Was in diesem Amt aus Sicht der betroffenen Schreibkräfte übrig bleibt ist „Fusselkram". Umfangreiche Schriftstücke gibt es von den wenigen Sachbearbeitern, die noch nicht oder nicht mehr selber schreiben, und dies sind zu wenige.

> *Gleichstellungsbeauftragte: „[In diesem Arbeitskreis haben wir dann nich einzelne Sachen besprochen wie, NP] wollen wir diesen Aufwand jetzt machen mit diesem Textbausteinen, damit die Schreibkräfte besser bedient werden oder umgekehrt und damit alle irgendwo ihre Zufriedenheit finden. Und das war dann eben dieser vierte Arbeitskreis oder Gesundheitskreis, wo das gemischt war. Und da ist heraus, dass einfach, ich sag mal, diese Ernsthaftigkeit gar nicht da gewesen ist (...) hab ich dann einfach gesagt, das weiß doch jeder, dass wir immer weniger Arbeit kriegen und das man eben, ich sag mal, intern, man kann ja intern das so umlegen. Es muss ja nicht nach außen, man kann doch intern, ich sag mal, Arbeiten verteilen, die sowieso anfallen, jetzt in der Verwaltung. Wenn das verwaltungstechnisch machbar ist, verschieben, ich sag mal, so'n Rotationsprinzip. Wenn ich jetzt hier nichts zum Schreiben habe, dann kann ich doch andere Aufgaben machen. (...)"*

Der Ansatz, dem Mangel an Arbeit durch Rotation in andere Bereiche zu begegnen und dadurch möglicherweise auch neue anspruchsvollere Tätigkeiten wahrnehmen zu können, wurde von der Führung (einem Teil) abgeblockt:

> *Gleichstellungsbeauftragte: „Ja laut, ich sag mal, Geschäftsverteilungsplan, haben sie denn immer noch so kleine Sachen nebenbei, aber jetzt müssen wir im Moment woanders eben mit arbeiten, wo Herr Meier sich natürlich auch schwer tut, dass er sagt, nö, denn müsste er das ja rechtfertigen, und er meint ja immer denn gleich, wir verlangen mehr Geld. Ich sag, darum geht's doch nicht. Aber wenn man sich gegenseitig unterstützen kann, ist die Motivation auch ganz anders. Und Frau Strecker würde mit Sicherheit nicht dauernd ausfallen, wenn sie wüsste, sie hätte den Rücken frei."*

Der Ansatz, durch Rotation und Neuverteilungen von Arbeiten über den Schreibdienst hinaus, die Arbeit aufzuwerten und anspruchsvoller zu gestalten, ist demnach nicht systematisch verfolgt worden.

> *Interviewerin: „Und gab's auch ein Ergebnis aus diesem Arbeitskreis, also gab's da auch ne Verbesserung, die man erarbeitet hat?"*
>
> *Gleichstellungsbeauftragte: „Nicht wirklich. Ich hab das jetzt auch gar nicht mehr so in Erinnerung, wie die Auswertungen waren. (...) Also einige sind nachher nicht mehr gekommen, weil die sagen, es bringt ihnen nichts. Und ja gut, es ist auch nur, nee nicht wirklich. Ich sag jetzt mal nicht, (...) das lief ja immer drauf hinaus, dass eben die aus dem Schreibpool sich zu wenig bedient fühlten. Und man musste nach 'nem Weg suchen, eben dass die, ich sag mal, wertigere Arbeit bekommen. Das war eigentlich der Punkt. Und dass das so wirklich aufgearbeitet worden ist, kann ich nicht sagen."*

Die Leitung schildert, welche Verbesserungen in der Zusammenarbeit zwischen Außendienst und Verwaltung zustande gekommen sind.

> Amtsleitung: „Also im Verwaltungsbereich da gab's auch noch solche Geschichten, wie das geregelt wird mit der Türklingel, mit der Abmeldung bei Besprechungen. (...) Denn waren natürlich auch solche Dingen, dass man gewisse Erwartungen hat, an das wie Aussendienstmitarbeiter Vorgänge zur Verwaltung bringen sollen, wie das dann ablaufen soll."

So wurden Abläufe in der Poststelle neu geregelt sowie An- und Abmeldung der AußendienstmitarbeterInnen bei der Telefonzentrale.

Information und Kommunikation

> Berater: „(...) und dann an den Prozessen zu arbeiten, wo eigentlich die Defizite und die Stärken sind, da kamen dann eben ganz andere Sachen raus. Dass sich einige absolut unterfordert fühlen und andere absolut überfordert fühlen. Und das war ein Thema und dass die Politik die Informationspolitik, also diese Abteilung hatte seit einem Jahr keine Mitarbeiterbesprechung, keine Abteilungsbesprechungen, sondern es ging alles nur gerüchteweise zwischen Tür und Angel. [unv] insbesondere die Halbtagskräfte betroffen, die dann gar nicht mehr hinterherkamen. Was ist gelaufen, welches Gerücht, weil das Gerücht war dann schon, die stille Post da, 12 mal durch diesen Kleinbetrieb gelaufen. Das war, dieses, also Informationsdefizite, klein Peter bespricht mal was mit gerade zufällig, wer da ist. Darüber gibt's aber keinen Beschluss oder nicht dokumentiert, das an andere weitergegeben würde. Die anderen machen's dann nicht so und kriegen Rügen oder Rüffel. Is doch besprochen worden, ja hat man aber gar nicht gehört. Also solche Aspekte kamen sehr viel und das nicht nur im Innendienst, da am häufigsten, aber auch im Außendienst."

Zu diesem Problem wurde vereinbart, dass regelmäßig Dienstbesprechungen durchgeführt werden, die zudem protokolliert werden sollten. Diese Maßnahme wurde nach Aussage der Interviewten jedoch nicht realisiert, da die Führungskraft keine Besprechungen durchgeführt habe.

8.3.3. GLEICHSTELLUNGSRELEVANTE HANDLUNGSFELDER

Die Folgen der technologischen (und kulturellen) Entwicklung, nämlich der drohende Wegfall einer Tätigkeit und der damit verbundenen Stellen, scheint ein Tabu zu sein. Im Vergleich mit der Klinik formuliert hier niemand den strategischen Ansatz, den Frauen (überhaupt) Entwicklungsperspektiven aufzuzeigen, die einen anderen Umgang mit dem Problem signalisieren würde, als abzuwarten, bis die letzte Schreibkraft in Rente ist. Dabei signalisieren hier die Frauen ein Interesse an umfangreicherer Tätigkeit! Was Helga Krüger als *Korsettstangen der Erwerbsarbeit* (Küger 2003) bezeichnet hat, wird hier exemplarisch deutlich: Den Behörden werden nach Aussage der Interviewten nach einem bestimmten Schlüssel Stellen für Schreibkräfte zugeteilt. Die Schreibkräfte werden gemäß Beamtenrecht oder (damals) BAT nach Tätigkeitsanteilen entlohnt. Um den Arbeitsplatz zu erhalten, und den Umfang an Stellen, wird die schwindende Anzahl an Schriftstücken verdeckt. Gleichzeitig wird den Frauen die Übernahme anderer Tätigkeiten mit dem Argument verwehrt, dass sie dafür anders entlohnt werden wollten (und müssten).

Hier entsteht eine zunehmend belastende Tätigkeit, die überwiegend von Frauen ausgeübt wird, und eine Situation im Gesundheitsmanagement, in der die Frauen eine deutlich geringere Chance haben, ihre Interessen einzubringen als die männlichen Kollegen aus dem Außendienst. Aus gesundheitlicher Perspektive und dem Recht der Frauen auf gleichen Zugang zu (guten) Arbeitsbedingungen wäre eine Reorganisation der Tätigkeiten, Aufstiegschancen etc. dringend geboten. Dies ist jedoch eng verzahnt mit einer strategischen Personalentwicklung, die sich mit den Möglichkeiten im Beamten- und Tarifrecht auseinandersetzen müsste. Die bestehenden rechtlichen Grundlagen zur Antidiskriminierung und die damit verbundene Strategie des Gender Mainstreaming wären Grundlagen, die zur Durchsetzung neuer Arbeitsarrangements genutzt werden könnten. Sie wären Legitimation und Richtschnur, um überhaupt die Spielräume in den beamtenrechtlichen und tarifrechtlichen Regelungen auszuloten. Pilotprojekte zu Neubewertung von Arbeitsplätzen/Tätigkeiten (Krell et al.2001)) zeigen, dass dies grundsätzlich möglich und entscheidbar ist, Stellen neu zu bewerten. Von Gender Mainstreaming fehlt hier jedoch jegliche Spur. Der geringe Status der Frauen wird nicht thematisiert und als belastend wahrgenommen.

8.3.4. Belastungen und Themen im Außendienst

Intransparente/ungerechte Personalentscheidungen
Für den Bereich des Außendienstes ist die Intransparenz von Personalentscheidungen ein zentrales Thema gewesen. Die Intransparenz - nicht Nachvollziehbarkeit - von Personalentscheidungen ist aus Sicht der Betroffenen mit einer mangelnden Anerkennung oder Ausbleibender Gratifikation der eigenen Arbeit verbunden. Die Handhabung von Beurteilungen, Bewilligung von Fortbildungen und Beförderungen wird als Kränkung oder Abwertung der eigenen Leitung erlebt.

> *Führungskraft: „Gerade, wenn es um Beurteilungsverfahren geht. Da haben wir ja im Grunde genommen nur so' n Schema F, sag ich mal so, nach dem wir vorgehen. Ja und dann wird halt geguckt, wie ist der Abteilungs-*

leiter der Meinung, dass der eingestuft werden sollte. Da gibt es keine Kriterien oder irgendwelche Handlungsempfehlungen, wie man das so machen soll. Da steht nur drin, was in einer Beurteilung drinzustehen hat, damit das, was in dem Text drinsteht auch mit der Zensur übereinstimmt. Das war immer der meiste Kasus Knacktus da/damals war die Bezirksregierung noch zuständig für diese Stellenauswahl, und da musste man halt eben auch vom Amt aus immer die Beurteilung schreiben, und wenn das nicht passte mit der Zensur, dann hat man das immer stante pede wieder zurückgekriegt.

Interviewerin: „Also sozusagen, dies Verfahren ist von der Bezirksregierung vorgegeben worden?"

Führungskraft: „Ja im Grunde genommen, ja gut die Beurteilung selber natürlich nicht. Die Beurteilung hat natürlich der Amtsleiter gemacht."

Interviewerin: „Aber da gab' s sozusagen keine Arbeitsgruppe zu (Nee.), die sich mal verständigt hätte (Nee, und die gibt's auch heute), was ist denn erwartbar (und die gibt's auch heute) und wie kann man das vereinheitlichen?"

Führungskraft: „Die gibt's auch heut nicht. Ja wir haben eben ein Problem. Jeder Sachbearbeiter macht hier was anderes. Das sind ein Vergleich von Äppel und Birnen jedes Mal, wenn Sie jemanden, der im Bereich Abfall tätig ist, Abfall macht einen vergleichen, der eventuell Strahlenschutz macht oder Medizinproduktegesetz oder so was. Das können Sie im Grunde genommen so gar nicht vergleichen."

Interviewerin: „Gut, aber es ist als Bedürfnis (Ja.) geäußert worden (Klar.). Es gab aber (Jeder möchte/) kein so' n Entwicklungsprozess wie bei den anderen Lösungsvorschlägen und in der (Genau.) Lenkungsgruppe hat man sich da eben/"

Führungskraft: „an die Köppe gekriegt, genau, weil Behördenleitung sagt, dass ist ihre Aufgabe, der Behördenleiter kann keine Lenkungsgruppe 'ransetzen und sagen, wie nun so was abzulaufen hat. Das geht nicht."

Die Schilderungen der Interviewten verdeutlichen, dass es wenig Bereitschaft und Offenheit seitens der Behördenleitung gab, die eigenen Haltungen, Routinen, Kommunikationsweisen etc. im Kontext des Gesundheitsmanagements zur Verhandlung zu stellen. Es scheint willkürlich zu sein, welche Belastungen legitimer Weise im Gesundheitsmanagement bearbeitet werden dürfen. Ein Kriterium scheint zu sein, ob die Bearbeitung der Belastungen in das Handeln der Behördenleitung eingreifen würde. Insbesondere alles, was Entscheidungen betrifft, wird abgeblockt mit der Begründung, das ginge rechtlich nicht. Es wird deutlich, dass dies nur einen Vorwand darstellt, wenn man den Blick auf den Prozess richtet. Der partizipative *Prozess* ist es, der nicht zugelassen wird. Am Beispiel der intransparenten Personalentscheidungen wird deutlich, dass es keinen hinreichenden Raum gab, um Interessen auszuhandeln und das Problem überhaupt zu analysieren. Partizipation, wie sie systematisch und methodisch in den Workshopverfahren angelegt ist, wird immer wieder im Verlaufe des Projektes grundsätzlich in Frage gestellt. Die Entscheidungen für oder gegen eine Person standen nicht zu Debatte, sondern die fehlende Transparenz *des Verfahrens*.

8.3.5. GLEICHSTELLUNGSRELEVANTES HANDLUNGSFELD ENTGELTGLEICHHEIT

Was im obigen Beispiel noch allgemein als intransparente Verfahren der Beurteilung und damit als ungleiche Karrierechancen thematisiert wird, spitzt sich in der Schilderung von Konflikten innerhalb der Steuerungsgruppe als offen benanntes zentrales Thema von Gleichstellung bzw. von Diskriminierung zu:

> *Interviewerin: „Und spielte Gender Mainstreaming für dich persönlich eine Rolle im Projekt? Falls ja, worauf kam's dir an?"*
>
> *Berater: „Also das, was wir gemacht haben, das spielte ins Projekt. Die Rolle an/mehr sah ich mich auch gar nicht in der Lage, sag ich mal. Also es runterzubrechen auf spezifische Frauenrollen oder spezifische Männerrollen. Außerdem, was teilweise thematisiert war ist, in der Personalentwicklungsfrage im Beamtenbereich, das ist angesprochen und thematisiert worden, aber Entscheidungsstrukturen so zu ändern, wo die einen sagen, ja, das ist schon lange passiert und die anderen sagen, nee es ist genau gleich geblieben, ja da müssen die sich da den Kopf drüber heiß reden oder ja da kann ich dann, wenn man mich nach meiner persönlichen Meinung fragt, kann ich dazu sagen, ja wenn sich hier jetzt dieser Mitarbeiterin psychische Belastungen [damit befasst, NP] und dieses nicht in der Karriere eines A14- oder A13-Beamten vorgesehen, dann geht das wieder gegen die Frauen.*
>
> *Interviewerin: „Also du sagtest gerade, das geht dann wieder gegen die Frauen, wenn du das/"*
>
> *Berater: „Ja das sind Strukturen in der allgemeinen Beamtinnenbeurteilung und Traditionen, Frauen machen Softskills, es sei denn, die Ausnahmen, sie sind promovierte oder abgeschlossene Naturwissenschaftlerinnen, die dort ihre Kernkompetenz haben, dann können sie, dann sind sie in der Beurteilung zur, also zur hierarchischen Aufstieg dieser ja technischen Berater, ja dann sind sie gleichberechtigt. Wenn sie aber [nicht in einem traditionell technischem Feld einen Ingenieurtitel erworben haben, NP] (...) und sind dann noch jahrelang für Sozialberatung, Frauenschutz, Jugendschutz, also*

Mutterschutz, Jugendschutz, Frauenarbeitsplätze zuständig und bekommen dann jetzt als weiteres Element psychische Belastungen als Themenfeld, was in der Karrierebeschreibung auf höherer Ebene gar nicht vorkommt, dann sind sie damit auch Aufstiegsmöglichkeiten verbaut und dann hat sich, wie die Kollegin mit Recht sagt, da nichts geändert. Ob sie damals Jugend- und Mutterschutz machte oder macht heute psychische Belastung, ihrer Karriere ist beides nicht förderlich. Und für die Spezialausbildung, die sie brauchte, ob Gefahrstoffrecht oder was weiß ich, Strahlenschutz oder neues Wasserrecht, was sie als neue Aufgaben haben, ja da hat sie die Vorqualifikation gar nicht, oder den Entwicklungsprozess seit ihrer Ausbildung. Und da sind dann Züge abgefahren. Also das sind so Kriterien, die da mit reinspielen und dann darf man nicht nur dieses Teilsystem oder Minisystem im Amt sehen sondern muss die Systeme darüber mitbetrachten und das als Gesamtsystem, ja was heißt denn dann Gender, also Gleichberechtigung in dem Sinne, da kommt Rollenzuweisung und Themenstellung und sind die gleichgewichtig in der Aufstiegsbeurteilung?"

Dieses Thema der geschlechterstereotypen Zuweisung neuer Themenfelder und dessen negative Folgen für die Karrieremöglichkeiten von Frauen kommt allerdings in den Gesundheitszirkeln des Außendienstes nicht zum Tragen. Es ist zu vermuten, dass die starke Unterrepräsentanz von Frauen im Außendienst es schwer für die vereinzelten Frauen macht, ihre Themen in einer durch Männer dominierten Arbeitsumgebung einzubringen und diese als gleichwertige Belastungen zu verhandeln.

An diesem Beispiel werden auch die Grenzfälle beteiligungsorientierter Verfahren sichtbar. Für eine einzelne Frau ist es schwer möglich, Diskriminierung in einem Gesundheitszirkel zu thematisieren, in dem sonst nur Männer sitzen.

In dieser Fallstudie wird als einziger explizit das Thema der mittelbaren Diskriminierung angesprochen und als Belastung thematisiert - ohne dass dies jedoch gelang, dies zu bearbeiten.

8.4. STEUERUNG UND PARTIZIPATION

Durch die Interviews und den Verlauf dieses Projektes zieht sich das Thema - oder besser der Konflikt - was unter Gesundheits*management* zu verstehen ist. Die unterschiedliche Interpretation bricht vor allem am Thema Transparenz und Entscheidungen immer wieder auf. Im Laufe des Projektes wird die Behörde mit Teilen einer anderen Behörde fusioniert und es kommt zu der grundsätzlichen Entscheidung, ob und wie Gesundheitsmanagement weitergeführt werden kann. Der Kristallisationspunkt ist in dieser Auseinandersetzung die Frage, wie die Steuerungsgruppe besetzt werden soll.

Aus Sicht der Leitung ist die Steuerungsgruppe zu groß und bindet für ein so kleines
Amt zu viele Ressourcen.

> *Amtsleitung: „Dann haben wir, ach ja, dann haben wir die Sache gehabt,
> dass der, dies Projekt von der Zusammensetzung der Lenkungsgruppe im
> Anfangsstadium sehr groß aufgesetzt haben, also eine sehr große
> Lenkungsgruppe gewählt haben. Das ist deswegen auch gewesen, weil wir
> in den Gesundheitskreisen die Führungskräfte nicht drin haben wollten
> und die mussten ja nun auch irgendwo in den Prozess eingebunden wer-
> den. Deswegen hat man die mit in die Lenkungsgruppe genommen. Da-
> durch war die Lenkungsgruppe denn sehr groß geworden und mir und
> auch jetzt dem Dr. Wehner war nachher dran gelegen, dass wir auf Dauer
> eine Lenkungsgruppe haben, wo etwa eine Hand voll Leute drinne sind. Es
> gab dann mal so ein bisschen ja Schwierigkeiten mit dem Personalrat in
> der Diskussion, warum, wieso, weshalb, aber die Einigung ist jetzt eigent-
> lich erfolgt, dass die Lenkungsgruppe jetzt auf fünf Mann zusammenge-
> schmolzen wird. Das wird also ab der nächsten Sitzung denn auch sein,
> das haben dann auch erreicht. Was habe ich denn noch. Es gibt noch viele
> Sachen, die ich bestimmt jetzt vergessen hab."*

Aus Sicht der Personalvertretung läuft der Konflikt explizit entlang der Frage, ob Führungskräfte in der Steuerungsgruppe sind und gesundheitsrelevante Aspekte auch in
die allgemeinen Managemententscheidungen mit einfließen (eher Berater), oder ob
sich die *Führung* aus dem Gesundheitsmanagement rauszieht. Damit wäre der
Lenkungskreis weder mit Entscheidungskompetenzen ausgestattet noch stünde Raum
für Verständigungs- und Aushandlungsprozesse zur Verfügung. Die Beteiligten be-
fürchteten, Gesundheitsmanagement auf gesundheitsbezogene Verhaltensangebote
reduziert werden sollte, weshalb dann auch keine Beteiligung seitens der Führung im
Steuerkreis erforderlich wäre.

> *Berater: „Wobei eben (...) Gesundheitsförderung nicht das Gleiche ist, wie
> Gesundheitsmanagement. Zwar da mit gleichen Begriffen geschrieben
> werden [in der §81er Vereinbarung zum Gesundheitsmanagement, NP],
> und das ist auch in den Betriebsvereinbarungen, die der Betriebsrat, der
> Personalrat abgeschlossen hat, da gehen auch die Begriffe Gesundheits-
> management und Gesundheitsförderung querbeet durcheinander. Und
> den haben sie aber abgeschrieben aus der 81er-Vereinbarung. Auch da ist
> es nicht eindeutig. (...) Gesundheitsförderung kann ja auch der Salattag als
> eine Maßnahme und das Turnen da, oder Entspannungsübung sein, das ist
> aber nicht zielgerichtet. Und dieser zielgerichtete Aspekt auf Belastung zu
> reagieren, als Managementstrategie mit Ziel, wir erfassen die Belastung o-
> der Ressourcen so, und um die Ressourcen zu verstärken und so und die
> anderen Sachen, entwickeln wir die und die Interventionsschritte und*

> *Maßnahmen. Und dass dann Management ist und das zu überprüfen [...]. Denn wie der Salattag wirkt, hab ich keine Möglichkeit (...) Da streiten sie sich jetzt noch drum, was ist denn Gesundheitsförderung und was ist Management? Und jetzt sagt der Personalrat, Management, dann wollen wir das, das und das. Die Zielabstimmung und das muss insgesamt managementintegriert sein und nicht so'n Nebenbereich. Hier planen wir neue Turnübungen, wozu dann die Lenkungsgruppe oder die Steuergruppe ja vielleicht kommen würde. Und das sehe ich genau als das Problem. Und das zieht sich durch den Prozess. (...) also wenn man's noch mal machen würde, die Ziele, also die Managementstruktur festgeklopft, also fester gezogen, klare Aussage dazu [unv]. Es wäre allerdings fraglich gewesen, ob dann das Projekt stattgefunden hätte. Weil das ist dann die Machtfrage und die stellt sich jetzt."*

Es wird deutlich, dass die Führung tendenziell eher an betrieblicher Gesundheitsförderung interessiert zu sein scheint und die Gestaltung der Arbeitsbedingungen nur bedingt beteiligungsorientiert zulässt, nämlich nur insofern es aus Sicht der Leitung nicht in ihre Entscheidungshoheit interveniert, sondern lediglich Prozessabläufe optimiert, was die Leitung als positiv benennt.

> *Berater: „Da sind genau Entscheidung über Entscheidungsprozesse. Wer hat die Macht? Und das war von Anfang an nicht sauber in der Tüte, oder klar, vielleicht auch unter den verschiedenen Vorstellungen der Gesundheitsförderung und Gesundheitsmanagement ist Salat und Turnen und nicht in Machtstrukturen einzugreifen. Und Beteiligungsorientierung, wir alle dürfen am Sport mitmachen und alle dürfen Salat essen, aber bitte nicht an Entscheidungsprozessen. Und da sind Konflikte, ja die liegen jetzt offen."*

> *Interviewerin: „Wir haben's immer mal wieder gestritten. Entscheidungen im Projekt. Was waren aus deiner Sicht wichtige Entscheidungen im Laufe des Projektes?"*

> *Berater: „Entscheidungen, ja. Expertengespräche mit als Grundlage, also als Information einzuführen, war das eine und die Entscheidung darüber, was man da thematisieren durfte. Also dass es eben auch um Führung und Kommunikationsprozesse ging. Dann die Entscheidung in der Lenkungsgruppe für eben den Innendienst eine Mehrheitsentscheidung, dass man Jour Fixe für die Abteilungen macht und dass die vorbereitet und nachbereitet werden müssen. Das war eine wichtige Entscheidung. Entscheidungen die eben kontraproduktiv waren, waren die Entscheidungen wer im Schreibpool, wer koordiniert das. Was nicht mit den Beteiligten abgesprochen war. Und das ist vorm Ende losgegangen. Und das war eine einsame Entscheidung. Also einsame Führungsentscheidung. Das schätze ich so ein.*

Weitere Entscheidung, den Prozess weiterzuführen. Die stehen jetzt an, also es soll jetzt im fortlaufenden Jahr darum gehen, die Kontinuität zu sichern und da gibt es sehr, sehr unterschiedliche Vorstellung. Von der Amtsleitung oder von einer Person der Amtsleitung gegenüber den Personalrat. [...] Das sind genau Entscheidung über Entscheidungsprozesse. Wer hat die Macht? Und das war von Anfang an nicht sauber in der Tüte [...]"

Was aus Leitungsperspektive als Ressourcenthema dargestellt wird, ist aus Sicht des Personalrates/der Anderen eine Frage der Integration gesundheitsrelevanter Aspekte in die Steuerung der Prozesse im Haus, also der Management-/Leitungsprozesse und -entscheidungen.

Neben dem Konflikt, was Inhalt der Auseinandersetzung um gesundheitsförderliche Arbeitsbedingungen sein darf, werden auch Anforderungen an die Steuerung des Prozesses formuliert und es wird beschrieben, was Management (im Sinne der Steuerung) eigentlich ausmacht - und was in diesem Projekt noch umkämpft ist:

Steuerung setzt voraus, dass Ziele auch benannt sind und man sich auch auf diese geeinigt hat. Sie sind die Grundlage für die Entscheidungen über die Gestaltung der (Steuerungs-) Prozesse. Das grundlegende analytische Schema von Analyse der Ausgangssituation, Bestimmung der operationalisierten Ziele, Entwicklung von Maßnahmen und Erhebung der Wirksamkeit wurde für Gesundheitsförderungsmaßnahmen nicht durchgehalten. Die Interviewpassagen zu den einzelnen Themen, die vor allem im Gesundheitszirkel im Innendienst erarbeitet wurden, zeigen, dass auch diese nicht systematisch evaluiert wurden. Der Konflikt über Grundsätzliches in der Lenkungsgruppe hat vermutlich viele andere Aspekte überlagert und zu einer Untersteuerung des Projektes beigetragen - und Übersteuerung im Sinne nicht partizipativer Entscheidungen seitens der Führung.

Partizipation als elementare (wichtigste) Grundlage/Prinzip des Gesundheitsmanagements wird in diesem Projekt nicht durchgehalten. Nach der Darstellung von Belastungen aus den Arbeitskreisen in der Steuerungsgruppe ist es in mehreren Fällen die Steuerungsgruppe, die die Lösungsvorschläge erarbeitet oder konkretisiert, dies führt zum Teil zu Akzeptanzproblemen seitens der Beschäftigten. Darüber hinaus zieht diese Verwischung der Zuständigkeiten für die Entwicklung von Lösungen auch eine Unklarheit in der Steuerung nach sich. Dadurch, dass die Leitung immer wieder die Entwicklung der Lösungsvorschläge an sich zieht und letztlich Vorgaben macht, kommt es weder zu einer Vergemeinschaftung der Problemwahrnehmung und Aushandlung von Lösungsmöglichkeiten noch zu einer konstruktiven Steuerung durch das Projektgremium. Die einzelnen Akteure bleiben zum großen Teil VertreterInnen ihres Arbeitsbereiches oder ihrer Tätigkeit (als Führungskraft und Außendienstler oder als Verwaltungskraft). Dies führt zu einer individuellen und subjektiven Einschätzung der Verbesserungen.

Zentraler Konflikt im Projekt war die Frage, wer wie weitreichend in Entscheidungsprozesse der Organisation und letztlich der Organisationsleitung einbezogen wird.

> Berater: „Das sind Entscheidungen über Entscheidungsprozesse. Wer hat die Macht? ... Gesundheitsmanagement ist Salat und Turnen und nicht in Machtstrukturen einzugreifen. Und Beteiligungsorientierung, wir alle dürfen am Sport mitmachen und alle dürfen Salat essen, aber bitte nicht an Entscheidungsprozessen."

8.5. FAZIT

Diese Fallstudie unterscheidet sich von den ersten Fallstudien vor allem dadurch, dass hier überwiegend Männer in einem männlich konnotiertem Berufsfeld (Ingenieure) arbeiten und Frauen nur vereinzelt als Ingenieurinnen oder Naturwissenschaftlerinnen arbeiten und sich sonst überwiegend in der Verwaltung (Innendienst) auf unteren hierarchischen Ebene wiederfinden, die zudem zuarbeitende, unterstützende Tätigkeiten ausführen.

Die Konflikte, die beispielsweise in der Zusammenarbeit mit dem Außendienst geäußert wurden, und die zunehmende Verschlechterung der Arbeit im Schreibdienst (hin zu einfach, eintöniger und wenig anspruchsvoller Arbeit) werden von den Betroffenen nicht mit Gleichstellungsthemen in Verbindung gebracht.

Demgegenüber verfügen sowohl der Berater als auch ein Mitglied der Steuerungsgruppe über explizites akademisches Gender-Wissen, z. B. über das Konzept mittelbarer Diskriminierung. Dieses Wissen kommt jedoch nicht als handlungsleitendes zum Tragen.

Insgesamt ist das Projekt dadurch gekennzeichnet, dass der partizipative Prozess immer wieder in Frage gestellt wird. Brennpunkt der Auseinandersetzung ist die Reichweite der Beteiligung - sollen Betroffene systematisch in Analyse- und Entscheidungsprozesse eingebunden werden oder nicht? Daran knüpft sich auch die Frage an, an welches Verständnis von Gesundheitsmanagement angeknüpft wird. Die Leitung favorisiert einen Ansatz, der sich auf Angebote zur Gesundheitsförderung begrenzt, sie ist nur begrenzt offen für beteiligungsorientierte Verfahren, die sie akzeptiert, sofern sie die Qualität von Arbeitsprozessen verbessern und nicht in die eigene Entscheidungsgewalt eingreifen bzw. diese einschränken. Unter diesen Bedingungen können, ähnlich wie im Bereich der Serviceeinheiten des Gerichts, die Belange der Frauen im Innendienst kaum bearbeitet werden. Ansätze, die Arbeit qualitativ anzureichern scheitern auch an den Interessen der Außendienstler, die dafür ihre eigenen Routinen hätten anpassen müssen.

9. Schlussbetrachtung

Fehlende Systematik zur Umsetzung Gender Mainstreaming

Im theoretischen Teil der Arbeit (Kapitel zwei bis vier) sind die wesentlichen Erkenntnisse und theoretischen Zusammenhänge zum Themenkomplex Arbeit, Gesundheit und Geschlecht herausgearbeitet worden. Dabei ist ein Überblick zum Stand der Forschung zur Anwendung von Gender Mainstreaming in der betrieblichen Gesundheitsförderung gegeben worden. Als zentrale Ansatzpunkte zur Umsetzung von Gender Mainstreaming in der betrieblichen Gesundheitsförderung wurde herausgearbeitet, dass insbesondere geschlechtsbezogene Verzerrungen (*gender bias*) zu vermeiden sind. Das Wesen der jeweils ausgeführten Tätigkeit ist zu erfassen und in der Analyse und Maßnahmenentwicklung angemessen zu berücksichtigen. Die Verteilung von Risiken und Ressourcen für die Gesundheit von Frauen und Männern wird maßgeblich durch die bestehende geschlechtstypisierende Arbeitsteilung in Beruf *und* Familie beeinflusst. Gesundheits- und gleichstellungsförderliche Maßnahmen müssen diesen Zusammenhang berücksichtigen. Dem entsprechend wurden im dritten Kapitel ein Überblick über gesellschaftliche Strukturzusammenhänge gegeben und Diskriminierungsmechanismen erörtert. Darauf aufbauend wurde im vierten Kapitel ein Modell zur Integration von Gender Mainstreaming in die betriebliche Gesundheitsförderung als Organisationsentwicklungsprozess entwickelt. Dieses skizziert ein Interventionsmodell auf der *betrieblichen* Ebene. Maßgeblich für eine geschlechtergerechte betriebliche Gesundheitsförderung ist die Bearbeitung von Belastungs- und Ressourcenkonstellationen in Beruf und Familie.

Das in Kapitel vier entwickelte Modell bildete den theoretischen Hintergrund für den empirischen Teil der Arbeit. Im empirischen Teil der vorliegenden Arbeit wurde untersucht, welches Verständnis von Gender Mainstreaming bei Akteuren der betrieblichen Gesundheitsförderung vorherrschte und wie Gender Mainstreaming umgesetzt wurde. Hierzu wurden drei Fallstudien (Krankenhaus, Gerichtsbarkeit und Aufsichtsbehörde) durchgeführt, die Projekte zur Einführung von Gesundheitsmanagement im Öffentlichen Dienst rekonstruierten. Dabei war von besonderem Interessen, welche Konstellationen Belastungen und Ressourcen in Beruf und Familie in den Blick gerieten und welche methodischen Vorgehensweisen geeignet waren, gleichstellungsrelevante Handlungsfelder wahrnehmbar zu machen und zu bearbeiten. Welche gleichstellungsrelevanten Themen – z. B. Entgeltgleichheit oder Vereinbarkeit von Beruf und Familie – konnten thematisiert und bearbeitet werden? Welche Rolle spielte dabei ein beteiligungsorientiertes Vorgehen für eine gelingende Bearbeitung der Belastungs- und Ressourcenkonstellationen sowie für weitere gleichstellungsrelevante Handlungsfelder?

Um diese Fragen beantworten zu können, wurden Akteure aus den steuernden Projektgremien interviewt sowie Projektanträge und Projektdokumentationen analysiert. Die Ergebnisse der Auswertungen, die in den Kapiteln sechs bis acht ausführlich dargestellt wurden, zeigen, dass Gender Mainstreaming in der betrieblichen Gesundheitsförderung bisher nicht *systematisch* umgesetzt wurde:

In den untersuchten Projekten ist kaum/wenig spezifisches Fachwissen zu Gender Mainstreaming (und den damit verbundenen Erkenntnissen der Geschlechterforschung) zu erkennen. Eine geplante und systematisch durchgeführte Aneignung einschlägiger Literatur und vorliegender Erkenntnisse der Geschlechterforschung, wie es Leitfäden zu Gender Mainstreaming empfehlen, ist nicht erfolgt. Dem entspricht, dass es den Akteuren nicht gelang, auf Gleichstellung bezogene Ziele für die betriebliche Gesundheitsförderung zu formulieren.

Reflektiertes Geschlechterwissen über die soziale Konstruktion von Geschlecht oder Mechanismen der Benachteiligung von Frauen lag bei der Mehrzahl der Akteure nicht vor oder wurde nicht mit Gender Mainstreaming und betrieblicher Gesundheitsförderung in Verbindung gebracht. Wurden die Akteure nach Aspekten von oder dem Umgang mit Gender Mainstreaming oder Ansatzpunkten dazu befragt, rekurrierten sie auf ein differenzorientiertes Wissen, das nach Unterschieden zwischen Frauen und Männern fragt und Anleihen bei stereotypen Geschlechtervorstellungen nimmt. Dadurch gerieten den Akteuren strukturelle Zusammenhänge aus dem Blick. So wurde beispielsweise das Scheitern eines Workshops auf „die Psyche der Frau" zurückgeführt, anstatt zu reflektieren, welche Bedingungen dafür verantwortlich sein könnten, dass die betroffenen Frauen eine Weiterarbeit im Gesundheitszirkel nicht für sinnvoll hielten. Gleichzeitig wissen die Akteure von strukturell vermittelter Ungleichheiten zwischen gesellschaftlich unterschiedenen Gruppen (hierarchische Stellung einzelner Beschäftigtengruppen in der Organisation, Entlohnung, Arbeitsteilung und Arbeitsmarktsegregation). Dieses Wissen findet jedoch keinen Eingang in die Reflexion von Gender Mainstreaming. Diskriminierung, Entgeltgleichheit oder Chancengleichheit sind *keine* Themen, die die Interviewten, bis auf zwei Personen, mit Gender Mainstreaming in Verbindung bringen. Zwei der interviewten Berater und ein Personalratsmitglied stellen zwar einen Zusammenhang zwischen Arbeitsmarktsegregation – z. B. Verhältnis zwischen angelernten Kräften und Fachpersonal – her und leiten daraus ab, dass besondere Belastungen mit Tätigkeiten auf unteren Hierarchieebenen verbunden sind und dass „die Schwachen" unterstützt werden müssen. Dies sei jedoch explizit kein Thema des Geschlechtes.

Vereinbarkeit von Beruf und Familie sowie sexuelle Belästigung sind anerkannte, typische Belastungen *von Frauen*, die legitimerweise bearbeitet werden dürfen. Eine „Gleichstellungsverträglichkeitspüfung" fand jedoch nicht statt. Auswirkungen der

Maßnahmen auf die Gleichstellung der Geschlechter wurden weder erkannt noch reflektiert. Die Überschneidungen der Maßnahmen mit gleichstellungsrelevanten Handlungsfeldern in der Organisation blieben unerkannt.

Einzelne AkteurInnen verfügten über reflektiertes Geschlechterwissen, das jedoch kaum handlungsrelevant wurde. Dort, wo beteiligungsorientierte Prozesse durchgehalten wurden, konnten typische Belastungskonstellationen bearbeitet werden (z. B. Belästigung, Vereinbarkeit Beruf und Familie). Es wurde versucht, qualifikatorische Aspekte aufzugreifen. Gleichzeitig wurde deutlich, dass es an einem Konzept zur Umsetzung von Gender Mainstreaming – in Form von Zieldefinitionen und Übersetzung in ein Vorgehensmodell – fehlte.

Bedeutung partizipativer Prozesse

Gemessen an dem Kriterium „gelungene Bearbeitung von Belastungs- und Ressourcenkonstellationen in Beruf und Familie" waren das beteiligungsorientierte Vorgehen und die Auswertung von Befragungsergebnissen nach Arbeitsbereichen (zum Teil identisch mit einer Auswertung nach Geschlecht) entscheidend dafür, Handlungsbedarfe zu identifizieren, von denen Frauen oder Männer typischerweise betroffen sind. So wurden sowohl tätigkeitsspezifische, positionsspezifische als auch konstellationsspezifische Belastungen identifiziert.

- Typische Konstellationen, die sich aus Prozessen der Herstellung und Unterscheidung von Weiblichkeit und Männlichkeit ergeben, wie Geschlechtsrollenkonflikte, wurden vorwiegend für Männer thematisiert, wenn bei diesen eine Statusinkonsistenz vorlag.

- Abwertung und mangelnde Wertschätzung waren auch im Schreibdienst ein Thema, wurden aber seitens der Frauen nicht mit Geschlecht in Verbindung gebracht. Aus Sicht der Beteiligten wurde keine Statusinkonsistenz zwischen Geschlecht (der Frauen) und der Stellung in der Organisation wahrgenommen.

- Vereinbarkeit von Beruf und Familie wurde in einem Projekt mit den weitreichendsten Folgen bearbeitet. Das Thema wurde seitens der betroffenen Frauen als Gerechtigkeitskonflikt unter Frauen zur Sprache gebracht - nicht als ein Aspekt der Gleichstellung der Geschlechter. In diesem Projekt wurden arbeitsorganisatorische Abläufe so verändert, dass *strukturell* erzeugte Konflikte zwischen den Frauen aufgrund mangelnder Vereinbarkeitsmöglichkeiten reduziert werden konnten.

- Vereinbarkeit von Beruf und Familie ist als Aspekt von Gender Mainstreaming von den Mitgliedern in den Steuerungsgremien benannt worden. Diese Thema ist als legitimes Thema im Diskurs der Betriebe/Organisationen angekommen, wenngleich die Qualität der Umsetzung oder Realisierung einer besseren Vereinbarkeit von Beruf und Familie ebenfalls maßgeblich von der Beteiligung der Betroffenen abhängt. Dort, wo das Thema nicht in Beteiligungsgruppen, sondern im Steuerungsgremium bearbeitet wurde, sind z. B. Eltern-Kind-Zimmmer eingerichtet worden, die jedoch nicht genutzt wurden. Dort wo die Frauen ihre Probleme selbst artikulieren konnten, stießen die entwickelten Maßnahmen auf mehr Akzeptanz. Hierin liegt eine der Stärken des beteiligungsorientierten Prozesses der gesundheitsförderlichen Organisationsentwicklung.

Dort, wo es gelungen ist, Gesundheitszirkel (Workshops) durchzuführen, konnten Belastungen aus Sicht der Betroffenen konkretisiert und in ihrem Kontext analysiert werden. Damit rückten die Situationen, in denen die Belastungen auftreten, in den Fokus anstelle der oftmals üblichen Zuschreibungen an einzelne Personen oder Gruppen. Hierin liegt eine Chance, durch die gemeinsame Reflexion der Arbeitsbedingungen stereotype Zuschreibungen zu vermeiden.

In den Fällen hingegen, in denen der beteiligungsorientierte Prozess nicht durchgehalten werden konnte, gab es kaum Verbesserungen der Arbeitsbedingungen aus Sicht der Betroffenen. In den Fällen, in denen die Leitung der Organisation die Beteiligungsorientierung nicht absichern konnte, konnten weder die Frauen in den Serviceeinheiten, der Pflege oder im Schreibdienst noch die Männer im Wachdienst ihre Interessen gegenüber hierarchisch höher stehenden Gruppen durchsetzen. In der dritten Fallstudie (Aufsichtsbehörde) trat die Konstellation „mangelnde Beteiligungsorientierung" bei „vorhandenem reflektierten Geschlechterwissen" besonders deutlich zu Tage. Der Berater und ein weiteres Mitglied der Steuerungsgruppe hatten versucht, systematisch gleichstellungsrelevante Aspekte in die betriebliche Gesundheitsförderung einzubringen. Hier lag z. B. explizites Wissen über mittelbare Diskriminierung und Entgeltgleichheit vor. Dieses Wissen wurde auch in die Steuerungsgruppe vorgetragen. Aufgrund der fehlenden Akzeptanz für beteiligungsorientierte Verfahren und ggf. aufgrund eines mangelnden Know-hows, wie Arbeitsbewertungsverfahren und Beurteilungsverfahren zu analysieren sind, durften und konnten diese Aspekte jedoch nicht bearbeitet werden. Das vorhandene Wissen ist im Prozess nicht handlungsleitend wirksam geworden.

Ein beteiligungsorientiertes Vorgehen eignet sich demnach dafür, geschlechtstypische Konstellationen von Belastungen und Ressourcen in Beruf und Familie sichtbar werden zu lassen und sie konstruktiv zu bearbeiten. Innerhalb von beteiligungsorientierten Prozessen können Frauen und Männer ihre eigenen Interessen artikulieren und wirksamere Ansätze zur Verbesserung ihrer Situation entwickeln. Sie tragen dazu bei, eine kontextbezogene Analyse zu fördern und fokussieren auf die Situation – Zuschreibungen an einzelne Personen oder Gruppen treten in den Hintergrund (Dekonstruktion). Abweichungen vom „Modell der gesundheitsförderlichen Organisationsentwicklung" hingegen führen zu keiner bzw. nur zu einer fragmentarischen Bearbeitung von Belastungs- und Ressourcenkonstellationen.

Grenzen in der Umsetzung von Gender Mainstreaming im beteiligungsorientierten Verfahren des Gesundheitsmanagements

Belästigung wegen des Geschlechts und sexuelle Belästigung sind nach dem Allgemeinen Gleichbehandlungsgesetz Formen einer verbotener Diskriminierung. Sie stellen häufig eine extreme Belastung für die Betroffenen dar. Doch gerade die Belastungen durch sexuelle Belästigung laufen Gefahr, im Rahmen des betrieblichen Gesundheitsmanagements „übersehen" zu werden, da es den Betroffnen (in aller Regel Frauen) schwer fällt, Übergriffe öffentlich zu machen. Erschwert wird die systematische Erfassung im Rahmen der üblichen Verfahren des Arbeitsschutzes und der Gesundheitsförderung zudem dann, wenn Frauen vereinzelt betroffen sind. Durch die üblicherweise eingesetzten Screeninginstrumente ist nicht auszuschließen, dass Einzelfälle – sofern überhaupt direkt nach sexueller Belästigung gefragt wird – nicht auffallen, da in der Regel Mittelwerte als Vergleichsmaßstab und Indikator für Handlungsbedarfe angesehen werden. Einzelfälle – sei es durch die geringe Anzahl der auftretenden Belästigungen insgesamt oder durch die vereinzelte Postion von Frauen in von Männern dominierten Bereichen – gehen in den auf Gruppen orientierten Verfahren leicht unter. Sexuelle Belästigung als eine Belastung, von der überwiegend Frauen betroffen sind, gerät so in Gefahr, systematisch übersehen zu werden.

An den Beispielen zum Thema Qualifikation und Aufstieg für Frauen ist deutlich geworden, dass in der gesundheitsförderlichen Organisationsentwicklung nur solche gleichstellungsrelevanten Handlungsfelder thematisiert werden, die als gesundheitliche oder soziale Belastung empfunden werden. Formen der mittelbaren Diskriminierung wie die Unterbewertung von typischerweise von Frauen verrichteten Tätigkeiten kommen durch den Fokus auf Belastungen bzw. gesundheitsbezogene Ressourcen nicht „automatisch" zur Sprache oder werden nicht als diskriminierend erkannt. Unterbewertung von typischerweise von Frauen ausgeübter Tätigkeiten, Rekrutierungspraktiken etc. könnten und müssten wirkungsvoller im Rahmen des Personalmanagements und der Personalentwicklung bearbeitet werden bzw. auf der Ebene des Managements. Damit ist eine weitere Grenze der betrieblichen Gesundheitsförderung als Organisationsentwicklung angesprochen: Das Konzept setzt den ernsthaften Willen der Sozialpartner im Betrieb/der Organisation voraus, Gesundheit fördern/schützen zu wollen. Zudem erschweren Prozesse der Vermarktlichung (hier der „Quasi-Vermarktlichung" im öffentlichen Dienst durch Einführung neuer Steuerungsinstrumente und Sparzwänge) es auf organisationaler Ebene Arbeitsbedingungen zu verbessern – und gleichstellungspolitische Ziele zu verfolgen. Permanente Umstrukturierungen, Personalabbau und damit verbundene Arbeitsverdichtung sowie Lohnkostensenkungen erschweren eine geplante Steuerung von Veränderungsprozessen sowie einen Ausgleich bestehender Lohndiskriminierungen. Die tendenzielle Subjektivierung als Teil einer neuen Steuerung birgt zudem das Risiko einer Verschärfung des strukturellen Konflikts zwischen Beruf und Familie.

Zur Bedeutung eines beteiligungsorientierten Vorgehensmodells zur Gestaltung gleichstellungsorientierter Veränderungsprozesse

AkteurInnen, die sich für die Gleichstellung der Geschlechter einsetzen, sind mit dem Problem konfrontiert, dass die Benachteiligung von Frauen subtiler geworden ist, sie ist in Strukturen und Prozesse eingelagert. Für Beteiligte sind Formen insbesondere mittelbarer Diskriminierung kaum wahrnehmbar und auch nicht bekannt. Seitens betrieblicher Akteure – abgesehen von den Frauen- und Gleichstellungsbeauftragten – besteht meist kein Handlungsbedarf. Gleichstellung scheint längst erreicht. Hinzu kommt, dass die Beziehung zwischen organisationaler Praxis und vorherrschendem (Geschlechter-) Wissen rekursiv ist: Das vorherrschende Wissen erklärt und legitimiert zugleich die organisationale Praxis. Die Studien zu Geschlechterwissen und Geschlechterkulturen haben gezeigt, dass das jeweils vorherrschende Geschlechterwissen Voraussetzung und Grenze betrieblicher Gleichstellungsstrategien darstellt.

Gleichstellungsorientierte Veränderungsprozesse in Organisationen müssten demnach sowohl die Veränderung des Deutungsrahmens (Wissen) als auch die Analyse und Neugestaltung der betrieblichen Praxis (Einstellungen, Handlungen, Strukturen und Prozesse) umfassen. Ein solcher Veränderungsprozess erfordert die Entwicklung eines Vorgehensmodells, welches die zentralen Erkenntnisse über die Reproduktion der Benachteiligung von Frauen zu einem handlungsleitenden Fokus verdichtet und einen partiziaptiven Aushandlungsprozess (und die dafür erforderlichen Strukturen) schafft, indem sowohl die organisationalen Praktiken als auch deren Deutungen und Bewertungen erfahrbar und einer Analyse zugänglich gemacht und neu verhandelt werden können.

Am Beispiel der betriebliche Gesundheitsförderung lässt sich zeigen, dass das Thema Gesundheit gesellschaftlich hoch im Kurs steht und sich mit Interessen der Arbeitgeber/des Managements verknüpfen (z. B. demographischer Wandel) lässt. Dies ermöglicht eine legitime Bearbeitung des Themas Gesundheit im Betrieb. Die starke Verdichtung der Ziele in den untersuchten Fallbeispielen auf zwei Aspekte, „Belastungen reduzieren" und „Ressourcen stärken", wirkte unterstützend für die Beteiligten in den

Projekten und erschwerte eine einseitige Delegation der Verantwortung für die eigene Gesundheit an die Einzelnen.

Die Untersuchung hat deutlich gemacht, dass ein beteiligungsorientiertes Vorgehen bei der Erhebung von Belastungen und Ressourcen in der betrieblichen Gesundheitsförderung eine große Bandbreite von Belastungskonstellationen von Frauen und Männern sichtbar zu machen vermag. Hierfür ist die klare Fokussierung des Konzepts der betrieblichen Gesundheitsförderung auf den „Abbau von Belastungen" und die „Stärkung von Ressourcen" als handlungsleitende Orientierung nützlich gewesen ebenso wie für die Entwicklung von Lösungen. Der definierte beteiligungsorientierte Prozess unterstützte eine angemessene Bearbeitung der Konstellationen von Belastungen und Ressourcen in Beruf und Familie. Aber: andere gleichstellungsrelevante Aspekte wurden nicht erkannt. Für eine vergleichbare Fokussierung, die es den Beteiligten ermöglichen würde, diskriminierende oder benachteiligende Praktiken und deren Effekte zu erkennen, fehlen bislang Kategorien, die in ähnlicher Weise handlungsanleitende Wirkung entfalten könnten. Der „frame" *Belastungen reduzieren* und *Ressourcen stärken* scheint zu eng, er bedarf der expliziten Erweiterung z. B. um finanzielle Ressourcen und Anerkennung. Analog zum Modell der gesundheitsförderlichen Organisationsentwicklung ließe sich eine geschlechtergerechte Organisationsentwicklung konzipieren, die Anerkennung und Verteilung (Fraser, 2004) als Fokus zur Gestaltung von gleichstellungsorientierten Veränderungsprozessen zugrunde legt. Das Thema Gerechtigkeit (weder Verteilungsgerechtigkeit noch Geschlechtergerechtigkeit) erzeugt jedoch derzeit kaum Legitimationsdruck. Neben dem analytischen Fokus bedarf es einer Verknüpfung mit anderen im Betrieb als virulent angesehenen Themen.

In der weiteren Forschung wäre zu untersuchen, mit welchen Kategorien in der betrieblichen Gesundheitsförderung gearbeitet werden kann, um insbesondere mittelbare Diskriminierung, die häufig nicht direkt als Belastung wahrgenommen wird, erfahrbar zu machen. Die in den beschriebenen Gleichstellungskonzepten angebotenen Kategorien, mit denen u.a. im Gender Mainstreaming gearbeitet wird, reichen nicht aus um die Gendering-Prozesse in Organisationen einer erfahrungsbasierten Analyse zugänglich zu machen.

Die Forschung könnte in einem ersten Schritt untersuchen, mit welchen Semantiken, Methoden und Formen der Beziehungsgestaltung in Beratungs- und Organisationsentwicklungsprozessen für die Beteiligten der Zugang zu den Erfahrungen und Themen von Belastungen und (mittelbaren) Diskriminierungen auf der einen und gesundheitsförderlichen Ressourcen und Gleichstellung auf der anderen Seite erschlossen werden kann. Diskriminierungsprozesse auf diese Weise der Reflexion zugänglich zu machen, wäre für die betriebliche Gesundheitsförderung, aber auch für die Gleichstellung insgesamt, ein erheblicher Fortschritt.

Gleichwohl bleibt anzumerken, dass die Aufgabe der Gleichstellung der Geschlechter sich auf der betrieblichen Ebene allein nicht lösen lässt. In die politische Neugestaltung des Verhältnisses zwischen Staat und Wirtschaft sind Erkenntnisse der Geschlechterforschung keineswegs mit dem Ziel der Gleichstellung der Geschlechter eingeflossen. Vielmehr wurden zentrale Punkte feministischer Kritik im Zuge einer „diskursiven Enteignung" (Müller 2000) selektiv in das Legitimationsgefüge des neoliberalen Umbaus der Gesellschaft integriert und instrumentalisiert (Fraser 2009). Die bestehende Dominanz individualisierender Deutungsmuster (Wagner 2008) erschwert es, strukturell bedingte Ungleichheiten wahrzunehmen und zu adressieren. Gleichzeitig sind es *marktvermittelte* Prozesse, die eine Benachteiligung von Frauen reproduzieren (Fraser 2009). Der neoliberale Umbau der Gesellschaft verschärft bei bestehender Arbeitsteilung zwischen den Geschlechtern deren ökonomische Ungleichheit. Als politische Strategie bleibt Gender Mainstreaming weit hinter den Erwartungen zurück.

10. Abkürzungsverzeichnis

ABAKABA	Analytische Bewertung von Arbeitsplätzen nach Katz und Baitsch
Abs.	Absatz
AGG	Allgemeines Gleichbehandlungsgesetz
ArbSchG	Arbeitsschutzgesetz
BAT	Bundesangestelltentarifvertrag
BAuA	Bundesanstalt für Arbeitsschutz und Arbeitsmedizin
BetrVG	Betriebsverfassungsgesetz
BGF	Betriebliche Gesundheitsförderung
BGM	Betriebliches Gesundheitsmanagement
BZgA	Bundeszentrale für gesundheitliche Aufklärung
DIN EN ISO	Deutsche, Europäische und Internationale Norm
EU	Europäische Union
Hrsg.	Herausgeber
IAB	Institut für Arbeitsmarkt- und Berufsforschung
INQA	Initiative neue Qualität der Arbeit
IT	Informationstechnologie
NPersVG	Niedersächsisches Personalvertretungsgesetz
ÖGB	Österreichischer Gewerkschaftsbund
OSHA	Occupational Safety & Health Administration (Europäische Agentur für Sicherheit und Gesundheit am Arbeitsplatz)
PKW	Personenkraftwagen
SGB I-IX	Sozialgesetzbuch I bis IX
vgl.	vergleiche
WHO	World Health Organization (Weltgesundheitsorganisation)
z. B.	zum Beispiel

11. Literaturverzeichnis

Abel, Thomas (2006): Cultural Capital in Health Promotion. In: McQueen, David V.; Kickbusch, Ilona (Hrsg./2006), Health and Modernity: The Role of Theory in Health Promotion. New York, 43-73

Acker, Joan (1991): Hierarchies, Jobs, Bodies: A Theory of Gendered Organizations. In: Lorber, Judith; Farell, Susan A. (Hrsg.): The Social Construction of Gender. London/New Delhi, 162-179

Acker, Joan (2006): Gender and Organizations. In: Saltzman Chafetz, Janet (Hrsg.): Handbook of the Sociology of Gender. Boston, 177-194

Ahrens, Petra; Lewalter, Sandra (2005): Auf der Suche nach guten Beispielen - Auswahl und Qualitätskriterien für gute Beispiele im Rahmen von Gender Mainstreaming. In: Behning, Ute; Sauer, Birgit (Hrsg.): Was bewirkt Gender Mainstreaming? Evaluierung durch Policy-Analysen. Frankfurt a.M./New York, 25-44

Andresen, Sünne (2002): Gender Mainstreaming: eine Strategie zum geschlechtergerechten Umbau von Organisationen? In: Nohr, Barbara; Veth, Silke (Hrsg.): Gender Mainstreaming. Kritische Reflexionen einer neuen Strategie. Berlin, 39-47

Andresen, Sünne; Dölling, Irene (2005): Umbau des Geschlechter-Wissens von ReformakteurInnen durch Gender Mainstreaming? In: Behning, Ute; Sauer, Birgit (Hrsg./2005): Was bewirkt Gender Mainstreaming? Evaluierung durch Policy-Analysen. Frankfurt a.M./New York, 171-188

Andresen, Sünne; Dölling, Irene; Kimmerle, Christoph (2003): Verwaltungsmodernisierung als soziale Praxis-Geschlechter-Wissen und Organisationsverständnis von Reformakteuren. Opladen

Antonovsky, Aaron (1997): Salutotgenese. Zur Entmystifizierung der Gesundheit. Tübingen, erstmals erschienen 1987

Aulenbacher, Brigitte (2005 a): Rationalisierung und Geschlecht in soziologischen Gegenwartsanalysen. Wiesbaden

Aulenbacher, Brigitte (2005 b): Geschlecht als Strukturkategorie: Über den inneren Zusammenhang von modernen Gesellschaften und Geschlechterverhältnis. In: Wilz, Sylvia Marlene (Hrsg.): Geschlechterdifferenzen, Geschlechterdifferenzierungen - Ein Überblick über gesellschaftliche Entwicklungen und theoretische Positionen. Hagen, 139-166

Aulenbacher, Brigitte; Bereswill, Mechthild; Löw, Martina; Meuser, Michael; Mordt, Gabriele; Schäfer, Reinhild; Scholz, Sylka (Hrsg./2006): FrauenMännerGeschlechterforschung. State of the Art. Münster

Babitsch, Birgit (2006): Die Kategorie Geschlecht: Implikationen für den Zusammenhang zwischen sozialer Ungleichheit und Gesundheit. In: Richter, Matthias; Hurrelmann, Klaus (Hrsg.): Gesundheitliche Ungleichheit. Grundlagen, Probleme, Perspektiven. Wiesbaden, 271-287

Badura, Bernhard; Hehlmann, Thomas (2003): Betriebliche Gesundheitspolitik. Der Weg zur gesunden Organisation. Berlin/Heidelberg/New York

Badura, Bernhard; Schröder, Helmut; Klose, Joachim; Macco, Katrin (Hrsg./2010): Fehlzeiten-Report 2010 - Vielfalt managen: Gesundheit fördern - Potenziale nutzen. Berlin/Heidelberg

Badura, Bernhard; Schröder, Helmut; Vetter, Christian (Hrsg./2008): Fehlzeiten-Report 2007, - Arbeit, Geschlecht und Gesundheit - Geschlechteraspekte im betrieblichen Gesundheitsmanagement. Berlin

Baitsch, Christof; Katz, Christian (1996): Lohngleichheit für die Praxis. Zwei Instrumente zur geschlechtsunabhängigen Arbeitsbewertung (ABAKABA). Zürich

Bamberg, E; Ducki, A.; Metz, A. M. (Hrsg./2011): Gesundheitsförderung und Gesundheitsmanagement in der Arbeitswelt. Ein Handbuch. Göttingen

Becker-Schmidt, Regina (1993): Geschlechterdifferenz - Geschlechterverhältnis: soziale Dimensionen des Begriffs „Geschlecht". In: Zeitschrift für Frauenforschung, 11. Jg., Heft 1 und 2, 37-46

Becker-Schmidt, Regina (1998): Trennung, Verknüpfung, Vermittlung: zum feministischen Umgang mit Dichotomien. In: Knapp, Gudrun-Axeli (Hrsg.): Kurskorrekturen. Feminismus zwischen Kritischer Theorie und Postmoderne. Frankfurt a.M./New York, 84-125

Becker-Schmidt, Regina (2002): Arbeitsverhältnisse - Geschlechterverhältnisse. Aspekte eines gesellschaftlichen Zusammenhangs. Hannover, CD-ROM

Becker-Schmidt, Regina (2004): Doppelte Vergesellschaftung von Frauen: Divergenzen und Brückenschläge zwischen Privat- und Erwerbsleben. In: Becker, Ruth; Kortendiek, Beate (Hrsg.): Handbuch der Frauen- und Geschlechterforschung. Theorie, Methoden, Empirie. Wiesbaden, 62-71

Becker-Schmidt, Regina (2007 a): Geschlechter und Arbeitsverhältnis in Bewegung. In: Aulenbacher, Brigitte; Funder, Maria; Jacobsen, Heike; Völker, Susanne (Hrsg.):

Arbeit und Gesellschaft im Umbruch der modernen Gesellschaft. Forschung im Dialog. Wiesbaden, 250-268

Becker-Schmidt, Regina (2007 b): Sozialkritische und subjekttheoretische Überlegungen zum System der Zweigeschlechtlichkeit und seiner gesellschaftlichen Organisation. In: Österreichische Zeitschrift für Volkskunde, Jg. 2007, Bd. 110, 175-207

Becker-Schmidt, Regina; Knapp, Gudrun-Axeli (2000): Feministische Theorien zur Einführung. Hamburg

Becker, Karina; Brinkmann, Ulrich; Engel, Thomas; Satzer, Rolf (2011): Handbuch Gesundheit & Beteiligung: Neue Instrumente für den Gesundheitsschutz in Betrieben & Behörden. Hamburg

Becker, Karina; Engel, Thomas; Lehmann, Diana (2009): Aktivierung zur Beteiligung im betrieblichen Arbeits- und Gesundheitsschutz. In: WSI Monatszeitschrift des Wirtschafts- und Sozialwissenschaftlichen Instituts in der Hans-Böckler-Stiftung, Mitteilungen 10/2009, 560-566

Becker, Ruth; Kortendiek, Beate (Hrsg./2004): Handbuch der Frauen- und Geschlechterforschung. Theorie, Methoden, Empirie. Wiesbaden

Beer, Ursula (1990): Geschlecht, Struktur, Geschichte: soziale Konstituierung des Geschlechterverhältnisses. Frankfurt a.M.

Behning, Ute; Sauer, Birgit (Hrsg./2005): Was bewirkt Gender Mainstreaming? Evaluierung durch Policy-Analysen. Frankfurt a.M./New York

Behrens, Martin; Kädtler, Jürgen (2008): Betriebliche Restrukturierung und Partizipation. Wie viel Teilhabe erlauben unterschiedliche Rationalisierungsansätze? In: Industrielle Beziehungen, Jg. 15, Heft 1, 76-100

Berger, Peter L.; Luckmann, Thomas (1992): Die gesellschaftliche Konstruktion der Wirklichkeit. Eine Theorie der Wissenssoziologie. Frankfurt a.M.

Bertelsmann Stiftung und Hans-Böckler-Stiftung (Hrsg./2002): Expertenkommission Betriebliche Gesundheitspolitik: Zwischenbericht. Gütersloh/Düsseldorf, 22.11.2002

Blossfeld, Hans-Peter; Schulz, Florian (2006): Wie verändert sich die häusliche Arbeitsteilung im Eheverlauf? Eine Längsschnittstudie der ersten 14 Ehejahre in Westdeutschland. In: Kölner Zeitschrift für Soziologie und Sozialpsychologie, Heft 58, 23-49

Bond, Meg A.; Punnett, Laura; Pyle, Jean L.; Cazuca, Diane; Cooperman, Manuela (2004): Gendered Work conditions, health, and work outcomes. In: Journal of Occupational Health Psychology, Jahrgang 9 (1), 28-45

Bothfeld, Silke; Klammer, Ute; Klenner, Christina; Leiber, Simone; Thiel, Anke; Ziegler, Astrid (2005): WSI FrauenDatenReport. Handbuch zur wirtschaftlichen und sozialen Situation von Frauen. Berlin

Brandenburg, Stephan; Endl, Hans-L.; Glänzer, Edeltraud; Meyer, Petra; Mönig-Raane, Margret (Hrsg./2009): Arbeit und Gesundheit: geschlechtergerecht?! Präventive betriebliche Gesundheitspolitik aus der Perspektive von Männern und Frauen. Hamburg

Brandenburg, Uwe; Nieder, Peter; Susen, Britta (Hrsg./2000): Gesundheitsmanagement im Unternehmen: Grundlagen, Konzepte und Evaluation. Weinheim/München

Brunsson, Nils (2006): The Organization of Hypocrisy. Talk, Decisions an Actions in Organizations. 2nd edition. Abingdon

Büntgen, Maria (2010): Projekt Betriebliche Gesundheitsförderung für Männer und Frauen am Beispiel "Stress". Düsseldorf

Bundesamt für Gesundheit (2006): Arbeitsbericht Gesundheitskompetenz. Sektion Neue Themen. veröffentlicht unter:
http://www.bag.admin.ch/themen/gesundheitspolitik/00388/02873/index.html?lang=de, Abruf am 08.01.2012

Chusmir, Leonard H.; Koberg, Christine S. (1986): Development and Validation of the Sex Role Conflict Scale. In: The Journal of Applied Behavioral Science, Jahrgang 22 (4), 397-409

Chusmir, Leonard H.; Koberg; Christine S. (1991): Sex role conflict in sex-atypical jobs: A study of female-male differences. In: Journal of organizational behavior, Jahrgang 12, 461-465

Doblhofer, Doris; Küng Zita (2008): Gender Mainstreaming. Gleochstellungsmanagement als Erfolgsfaktor - das Praxisbuch. Heidelberg

Cockburn, Cynthia (1988): Die Herrschaftsmaschine: Geschlechterverhältnis und technisches Know-how. Berlin

Cockburn, Cynthia (1991): In the way of women. Men's resitance to sex equality in organizations. Houndsmills

Conze, Werner (Hrsg./1976): Sozialgeschichte der Familie in der Neuzeit Europas. Stuttgart

Cordes, Mechthild (2004): Gleichstellungspolitiken: Von der Frauenförderung zum Gender Mainstreaming. In: Becker, Ruth; Kortendiek, Beate (Hrsg.): Handbuch der Frauen- und Geschlechterforschung. Theorien, Methoden, Empirie. Wiesbaden, 712-720

Deutscher Bundestag (2002): Bericht der Bundesregierung zur Berufs- und Einkommenssituation von Frauen und Männern. Drucksache 14/8952, 14. Wahlperiode

Deutscher Bundestag (2009): Unterrichtung durch die Bundesregierung - Bericht der Bundesregierung über den Stand von Sicherheit und Gesundheit bei der Arbeit und über das unfall- und Berufskrankheitengeschehen in der Bundesrepublik Deutschland im Jahr 2008. Berlin

Die Luxemburger Deklaration zur betrieblichen Gesundheitsförderung in der Europäischen Union, Verabschiedet 1997, aktuelle Fassung vom Januar 2007, veröffentlicht unter: http://www.luxemburger-deklaration.de/, Abruf am 06.01.2012

DIN EN ISO 10075 ›Ergonomische Grundlagen bezüglich psychischer Arbeitsbelastung‹ in Psychische Belastung und Beanspruchung im Berufsleben BAUA

Dölling, Irene (2007): 'Geschlechter-Wissen' - ein nützlicher Begriff für die ‚verstehende' Analyse von Vergeschlechtlichungsprozessen? In: Gildemeister, Regine; Wetterer, Angelika (Hrsg.): Erosion der Reproduktion geschlechtlicher Differenzierungen? Widersprüchliche Entwicklungen in professionalisierten Berufsfeldern und Organisationen. Münster, 9-31

Dörre, Klaus (2007): Prekarisierung und Geschlecht. Ein Versuch über unsichere Beschäftigung und männliche Herrschaft in nachfordistischen Arbeitsgesellschaften. In: Aulenbacher, Brigitte; Funder, Maria; Jacobsen, Heike; Völker, Susanne (Hrsg.): Arbeit und Geschlecht im Umbruch der modernen Gesellschaft. Forschung im Dialog. Wiesbaden, 285-302

Ducki, Antje (2000 a): Belastungen und Ressourcen der Frauenerwerbsarbeit. In: Niedersächsisches Ministerium für Frauen, Arbeit und Soziales (Hrsg.): Frauen, Arbeit und Gesundheit. 10. Tagung des Netzwerkes Frauen/Mädchen und Gesundheit Niedersachsen am 3. November 1999 in Hannover. Hannover, 8-12

Ducki, Antje (2000 b): Diagnose gesundheitsförderlicher Arbeit. Eine Gesamtstrategie zur betrieblichen Gesundheitsanalyse. Zürich

Ducki, Antje; Maschewsky-Schneider, Ulrike (2003): Germany: Women, health and work - Main findings of the first federal report on women's health. In: Vogel, Laurent (Hrsg): The gender workplace health gap in Europe. Brüssel, 213-222

Eckes, Thomas (1997): Geschlechterstereotype. Frau und Mann in sozialpsychologischer Sicht. Pfaffenweiler

Eckes, Thomas (2004): Geschlechterstereotype: Von Rollen, Identitäten und Vorurteilen. In: Becker, Ruth; Kortendiek, Beate (Hrsg.): Handbuch der Frauen- und Geschlechterforschung. Theorie, Methoden, Empirie. Wiesbaden, 165-176

Elke, Gabriele; Zimolong, Bernhard (2000): Ganzheitlicher Ansatz des Gesundheitsmanagements. In: Brandenburg, Uwe; Nieder, Peter; Susen, Britta (Hrsg.): Gesundheitsmanagement im Unternehmen. Grundlagen, Konzepte und Evaluation. Weinheim/München, 111-130

Erlinghagen, Marcel (2004): Die Restrukturierung des Arbeitsmarktes. Arbeitsmarktmobilität und Beschäftigungsstabilität im Zeitverlauf. Wiesbaden

Europäische Agentur für Sicherheit und Gesundheitsschutz am Arbeitsplatz (OASHA) (2003): FACTS 42 - Geschlechtsspezifische Fragen im Zusammenhang mit Sicherheit und Gesundheitsschutz bei der Arbeit. Belgien

Europäische Agentur für Sicherheit und Gesundheitsschutz am Arbeitsplatz (OSHA) (2006): Geschlechterspezifische Aspekte der Sicherheit und des Gesundheitsschutzes bei der Arbeit. Eine zusammenfassende Darstellung. Luxemburg

Europäisches Netzwerk für betriebliche Gesundheitsförderung (1997): Luxemburger Deklaration zur betrieblichen Gesundheitsförderung in der Europäischen Union. Luxemburg

European Foundation for Improvement of Living and Working Conditions (2002): Gender, jobs and working conditions in the European Union. Ireland

Faller, Gudrun (2010 a): Mehr als nur Begriffe: Prävention, Gesundheitsförderung und Gesundheitsmanagement im betrieblichen Kontext. In: Faller, Gudrun (Hrsg.): Lehrbuch Betriebliche Gesundheitsförderung. Bern, 23-33

Faller, Gudrun (Hrsg./2010 b): Lehrbuch Betriebliche Gesundheitsförderung. Bern

Fischer, Joachim; Hüther, Gerhard (2008): Biologische Grundlagen der Genderdifferenz. In: Badura, Bernhard; Schröder, Helmut; Vetter, Christian (Hrsg.): Fehlzeiten-Report 2007 - Arbeit, Geschlecht und Gesundheit - Geschlechteraspekte im betrieblichen Gesundheitsmanagement. Berlin, 21-33

Fiske, Susan T; Cuddy, Amy J C; Glick, Peter and Xu, Jun (2002): A model of (often mixed) stereotype content: Competence and warmth respectively follow from perceived status and competition. In: Journal of Personality and Social Psychology, vol. 82 (6), 878-902

Fletcher, Joyce K.; Meyerson, Debra E. (2000): A Modest Manifesto for Shattering the Glass Ceiling. In: Harvard Business Review, January-Fabruary, 127-136

Flick, Uwe; Kardorff von, Ernst; Steinke, Ines (Hrsg./2005): Qualitative Forschung. Ein Handbuch. 4. Auflage, Hamburg

Fokuhl, Inga (2009): Alle gleich? - Ansatzpunkte für einen geschlechtersensiblen Arbeits- und Gesundheitsschutz in Gesundheitsdienst und Wohlfahrtspflege. In: Brandenburg, Stephan; Endl, Hans-L.; Glänzer, Edeltraud; Meyer, Petra; Mönig-Raane, Margret (Hrsg.): Arbeit und Gesundheit: geschlechtergerecht?! Präventive betriebliche Gesundheitspolitik aus der Perspektive von Männern und Frauen. Hamburg, 42-55

Fraser, Nancy (2004): Feministische Politik im Zeitalter der Anerkennung: Ein zweidimensionaler Ansatz für Geschlechtergerechtigkeit. In: Beerhorst, J. et al. (Hrsg.): Kritische Theorie im gesellschaftlichen Wandel. Frankfurt am Main, 453-474

Fraser, Nancy (2009): Feminism, Capitalism an the Cunning of History. In: New Left Review, 56 Mar/Apr, 97-117

Freimuth, Joachim, Barth, Thomas (2011): 30 Jahre Organisationsentwicklung. Theorie und Praxis vs. Theorie oder Praxis? In: Organisationsentwicklung. Zeitschrift für Unternehmensentwicklung und Change Management. 30. Jg., Heft 4/2011, 4-13

Fritz, Sigrun (2008): Wie lassen sich Effekte betrieblicher Gesundheitsförderung in Euro abschätzen? - Ergebnisse von Längsschnittuntersuchungen in drei Unternehmen. In: Badura, Bernhard; Schellschmidt, Henner; Vetter, Christian (Hrsg.): Fehlzeiten-Report 2008. Betriebliches Gesundheitsmanagement: Kosten und Nutzen. Zahlen, Daten, Analysen aus allen Branchen der Wirtschaft. Berlin, 111-120

Gehring, Petra; Klinger, Cornelia; Knapp, Gudrun-Axeli; Singer, Mona (Hrsg./2003): Denkverhältnisse. Ansätze und Strategien feministischer Erkenntniskritik. Hannover, CD-ROM

Gildemeister, Regine (2004): Doing Gender. Soziale Praktiken der Geschlechterunterscheidungen. In: Becker, Ruth; Kortendiek, Beate (Hrsg.): Handbuch der Frauen- und Geschlechterforschung. Theorie, Methoden, Empirie. Wiesbaden, 132-140

Gildemeister, Regine; Wetterer, Angelika (1992): Wie Geschlechter gemacht werden. Die soziale Konstruktion der Zweigeschlechtlichkeit und ihre Reifizierung in der Frauenforschung. In: Knapp, Gudrun-Axeli; Wetterer, Angelika (Hrsg.): Traditionen Brüche. Entwicklungen feministischer Theorie. Freiburg i.B., 2. Auflage, 201-250

Gildemeister, Regine; Wetterer, Angelika (Hrsg./2007): Erosion der Reproduktion geschlechtlicher Differenzierungen? Widersprüchliche Entwicklungen in professionalisierten Berufsfeldern und Organisationen. Münster

Goffman, Erving (1994): Interaktion und Geschlecht. Frankfurt a.M.

Goldmann, Monika; Mütherich, Birgit; Stackelbeck, Martina; Tech, Daniel (Hrsg./2003): Projektdokumentation Gender Mainstreaming und Demographischer Wandel. Dortmund

Gottschall, Karin (1995): Geschlechterverhältnis und Arbeitsmarktsegregation. In Becker-Schmidt, Regina; Knapp, Gudrun-Axeli (Hrsg.): Das Geschlechterverhältnis als Gegenstand der Sozialwissenschaften. Frankfurt a.M./New York, 125 - 162

Grossmann, Ralph; Scala, Klaus (1994): Gesundheit durch Projekte fördern. Ein Konzept zur Gesundheitsförderung durch Organisationsentwicklung und Projektmanagement. Weinheim/München

Gukenbiehl, Hermann L. (1995): Soziales Handeln. In: Schäfers, Bernhard (Hrsg.): Grundbegriffe der Soziologie. Opladen

Hausen, Karin (1976): Die Polarisierung der „Geschlechtscharaktere". Eine Spiegelung der Dissoziation von Erwerbs- und Familienleben. In: Conze, Werner (Hrsg.): Sozialgeschichte der Familie in der Neuzeit Europas. Stuttgart, 363-393

Heinzt, Bettina; Nadai, Eva; Ummel, Hannes (1997): Ungleich unter Gleichen. Studien zur geschlechtsspezifischen Segregation des Arbeitsmarktes. Frankfurt a.M.

Hinz, Thomas; Gartner, Hermann (2005): Lohnunterschiede zwischen Frauen und Männern in Branchen, Berufen und Betrieben, IAB DiscussionPaper 4/20005

Hirschauer, Stefan (1994): Die soziale Fortpflanzung der Zweigeschlechtlichkeit. In: Kölner Zeitschrift für Sozialpsychologie, 4/94, 668-691

Hofbauer, Johanna (2006): Konkurrentinnen außer Konkurrenz? Zugangsbarrieren für Frauen im Management aus der Perspektive des Bordieu'schen Distinktions- und Habituskonzepts. In: Österreichische Zeitschrift für Soziologie. Volume 13, Nr. 4, 23-44

Holtgrewe, Ursula (1989): Schreib-Dienst: Frauenarbeit im Büro. Eine Studie. Marburg

Hradil, Stefan (2005): Soziale Ungleichheit in Deutschland. 8. Auflage. Wiesbaden

Jegher, Stella (2003): Gender Mainstreaming. Ein umstrittenes Konzept aus feministischer Perspektive. In: Widerspruch. Beiträge zu sozialistischer Politik. Heft 44, 1. Halbjahr 2003, 5-18

Kaba-Schönstein, Lotte (2004): Gesundheitsförderung I: Definition, Ziele, Prinzipien, Handlungsfelder und -strategien. In: Bundeszentrale für gesundheitliche Aufklärung (BZgA) (Hrsg.): Leitbegriffe der Gesundheitsförderung. Glossar zu Konzepten, Strategien und Methoden in der Gesundheitsförderung. Veröffentlicht unter: http://www.leitbegriffe.bzga.de/?uid=6111d5c3d871bff8b461c778699e76ea&id=angebote&idx=30, Abruf am 05.04.2011

Kanter, Rosabeth M. (1977): Men and Women of the Corporation. New York

Klinger, Cornelia (2003): Exklusionen: Exkursion in einen dunklen Kontinent. Geschlecht in der Geschichte der Wissenschaft. Eine historisch-systematische Rekonstruktion der Verhältnisse von Wissenschaft, Gesellschaft und Geschlecht. In: Gehring, Petra; Klinger, Cornelia; Knapp; Gudrun-Axeli; Singer, Mona (Hrsg.): Denkverhältnisse. Ansätze und Strategien feministischer Erkenntniskritik. Hannover, Kapitel 2, CD-ROM

Knapp, Gudrun-Axeli (Hrsg./1998): Kurskorrekturen. Feminismus zwischen Kritischer Theorie und Postmoderne. Frankfurt a.M./New York

Knapp, Gudrun-Axeli; Gransee, Carmen (2003): Experiment bei Gegenwind. Der erste Frauenstudiengang in einer Männerdomäne. Ein Forschungsbericht. Opladen

Knapp, Gudrun-Axeli (2008): Gleichheit, Differenz, Dekonstruktion: Vom Nutzen theoretischer Ansätze der Frauen- und Geschlechterforschung. In: Krell, Gertraude (Hrsg.): Chancengleichheit durch Personalpolitik. Gleichstellung von Frauen und Männern in Unternehmen und Verwaltungen. Rechtliche Regelungen - Problemanalysen - Lösungen, 5. Auflage. Wiesbaden, 163-172

Knapp, Gudrun-Axeli (2009): Geschlechterungleichheiten im Betrieb und in der Gesellschaft. Veröffentlicht unter: http://www.boeckler.de/pdf/v_2009_01_10_knapp.pdf , Abruf am 05.01.2012

Knapp, Gudrun-Axeli; Wetterer, Angelika (Hrsg./1995): Traditionen Brüche. Entwicklungen feministischer Theorie. Freiburg i.B., 2. Auflage

Koberg, Christine S.; Chusmir, Leonard H. (1989): Relationship Between Sex Role Conflict and Work-Related Variables: Gender and Hirarchical Differences. In: The Journal of Social Psychology, Heft1 29 (6), 779-791

Kocyba, Hermann; Voswinkel, Stephan (2005): Entgrenzung der Arbeit. Von der Entpersönlichung zum permanenten Selbstmanagement. In: WestEnd. Neue Zeitschrift für Sozialforschung, 2.Jg., Heft 2, 73-83

Köper, Birgit; Siefer, Anke; Beermann, Beate (2010): Geschlechtsspezifische Differenzierung von BGF-Konzepten. In: Badura, Bernhard; Schröder, Helmut; Klose, Joachim; Macco, Katrin (Hrsg.): Fehlzeiten-Report 2010 - Vielfalt managen: Gesundheit fördern - Potenziale nutzen. Berlin/Heidelberg, 215-223

Kolip, Petra (2008): Geschlechtergerechte Gesundheitsförderung und Prävention In: Bundesgesundheitsblatt - Gesundheitsforschung - Gesundheitsschutz, Jahrgang 51, Nr. 1, 28-35

Kolip, Petra; Altgeld, Thomas (Hrsg./2009): Geschlechtergerechte Gesundheitsförderung und Prävention. Weinheim/München

Kratzer, Nick; Sauer, Dieter; Hacket, Anne; Trinks, Katrin (2003): Flexibilisierung und Subjektivierung von Arbeit - Zwischenbericht zur „Berichterstattung zur sozioökonomischen Entwicklung der Bundesrepublik Deutschland: Arbeit und Lebensweisen". München. Veröffentlicht unter: http://www.isf-muenchen.de/pdf/TFFlexSubj_ZwiB03.pdf, Abruf am 08.01.2012

Krell, Gertraude (Hrsg) (2004): Chancengleichheit durch Personalpolitik. Gleichstellung von Frauen und Männern in Unternehmen und Verwaltungen. Rechtliche Regelungen - Problemanalysen - Lösungen. 4., vollständig überarbeitete und erw. Auflage. Wiesbaden

Krell, Gertraude (2008): Einleitung: Chancengleichheit durch Personalpolitik, Gleichstelungscontrolling und Geschlechterverständnis als Rahmen. In: Krell, Gertraude (Hrsg): Chancengleichheit durch Personalpolitik. Gleichstellung von Frauen und Männern in Unternehmen und Verwaltungen. Rechtliche Regelungen - Problemanalysen - Lösungen. 5., vollständig überarbeitete und erw. Auflage. Wiesbaden. S. 263-298

Krell, Gertraude (Hrsg) (2008): Chancengleichheit durch Personalpolitik. Gleichstellung von Frauen und Männern in Unternehmen und Verwaltungen. Rechtliche Regelungen - Problemanalysen - Lösungen. 5., vollständig überarbeitete und erw. Auflage. Wiesbaden

Krell, Gertraude; Carl, Hilla; Krehnke, Anna (2001): Aufwertung von Frauentätigkeit. Diskriminierungsfreie Bewertung von (Dienstleistungs-) Arbeit. Ein Projekt im Auftrag der Gewerkschaft Öffentliche Dienste, Transport und Verkehr. Stuttgart

Krell, Gertraude; Winter, Regine (2008): Anforderungsabhängige Entgeltdifferenzierung: Orientierungshilfen auf dem Weg zu einer diskriminierungsfreieren Arbeitsbewertung. In: Krell, Gertraude (Hrsg.): Chancengleichheit durch Personalpolitik. Gleichstellung von Frauen und Männern in Unternehmen und Verwaltungen. Rechtliche Regelungen - Problemanalysen - Lösungen. 5., vollständig überarbeitete und erw. Auflage. Wiesbaden, 263-282

Krüger, Helga (1995): Dominanz im Geschlechterverhältnis: Zur Institutionalisierung von Lebensläufen. In: Becker-Schmidt, Regine; Knapp, Gudrun-Axeli (Hrsg.): Das Geschlechterverhältnis als Gegenstand der Sozialwissenschaften. Frankfurt/Main, New York, 195-219

Krüger, Helga (2003): Wandel der Lebensläufe - Beharrung der Berufsbiographien - Wandel der Geschlechterarrangements. Und der Nachwuchs? Gestaltungsimperative und Interventions-Chancen der Politik. In: Goldmann, Monika; Mütherich, Birgit; Stackelbeck, Martina; Tech, Daniel (Hrsg./2003): Projektdokumentation Gender Mainstreaming und Demographischer Wandel. Dortmund, 94-105

Krüger, Helga; Levy, René (2007): Masterstatus, Familie und Geschlecht. Vergessene Verknüpfungslogiken zwischen Institutionen des Lebenslaufs. In: Berlin Journal für Soziologie, Jahrgang 10, Nr. 3, 379-401

Kühl, Stefan (2009): Rationalitätslücken als Ansatzpunkt einer soziologischen Beratung - Überlegungen zu einem „Quellcode" für einen sozialwissenschaftlichen Beratungsansatz. Veröffentlicht unter: http://www.arbeitskulturen.de/down/06kuehl_p.htm, Abruf am 20.08.2009

Kuhlmann, Ellen, Kolip, Petra (Hrsg./2005): Gender und Public Health. Grundlegende Orientierungen für Forschung, Praxis und Politik. Weinheim/München

Kuhn, Karl (2010): Der Betrieb als gesundheitsförderndes Setting: Historische Entwicklung der Gesundheitsförderung. In: Faller, Gudrun (Hrsg.): Lehrbuch Betriebliche Gesundheitsförderung. Bern, 15 - 22

Kuhn, Karl (2008): Geschlechtsspezifische arbeitsbedingte Gesundheitsgefahren und Erkrankungen. In: Badura/Schröder/Vetter (Hrsg.): Fehlzeiten-Report 2007, Schwerpunktthema: Arbeit, Geschlecht und Gesundheit - Geschlechteraspekte im betrieblichen Gesundheitsmanagement. Berlin, 83-96

Kutzner, Edelgard (2012): Arbeits- und Geschlechterpolitik im Betrieb - Betrachtungen zu Methoden handlungsorientierter Forschung. In: ulenbacher, Brigitte; Riegraf Birgit (Hrsg.): Erkenntnis und Methode. Geschlechterforschung in Zeiten des Umbruchs. 2. Auflage. Wiesbaden, 201-215

Langhoff, Thomas; Satzer, Rolf (2008): Aufarbeitung betrieblicher Erfahrungen zur Umsetzung der Gefährdungsbeurteilung bei psychischen Belastungen. Vortrag auf dem Workshop „Gefährdungsbeurteilung bei psychischen Belastungen" 22. 10. 2008, BAuA Berlin. Veröffentlicht unter: http://www.gefaehrdungsbeurteilung-forschung.de/langhoff081022.pdf, Abruf am 06.01.2012

Langhoff, Thomas; Satzer, Rolf (2010): Betriebliche Erfahrungen zur Umsetzung der Gefährdungsbeurteilung bei psychischen Belastungen. In: Gute Arbeit. Gesundheitsschutz und Arbeitsgestaltung, 03/2010, 13-16

Lehndorff, Steffen (2007): Stammland, Neuland, Niemandsland: Der gegenwärtige Umbruch in der Arbeitszeitpolitik. In: Peter, Gerd (Hrsg.): Grenzkonflikte der Arbeit. Hamburg, 79-94

Leithäuser, Thomas; Meyerhuber, Silke; Schottmayer, Michael (2009): Sozialpsychologisches Organisationsverstehen. Birgit Volmerg zum 60.Geburtstag. Wiesbaden

Lenhardt, Uwe (2010). Akteure der Betrieblichen Gesundheitsförderung: Interessenlagen - Handlungsbedingungen - Sichtweisen. In: Faller, Gudrun (Hrsg.): Lehrbuch Betriebliche Gesundheitsförderung. Bern, 112 -120

Liebig, Brigitte (2000): Organisationskultur und Geschlechtergleichstellung. Eine Typologie betrieblicher Geschlechterkulturen. In: Zeitschrift für Frauenforschung & Geschlechterstudien Heft 18, 47-66

Luhaorg, Helen; Zivian, Marilyn T. (1995): Gender Role Conflict: The Interaction of Gender, Gender Role and Occupation. In: Sex Roles, Jahrgang. 33. Nr. 9/10, 607-620

Lukoschat, Helga; Walther, Kathrin (2006): Karrierek(n)ick Kinder. Mütter in Führungspositionen - ein Gewinn für Unternehmen. Gütersloh

Jungwirth, Ingrid (2007): Zum Identitätsdiskurs in des Sozialwissenschaften. Eine postkolonial und queer informierte Kritik an George H. Mead, Erik H. Erikson und Erving Goffman. Bielefeld

Mayring, Philipp (1993): Qualitative Inhaltsanalyse. Grundlagen und Techniken. 4., erweiterte Auflage. Weinheim

Mayring, Philipp (1996): Einführung in die qualitative Sozialforschung. 3., überarbeitete Auflage. München

Meierjürgen, Rüdiger; Dalkmann, Susanne (2009): Gender Mainstreaming im Präventionsangebot einer Krankenkasse. In: Kolip, Petra; Altgeld, Thomas (Hrsg.): Geschlechtergerechte Gesundheitsförderung und Prävention. Weinheim/München, 245-257

Meyerson, Debra E.; Kolb, Deborah M. (2000): Moving Out of the Armchair: Developing a Framework to Bridge the Gap Between Feminist Theory and Practice. In: Organization 2000, Heft 7, 553-571

Meyerson, Debra; Ely, Robin J. (2008): Unmasking Manly Men. In: Harvard Business Review Heft 86, July-August

Meyerson, Debra; Fletcher, Joyce K. (2000): A Modest Manifesto For Shattering the Glass Ceiling. In: Harvard Business Review, January-February, 127-136

Müller, Ursula (2000): Asymmetrische Geschlechterkultur in Organisationen und Frauenförderung als Prozess - mit Beispielen aus Betrieben und Universität. In: Lenz, Ilse; Nickel, Hildegard Maria, Riegraf (Hrsg.) Geschlecht Arbeit Zukunft. Forum Frauenforschung Band 12. Münster, 126-149

Müller, Ursula (2010): Organisation und Geschlecht aus neoinstitutionalistischer Sicht. Betrachtungen am Beispiel von Entwicklungen in der Polizei. In: Feministische Studien, 28. Jg., 05/2010, Nr. 1, 40-55

Nieder, Peter (2006): Mitarbeiterbefragung und betriebliches Gesundheitsmanagement (BGM). In: Domsch, Michael; Ladwig, Désirée (Hrsg.): Handbuch Mitarbeiterbefragung. Berlin/Heidelberg, 327-341

Nieder, Peter (2010): Die Rolle der Vorgesetzten im Betrieblichen Gesundheitsmanagement. In: Faller, Gudrun (Hrsg./2010): Lehrbuch Betriebliche Gesundheitsförderung. Bern, 121-127

Niedersächsisches Innenministerium - Referat 13 (Nds. MI) (2002) Leitfaden zur Umsetzung von Gesundheitsmanagement in den Dienststellen des Landes Niedersachsen. Hannover

Nielbock, Sonja; Gümbel, Michael (2010): Gender/Stress. Geschlechterrollen und psychische Belastungen in der Arbeitswelt. Abschlussbericht (Januar 2010), unveröffentlichtes Manuskript

Parge, Martina (2004): Steuerung durch Verständigung: zur Bedeutung „kommunikativen Handelns" in neuen Arbeitsformen. Berlin

Pieck, Nadine (2008): Geschlechtergerechtes Gesundheitsmanagement im öffentlichen Dienst. In: Badura, Bernhard; Schröder, Helmut; Vetter, Christian (Hrsg.): Fehlzeiten-Report 2007 - Arbeit, Geschlecht und Gesundheit - Geschlechteraspekte im betrieblichen Gesundheitsmanagement. Berlin, 211-227

Pieck, Nadine (2009): Gender in Arbeit und Gesundheit - Betriebliches Gesundheitsmanagement als Organisationsentwicklung. In: Brandenburg, Stephan; Endl, Hans L.; Glänzer, Edeltraud; Meyer, Petra; Möning-Raane, Margret (Hrsg.): Arbeit und Gesundheit: geschlechtergerecht?! – Präventive betriebliche Gesundheitspolitik aus der Perspektive von Frauen und Männern. Hamburg, 102 - 124

Pieck, Nadine (2009): Gesundheitsmanagement in öffentlichen Verwaltungen geschlechtergerecht gestaltet. Praxisbeispiel aus Niedersachsen. In: Kolip, Petra; Altgeld, Thomas (Hrsg.): Geschlechtergerechte Gesundheitsförderung und Prävention. Weinheim/München, 219-231

Pieck, Nadine (2010). Prämissen der Betrieblichen Gesundheitsförderung - ein Überblick. In: Faller, Gudrun (Hrsg./2010): Lehrbuch Betriebliche Gesundheitsförderung. Bern, 105 - 111

Pieck, Nadine (2012): Betriebliches Gesundheitsmanagement fällt nicht vom Himmel. Handlungsanleitung zum Einstieg ins Betriebliche Gesundheitsmanagement. 2. überarbeitete Auflage. Düsseldorf

Reuhl, Barbara (2009): Manchmal mehr als >>kleine Unterschiede<< - Gefährdungen geschlechtergerecht beurteilen. In: Brandenburg, Stephan; Endl, Hans-L.; Glänzer, Edeltraud; Meyer, Petra; Mönig-Raane, Margret (Hrsg.): Arbeit und Gesundheit: geschlechtergerecht?! Präventive betriebliche Gesundheitspolitik aus der Perspektive von Männern und Frauen. Hamburg, 167-185

Richter, Matthias; Hurrelmann, Klaus (Hrsg./2006): Gesundheitliche Ungleichheit: Grundlagen, Probleme, Perspektiven. Wiesbaden

Ritter, Manuela; Elsigan, Gerhard; Kittel, Günther (2008): Projekt „Gender Mainstreaming in der betrieblichen Gesundheitsförderung." In: Badura, Bernhard; Schröder, Helmut; Vetter, Christian (Hrsg.): Fehlzeiten-Report 2007 - Arbeit, Geschlecht und Gesundheit - Geschlechteraspekte im betrieblichen Gesundheitsmanagement. Berlin, 193-210

Schauer, Gabriele; Pirolt, Elfriede (2001): Projekt Spagat - innovative Gesundheitsförderung berufstätiger Frauen: Erfahrungen, Ergebnisse und Reflexionen eines Gesundheitsförderungsprojektes. Von der Anstrengung der Frauen, Berufstätigkeit und private Verpflichtungen zu vereinbaren. Linz

Schauer, Gabriele; Pirolt, Elfriede (2005): Gender Mainstreaming in der betrieblichen Gesundheitsförderung. Leitfaden für eine geschlechtergerechte betriebliche Gesundheitsförderung. Ein Projekt von ppm forschung + beratung gefördert aus Mitteln des Fonds Gesundes Österreich Land OÖ und ÖGB OÖ, unveröffentlichtes Manuskript

Schiek, Dagmar (2008): Was Personalverantwortliche über das Verbot der mittelbaren Geschlechtsdiskriminierung wissen sollten. In: Krell, Gertraude (Hrsg.): Chancengleichheit durch Personalpolitik. Gleichstellung von Frauen und Männern in Unternehmen und Verwaltungen. Rechtliche Regelungen - Problemanalysen - Lösungen. 5., vollständig überarbeitete und erw. Auflage. Wiesbaden, 39-56

Schreyögg, Georg (1998): Organisation - Grundlagen moderner Organisationsgestaltung. Wiesbaden

Schulz, Florian; Blossfeld, Hans-Peter (2006): Wie verändert sich die häusliche Arbeitsteilung im Eheverlauf? Eine Längsschnittstudie der ersten 14 Ehejahre in Westdeutschland. In: Kölner Zeitschrift für Soziologie und Sozialpsychologie, Heft 58, 23-49

Senatsverwaltung für Inneres Zentrale Stelle Gesundheitsmanagement (2006): Geschlechtersensible Gestaltung des Betrieblichen Gesundheitsmanagement in der Berliner Verwaltung - Eine Handreichung. Berlin

Senghaas-Knobloch, Eva (2009): „Betriebliche Lebenswelt" revisited - Subjektivität in einer Ökonomie der Maßlosigkeit. In: Leithäuser, Thomas; Meyerhuber, Silke; Schottmayer, Michael (2009): Sozialpsychologisches Organisationsverstehen. Birgit Volmerg zum 60.Geburtstag. Wiesbaden, 117-138

Soiland, Tove (2009): Gender als Selbstmanagement. Zur Reprivatisierung des Geschlechts in der gegenwärtigen Gleichstellungspolitik. In: Andresen, Sünne; Koreuber, Mechthild; Lüdke, Dorothea (Hrsg./2009): Gender und Diversitiy: Albtraum oder Traumpaar? Interdisziplinärer Dialog zur "Modernisierung" von Geschlechter- und Gleichstellungspolitik. Wiesbaden, 35-51.

Stark, Wolfgang (2004 a): Partizipation / BürgerInnenbeteiligung. In: Bundeszentrale für gesundheitliche Aufklärung (BZgA) (Hrsg.): Leitbegriffe der Gesundheitsförderung. Glossar zu Konzepten, Strategien und Methoden in der Gesundheitsförderung. Veröffentllicht unter:
http://www.bzga.de/leitbegriffe/?uid=502c94a550b7af4f1f956fb3da433f2c&id=angebote&idx=61, Abruf am 04.01.2012

Stark, Wolfgang (2004 b): Empowerment. In: Bundeszentrale für gesundheitliche Aufklärung (BZgA) (Hrsg./2004): Leitbegriffe der Gesundheitsförderung. Glossar zu Konzepten, Strategien und Methoden in der Gesundheitsförderung. Veröffentlicht unter: http://www.bzga.de/leitbegriffe/?uid=b3085ddod4c9b498eecca2181125f7a4&id=angebote&idx=169, Abruf am 04.01.2012

Stefaniak, Anna; Tondorf, Karin; Kühnlein, Gertrud; Webster, Juliet; Ranftl, Edeltraud (2002): "Alles, was Recht ist". Entgeltgleichheit durch diskriminierungsfreiere Arbeitsbewertung in Deutschland, Großbritannien und Österreich. Ergebnisse eines Forschungsprojektes. München/Mehring

Stiegler, Barbara (2000): Wie Gender in den Mainstream kommt: Konzepte, Argumente und Praxisbeispiele zur EU-Strategie des Gender Mainstreaming. Bonn

Stiegler, Barbara (2002): Gender Macht Politik. 10 Fragen und Antworten zum Konzept Gender Mainstreaming. Bonn

Stiegler, Barbara (2005): Die Kontroversen um Gender Mainstreaming. In: Behning, Ute; Sauer, Birgit (Hrsg.): Was bewirkt Gender Mainstreaming= Evaluierung durch Policy-Analysen. Frankfurt a.M./New York, 29 - 44

Tondorf, Karin (2001): Gender Mainstreaming - verbindliches Leitprinzip für Politik und Verwaltung. In: WSI Mitteilungen. Heft 4, 271 - 277

Tondorf, Karin; Ranftl, Edeltraud (2002): Leitfaden zur Anwendung des Grundsatzes der Entgeltgleichheit für Männer und Frauen bei gleichwertiger Arbeit. Berlin

Treibel, Annette (2006): Einführung in soziologische Theorien der Gegenwart. 7., aktualisierte Auflage. Wiesbaden

Türk, Klaus (2000): Organisation als Institution der kapitalistischen Gesellschaftsformation. In: Ortmann, Günther; Sydow, Jörg; Türk, Klaus (Hrsg.): Theorie der Organisation. Die Rückkehr der Gesellschaft, 2., durchgesehene Auflage. Wiesbaden, 124-176

Ulmer, Jutta; Gröben, Ferdinand (2004): Ist betriebliche Gesundheitsförderung männlich? Werden geschlechtsspezifische arbeitsbedingte Gesundheitsgefahren adäquat beachtet? Zur Notwendigkeit einer geschlechtergerechten Gesundheitsförderung im Betrieb. Projektbüro GuG - Gesundheitsforschung und Gesundheitsförderung. Projektbericht. Frankfurt a.M.

Vogel, Laurent (2000): Swedish working conditions survey highlights windening equality gap. In: TUTB Newsletter. Nr. 4, 12

Vogel, Laurent (2003): The Gender Workplace Health Gap in Europe. Brüssel

Wagner, Gabriele (2007): Ein „neuer Geist des Kapitalismus"? In: Österreichische Zeitschrift für Soziologie, Nummer 32, Heft 3, 3-24

Wagner, Gabriele (2008): Vom Verstummen der Sozialkritik. In: Wagner, Gabriele; Hessinger, Philipp (Hrsg.): Ein neuer Geist des Kapitalismus? Paradoxien und Ambivalenzen der Netzwerkökonomie. Wiesbaden, 311-338

Walgenbach, Peter; Meyer, Renate (2008): Neoinstitutionalistische Organisationstheorie. Stuttgart

Wattendorff, Frank: The demographical factor as a chance for new occupational health and safety strategies and as a challenge for workers'compensation insurance, Vortrag, München 15. Juni 2007, 3rd International Workers' Compensation Symposium

Wattendorff, Frank (1999): „Qualifizierung der Selbstverwaltung der gesetzlichen Unfallversicherung zur Erfüllung des Präventionsauftrages". Sankt Augustin

West, Candace; Zimmerman, Don H. (1991): Doing gender. In: Lorber, Judith; Farell, Susan A. (Hrsg.): The Social Construction of Gender. Newbury Park/London/ New Dehli, 13-37

Wetterer, Angelika (2003): Rhetorische Modernisierung: Das Verschwinden der Ungleichheit aus dem zeitgenössischen Differenzwissen. In: Knapp, Gudrun-Axeli; Wetterer, Angelika (Hrsg.): Achsen der Differenz. Münster, 286-319

Wetterer, Angelika (Hrsg./2008): Geschlechterwissen und soziale Praxis : theoretische Zugänge - empirische Erträge. Königstein/Taunus

Wienemann, Elisabeth (2010): Salutogene Geschäftsprozessanalyse (Saluto-GPA). In: MeGA-Wandel. Gesundheitsförderung im demografischen Wandel. Leitfaden für Praktiker. Hrsg.: Hamburger Stadtentwässerung AöR. Hamburg, 31-43

Wienemann, Elisabeth (2012): Betriebliches Gesundheitsmanagement. In: Hensen, Georg; Hensen, Peter (Hrsg.): Gesundheits- und Sozialmanagement. Leitbegriffe und Grundlagen modernen Managements. Stuttgart, 175-194

Wilz, Sylvia M. (2004): Organisation: Die Debatte um ‚Gendered Organizations'. In: Becker, Ruth; Kortendiek, Beate (Hrsg.): Handbuch der Frauen- und Geschlechterforschung. Theorie, Methoden, Empirie.Wiesbaden, 443 - 449

Wilz, Sylvia M. (Hrsg./2005): Geschlechterdifferenzen, Geschlechterdifferenzierungen - Ein Überblick über gesellschaftliche Entwicklungen und theoretische Positionen. Hagen

Wilz, Syliva M.; Peppermeier, Ilka (2012): Organisation als Untersuchungsfeld - Oder: How to enter a gendered organization. In: ulenbacher, Brigitte; Riegraf Birgit (Hrsg.): Erkenntnis und Methode. Geschlechterforschung in Zeiten des Umbruchs. 2. Auflage. Wiesbaden, 181-199

Winter, Regine (1998): Gleiches Entgelt für gleichwertige Arbeit. Ein Prinzip ohne Praxis. Baden-Baden

World Health Organization (1946): Constitution of the World Health Organization. Veröffentlicht unter: http://www.who.int/governance/eb/who_constitution_en.pdf, Abruf am 06.01.2012

World Health Organization (1986): The Ottawa Charter for Health Promotion. Veröffentlicht unter: http://www.who.int/healthpromotion/conferences/previous/ottawa/en/index1.htm l, Abruf am 05.04.2011

Yin, Robert K. (2009): Case Study Research. Design and Methods. Fourth Edition. Los Angeles u.a.

Anlagen

Anlage 1: Interviewleitfaden

Hallo Frau/ Herr _____, schön, dass Sie sich Zeit für dieses Interview nehmen. Herzlichen Dank.
Start

    Frau _____, könnten Sie zunächst einmal schildern, wann und wie die Idee zum Projekt entstanden ist?
    Wann ging dann das Projekt richtig los?
    Ab wann waren Sie selbst im Projekt beteiligt? Was war Ihre Funktion im Projekt?

    a. Waren Sie kontinuierlich dabei? Wie oft?

Ziele des Projektes

    Was waren die Ziele des Projektes? Können Sie schildern, wie diese zustande gekommen sind?

    b. Gab es dabei Schwierigkeiten oder Ziele, über die lange diskutiert wurde?

    c. Gab es Vorschläge, auf die man sich nicht einigen konnte? Könnten Sie mir schildern, worum es dabei ging?
    Gesundheitsmanagement ist für Niedersachsen 2002 durch einen Kabinettsbeschluss und eine § 81er Vereinbarung zwischen dem Land und den Gewerkschaften eingeführt worden. Spielten diese für ihr Projekt eine Rolle? Wenn ja, können Sie das beschreiben?

Projektverlauf
Bitte versuchen Sie einmal den Projektverlauf zu schildern. Was waren wichtige Schritte, Abschnitte im Projekt?

(Interviewerin visualisiert die einzelnen Schritte auf einer Zeitleiste.)

a. Wie sind Sie im Projekt vorgegangen, um die Belastungen und Ressourcen zu erheben? Wonach haben Sie denn gefragt? [Oder sich hier einfach die Erhebungsbögen zeigen lassen?]

b. Wie wurden die Daten ausgewertet? (Z. B. nach Geschlecht, nach welchen Bereichen, Statusgruppen etc.)

c. Was waren aus Ihrer Sicht die wesentlichen Ergebnisse der Erhebung? Deckten diese sich mit den Erwartungen in der Projektgruppe? [wie wurde die Befragung ausgewertet? Was waren zu Beginn Hypothesen über die Verteilung von Belastungen?]

d. Wie wurde mit den Ergebnissen umgegangen, was haben Sie anschließend damit gemacht? [Was haben Sie im Projekt aus den Ergebnissen geschlossen?]
Sind Verbesserungsvorschläge entwickelt worden?

a. In welchen Bereichen wurden diese entwickelt?

b. Wer war an der Entwicklung der Vorschläge beteiligt? Wie sind Sie dabei vorgegangen?

c. Was waren die Belastungen oder Themen, an denen gearbeitet wurde?

d. Welche Vorschläge wurden entwickelt?

e. Wen (Arbeitsbereiche, Abteilungen) betreffen diese Vorschläge? Arbeiten dort überwiegend Männer oder Frauen?

f. Wurden die Vorschläge umgesetzt? (Welche, welche nicht?)
Hat es Verbesserungen gegeben? Wie haben Sie das festgestellt?
Was waren aus Ihrer Sicht wichtige Entscheidungen im Projekt, z. B. über das weitere Vorgehen?
Gab es Schwierigkeiten im Verlaufe des Projektes? Wenn ja, worin bestanden diese Schwierigkeiten?

Gender Mainstreaming

Wir haben vorhin schon einmal den Kabinettsbeschluss angesprochen. Ich würde gerne noch mal auf ihn zurückkommen. Dem Kabinettsbeschlusses vom 19.11.2002 liegt ein Leitfaden für Gesundheitsmanagement zu Grunde. Eines der Prinzipien ist Gender Mainstreaming. Wie sind Sie im Projekt an dieses Prinzip herangegangen?
Hat sich jemand im Projekt für das Thema eingesetzt? Wenn ja, können Sie ein paar Beispiele nennen? (Wer?)

a. Wurde es unterschiedlich thematisiert, ja nach Funktion, Frau/ Mann, welche Argumente tauchten auf?
Haben Sie sich im Projekt auf einen Umgang mit Gender Mainstreaming geeinigt? Könnten Sie das erläutern? (... auch auf Ziele zu gm geeinigt?)

b. Gab es dabei auch unterschiedliche Meinungen oder Ärger?
Gab es konkrete Vorschläge oder Schritte, um Gender Mainstreaming umzusetzen? Welche waren das?

d. Haben Sie bei Ihrem Vorgehen im Projekt darauf geachtet, verschiedene Gruppen unterschieden zu können? Z. B. nach Aufgaben-/Tätigkeitsbereichen, nach Frauen und Männern, Laufbahngruppen, Alter, Beschäftigungsumfang etc.?

e. Sie haben erwähnt, dass Sie eine Mitarbeiterbefragung/Interviews/Diagnoseworkshops durchgeführt haben. Sind dort alle befragt worden oder sind bestimmte Gruppen (Führungskräfte, Arbeitsbereiche etc.) ausgenommen gewesen?

f. Haben Sie in Befragungen oder Workshops Fragen zu z. B. nach der Vereinbarkeit von Familie und Beruf oder sexueller Belästigung oder ähnlichem gefragt?
Gender Mainstreaming richtet sich ja auch an Männer. Gab es Themen, auf die „die Männer" besonderen Wert gelegt haben?

Bilanzierung des Projektes
>Gemessen an den Zielen des Projektes, sind diese erreicht worden?
>Woran haben Sie das festgestellt?
>Wie bewerten Sie insgesamt den Verlauf des Projektes?
>Was sind aus Ihrer Sicht die wesentlichen Ergebnisse des Projektes?
>Hat das Projekt aus Ihrer Sicht etwas gebracht?
>>a. In welcher Hinsicht hat es etwas gebracht?
>>b. In welcher Hinsicht hat es nichts gebracht?
>Würden Sie sagen, das Projekt war erfolgreich?
>>c. Was hat zum Erfolg / Scheitern beigetragen?

Ich würde gerne noch mal auf Ihre Rolle im Projekt zu sprechen kommen.
>Was war für Sie wichtig an diesem Projekt? Könnten Sie dies beschreiben und schildern, inwiefern sie diese Aspekte einbringen konnten?
>Spielte Gender Mainstreaming für Sie persönlich eine Rolle im Projekt? Wenn ja, worauf kam es ihnen dabei an?
>Wie haben Sie sich auf ihre Aufgabe im Projekt vorbereitet? (Schulungen, Projekterfahrung, Beratung oder Begleitung)
>Was waren für Sie herausfordernde oder schwierige Situationen oder Aufgaben im Projekt? (Erwartungen an Sie durch andere, sich selbst, neues Terrain, Konflikte)
>Was hätten Sie gebraucht, was hätte Sie dabei unterstützt, die Situation oder Aufgabe zu bewältigen?

Für Personen aus Gesundheitszirkeln:
>Wie ist in dem Gesundheitszirkel vorgegangen worden?
>In welchem (Arbeits-)Bereich fand der Zirkel statt?
>Wie oft hat er getagt?
>Wer war beteiligt (Beschäftigte, Führungskräfte, Wer hat moderiert)?
>Was waren die wichtigsten Themen (Belastungen) im Zirkel?
>Hatten Sie den Eindruck, Sie konnten offen und ehrlich über das sprechen, was Sie in der Arbeit belastet?
>Für welche Belastungen / Probleme, die im Zirkel bearbeitet wurden, konnte auch ein Lösungsvorschlag entwickelt werden? Für welche nicht?
>An wen richteten sich diese Vorschläge? Wer war davon betroffen? Wie?
>Welche dieser Vorschläge konnte problemlos umgesetzt werden?
>Gab es Lösungsvorschläge, die nur schwer umzusetzen waren? Wie ist da vorgegangen worden?

Anlage 2: Datenblatt

Datenblatt	
ID:	
Name, Vorname:	
Pseudonym:	
Datum Interview:	
Dienststelle:	
Projekt:	
Geschlecht:	
Alter:	
Beschäftigungsumfang:	
Höchster Bildungsabschluss:	
Beruf:	
Zusatzqualifikationen:	
Dauer der Zugehörigkeit zur Dienststelle:	
Im Projekt seit:	
Rolle/Funktion im Projekt: ❏ Hausleitung ❏ Projektleitung ❏ Projektkoordination ❏ Führungskraft ❏ MitarbeiterIn Bereich: ❏ OE ❏ Personalentwicklung	❏ Personalvertretung ❏ Frauenbeauftragte ❏ Gleichstellungsbeauftragte ❏ Vertretung für Menschen mit Behinderungen ❏ Beauftragte für Suchtfragen ❏ FaSi ❏ SicherheitsbeauftragteR ❏ Sonstiges _____
Anzahl Kinder	_____ im Alter von _____ bis _____ Geschlecht der Kinder: _____

12. Danksagung
Mein Dank gilt ...

allen InterviewparterInnen für ihre Unterstützung, ihr Vertrauen und die Möglichkeit, zu neuen Erkenntnissen zu gelangen.

meiner Doktormutter Gudrun-Axeli Knapp für ihre Geduld, ihren Scharfsinn und ihre klaren Worte.

meinem Zweitprüfer Axel Haunschild für seine spontane Bereitschaft als Gutachter zur Verfügung zu stehen und all die geleistete und gewährte Unterstützung.

meinen Kolleginnen und Kollegen des Instituts für interdisziplinäre Arbeitswissenschaft für fantastische Arbeitsbedingungen und für spontane Kinderbetreuung, wann immer sie nötig war.

meiner „zweiten Hälfte" in Sachen BGM, Claudia Bindl.

Mein Dank gilt auch Marco Roock und Rebekah Meyer-Heithuis, die mir die Energie für den letzen Anlauf gaben. Dank auch an Diana Schmidt, Lina Manzei, Ann-Kathrin Waldvoigt für den Endspurt; an Elisabeth Wienemann, die wie ein Fels in der Brandung über Einleitung und Schluss wachte; an Doris Kutsche für ihre wertvollen Anregungen sowie Christine Schwarz für die Notfallbetreuung.

Ich danke meiner Familie – Hanne, Armin, Oli und Gabi, den Jungs, meiner kleinen großen Schwester, dem großen und kleinen Stefan, Jonna und Lina – ohne deren Zuneigung und Zeit Mutter und Kind nicht so unbeschwert durch dieses Abenteuer gekommen wären. Danken möchte ich auch meinen Freundinnen und Freunden, die für den nötigen Ausgleich gesorgt haben – Nadine, Claudia F., Claudia W. und Katrin sowie Olaf, Kerstin und Brit.

Zum Schluss möchte ich Klaus Schahn danken, der mir den Weg bereitet hat.